聚焦数学教育

——小学数学课堂教学生成的研究

朱维宗　唐海军　张洪巍　著

哈爾濱工業大學出版社

内容提要

本书对小学数学课堂教学中的“生成”作了较为详细的研究，研究采用实证研究与思辨研究相结合的方法。《义务教育阶段数学课程标准（修订稿）》已将“生成”写入了课程标准中，本书写作的目的就是期望为广大一线小学数学教师实施有效教学带来一些便利和启示。

全书分为7章，首先对教学生成的已有研究成果进行梳理，并对生成与预设的内涵进行了剖析（第1章）；通过问卷、访谈、课堂观察等途径对小学数学课堂教学生成的现状进行了调查（第2、3章）；其次从哲学观、学习论、知识论和教学论的角度探讨了动态生成观下的课堂教学要素（第4章）；以此为基点，对数学教学生成的类别和应对态度、有效生成的含义与特征、无效生成的表现、促进教学有效生成的策略进行了探索和构建（第5章）；最后从同课异构、三段两反思、自我反思三个视角对教学策略的实效性做了进一步的思考（第6、7章）。

本书可作为数学教师教学、学习的参考用书，可作为课程与教学论研究生（教育硕士）学习的参考用书，也可作高等学校数学与应用数学以及初等教育专业学生的学习参考资料。

图书在版编目（CIP）数据

聚焦数学教育：小学数学课堂教学生成的研究/朱维宗，唐海军，张洪巍著. —哈尔滨：哈尔滨工业大学出版社，2011.12

ISBN 978-7-5603-3425-7

Ⅰ.①聚… Ⅱ.①朱… ②唐… ③张… Ⅲ.①小学数学课-课堂教学-教学研究 Ⅳ.①G623.502

中国版本图书馆 CIP 数据核字（2011）第 232204 号

策划编辑 刘培杰 张永芹
责任编辑 杨万鑫
封面设计 孙茵艾
出版发行 哈尔滨工业大学出版社
社　　址 哈尔滨市南岗区复华四道街 10 号　邮编 150006
传　　真 0451-86414749
网　　址 http://hitpress.hit.edu.cn
印　　刷 哈尔滨市石桥印务有限公司
开　　本 787mm×960mm　1/16　印张 13.5　字数 245 千字
版　　次 2011 年 12 月第 1 版　2011 年 12 月第 1 次印刷
书　　号 ISBN 978-7-5603-3425-7
定　　价 28.00 元

序

前苏联教育家赞可夫回忆他的一节小学数学课教学时指出：课时主题是“从连加向乘法过渡”. 课前他预设教学方案是：$7+7+7+7+7+7+3=?$ 目的是想让学生获得 $7\times6+3$. 但课堂上，一位女学生却说：“我可以用 $7\times7-4$ 的方法做”.

赞可夫听后，非常激动，认为这个孩子了不起，她看到了一个不存在的 7，她发现了数学的本质——无中生有！于是，他推翻了原来预设的教案，根据课堂上出现的这一新的生成教学资源，就依照这位女学生的思路，从这个生成点——不存在的 7 讲起. 赞可夫非常关注学生中存在的学习潜力，说：“忽视学生发展的潜力，就等于是犯罪！”

课堂教学是对人的教学. 人是活泼的、开放的、有差异的，自然课堂教学活动，必然是一个生动活泼的动态过程，课堂教学必须以学生为本！正如华东师范大学的叶澜教授所言：“课堂应是向未知方向挺进的旅行，随时都有可能发现意外的通道和美丽的图景，而不是一切都必须遵循固定线路而没有激情的行程.”在我们根据预设教案进行课堂教学时经常会发生“意外”现象，务必及时把握这种生成的教学资源，激活课堂教学.

据此，生成性教学，可以理解为根据预先设计的弹性教案，在实际的课堂施教过程中，由教师与学生互动教学、构建数学教学活动的过程.

总结我国推进基础教育课程改革十年的教学经验，其中之一，就是教学中要及时、恰当地处理好教学的“预设”与课堂的“生成”关系.

事实上，实施教学方案，就是把教学的“预设”转化为实际的教学活动. 在这个过程中，师生双方的互动往往会“生成”一些新的教学资源，这就需要教师能够及时把握，因势利导，适时调整预案，使教学活动收到更好的效果.

因此，教师要十分关注学生课堂学习的“生成点”（“闪光点”），诸如：提出一个好的数学问题或奇异的数学问题；学生个体的正确见解；学生错误的理解——尤其是有教育价值的错误理解；学生个体间的相互争论点（尤其要重视个人独特的见解）等.

课堂教学必须及时抓住这种生成的“闪光点”，利用学生学习的“生成”进行有效教学，如：利用生成的学习“闪光点”与学生进行情感交流；剖析“闪光点”，变学生的“个体”认识为学生的“群体”认识；剖析“闪光点”，变数学知识的学习为数学思想方法、科学思维方法与学习方法的指导，等.

很高兴看到了云南师范大学数学学院“课程与教学论”(数学)硕士点的导师朱维宗、研究生唐海军、教师张洪巍著的《聚焦数学教育——小学数学课堂教学生成的研究》一书即将出版.我认识唐海军同学是在两年前,在和他讨论数学教学的“预设”与“生成”关系课题时,他和他的导师朱维宗教授对此课题都十分关注.当时,我就建议他们把这个问题作为研究的课题,特别集中研究小学数学课堂教学的“预设”与“生成”关系问题,立即得到朱维宗教授的首肯.于是海军和导师、师兄张洪巍老师坚持了两年多的深入小学课堂教学研究,从理论到实践层面,收集、整理了大量的资料,并进行升华、加工,形成了今天出版的著作,真是难能可贵.

《聚焦数学教育——小学数学课堂教学生成的研究》一书,从小学数学课堂教学生成的现状研究入手,找到当前小学数学教学存在的值得研究的问题;较系统地就小学数学课堂教学生成的理论作了较为详细的文献综述;然后就小学数学课堂教学生成的问题,进行了较为系统的探讨,特别对小学数学课堂教学的有效生成进行了深入的研究.今年,我国即将颁布修改后的基础教育数学课程标准和进一步地修改中小学数学教材,而《聚焦数学教育——小学数学课堂教学生成的研究》一书的问世,必将对提高小学数学课堂教学质量起到积极的促进作用.

我和云南师范大学数学学院在数学课程与教学论研究生的培养方面交往较久,近几年来益加感到他们的教学工作做得深入、扎实、系统,研究生的培养质量不断提高,取得了丰硕的教育成果,这都是由于云南师范大学数学学院领导的支持、帮助,特别是以朱维宗教授为首的研究生导师们的努力工作的结果.他们从2008年12月开始对该课题的系统研究,“‘数学课程与教学论’示范课程建设”也于2010年被云南师范大学研究生部列为“研究生教学改革立项项目”,该项目中有一项任务就是要完成小学数学课堂教学生成的研究.

我深感云南师范大学数学学院数学课程与教学论研究生的培养质量较高,主要表现在研究生的教育能夯实理论基础,重视实践研究,聚焦研究中心,形成办学特色.

相信在我国教育改革的大好形势下,在深入贯彻“国家中长期教育改革和发展规划纲要”的过程中,云南师范大学数学学院的研究生教育,定会越办越好,定能为国家培养出越来越多的创造型人才.

吕传汉　于贵州师范大学

2011 年 4 月

术语说明

在本书中常用到下述的术语,在此一并说明.

生成(generation):即形成、产生,需要一定环境条件的支持.(见:中国社会科学院语言研究所词典编译室《现代汉语词典》.北京:商务印书馆,2002:1128)

教学预设(expectation of teaching):指的是解释对课堂教学的规划、设计、假设、安排,是备课的重要组成部分.(见:余文森著《有效教学十讲》.上海:华东师范大学出版社,2009:47)

教学资源(teaching resources):被定义为“支持学校教学活动的开展,解决教学问题所必需的诸客观条件的综合”.(见:李如密,何小忠《教学资源的几个理论问题》.江苏教育研究,1999)

情境(situation):包括具体的环境与活动.课堂教学情境由具体的课堂环境以及特定的教师和学生(包括个体与群体)共同进行的教学活动组成.(见:殷晓静《课堂教学中的动态生成性资源研究》.上海:华东师范大学硕士学位论文,2004:11)

事件(events):即是教学影响下学生学习结果的一种预期或非预期表现,是心理能力的外在表现.(见:尹筱莉,罗德红《教学机智:应对学习事件与营造“不曾预约的课堂精彩”》.全球教育展望,2009(5):25)

场(field):指分布在空间区域内的物理量或数学函数,也指空间区间本身,不一定是物质存在的形式,而是为了研究的方便才引入的概念.(见:夏征农编《辞海》.上海:上海辞书出版社,2002:185)

生成场(generation field):指个体进行知识生成所依持的认知环境与意义网络,它可看做是由信息场域和思维系统共同构成的.(见:李祎著《数学教学生成论》.北京:高等教育出版社,2008:48)

后现代主义(postmodernism):是20世纪60年代产生于西方发达国家的一种泛文化思潮.后现代主义一词最早出现在建筑学中,它的含义是指那种以背离和抵制某些古典主义特别是现代设计风格为特征的建筑学倾向,后来这一用语被广泛地移植到文学、艺术、哲学、社会学、政治学甚至自然科学领域,用以指称具有类似倾向的思潮.(见:靳玉乐,于泽元著《后现代主义课程理论》.北京:人民教育出版社,2005:3)

现代主义(modernism):对现代主义的解释很多,利奥塔德(J. Lyotard)依据是否存在“元叙事”(统一性和普遍性)认为现代主义即是将自身合法化为明确地追求某种元叙事的思潮或派别.(见:《The Postmodern Condition:a Report of Knowledge》. University of Minnesota Press,1984:XXiii,XXiv)

文本(text):是西方后现代视界中对“文艺作品的理论定性”. 文本概念突出的原则是文本与“文字”的关系. 文本一词显示作品是由“文”生成和组织出来的,是“文”之本. 这是关于作品起源和作品本体的另一种思路:要把作品的起源和本体建立在作品自身. 文本概念具有超语言学的普遍性,不仅用文字写出的东西是文本,非文字的东西也可以称为文本. 文本理论可以定义如下:文本是一个虚实结构;文本之实是文本的基础,虚是由实所产生出来的,也只应由实走向虚;虚不是无,而是有,这“有”以“无”的形式存在;“虚”生成出“实”,变“无”为“有”时,文本的丰富性就出现了,文本才真正成为文艺作品.(见:张法著《走向全球化时代的文艺理论》. 合肥:安徽教育出版社,2005)

案例(case):是一个实际情境的描述,在这个情境中,包含一个或多个实际问题,同时也可能包含解决这些问题的方法.(见:金成梁主编《小学数学教学案例研究与基本训练》. 南京:南京大学出版社,2005:1)

案例研究(cases tudies):是结合教学实际,以典型案例为素材,并通过具体分析、解剖,促使学生进入特定的学习情景和学习过程,建立真实的学习感受和寻求解决问题的方案.(见:杨晓萍著《教育科学研究方法》. 重庆:西南师范大学出版社. 2006:129)

课例(class example):指展示的是完整的一堂课的教学、比较典型的一个教学片段,或一次教学活动,是一种教学全景实录,真实、具体、生动,没有明确的问题指向,常采用实际情景叙述、师生对话描述等列举式子形式. 课例经过有目的的适当加工后就成为案例.(见:余文森著《有效教学十讲》. 上海:华东师范大学出版社,2009:244)

经验(experience):是人在实践过程中与环境相互作用的产物. 经验是人们在生产、生活以及其他各种社会活动中,通过自己的感觉器官接触自然、接触社会所获得的感性认识. 虽然经验不是理性认识,但它是理性认识的基础. 教学经验是教学实践活动的结果,对改善日常教学具有指导作用.(见:沈兰,郑润洲著《变革的见证——顾泠沅与青浦教学实验30年》. 上海:上海教育出版社,2008:14)

顿悟(insight):指突然觉察到问题的解决办法. 它是通过学习者重新组织或重新建构有关事务的形式而实现的.(见:施良方著《学习论》. 北京:人民教育出版社,2001:142)

学习动力(learning motivation):指学生个体身上表现于学习中对认知操作起调控作用的一种内部力量,是在学习需要的基础上产生的激发学习的各种能量,是制约学习效果的基本心理变量，更是学生在学习互动中发挥主体作用的关键所在.（见：郭英《学习动力教育与课堂教学结构的优化》.四川师范大学学报（教育科学版），2001，28（30）：93-99）

二次开发（re-developmnet）：有时也称“再开发”或“二度开发”.一般是指在前人开发基础上对产品的再度发展或创新.教材的“二次开发”主要是指教师和学生在课程实施过程中依据课程标准对既定的教材内容进行适度增删、调整和加工，合理选用和开发其他教学材料，从而使之更好地适应具体的教育教学情景和学生的学习需求.（见：俞红珍《论教材的“二次开发”》.华东师范大学博士学位论文，2006）

现有发展水平（the current level of development）：在这个水平里，学生可以独立完成自己的功课、自己的学习任务，它是学生学习的起点水平.（见：余文森著《有效教学十讲》.上海：华东师范大学出版社，2009：12）

教学策略（teaching strategics）：指想要达到预期效果的一整套教学行为.（见卫道治，吕达编《英汉教育大词典》.北京：人民教育出版社，2005：326）具体地说，是为了达成教学目的、完成教学任务，在对教学活动清晰认识的基础上对教学活动进行调节和控制的一系列执行过程.（见：和学新《教学策略的概念、结构及其运用》.教学研究，2000（12）：54-58）

中间地带（intermediate zone）含义很多，该文指教育意义上的中间地带，指的是教育实践应用不应走极端，而必须“执其两端而用之”，真理在两个极端之间.（见：顾泠沅，易凌峰，聂必凯著《寻找中间地带》.上海：上海教育出版社，2003：17）

数学现实（realistic mathematics）：指每个人都有自己生活、工作和思考着的特定客观世界以及反映这个客观世界的各种数学概念、运算方法、规则和有关的数学知识结构.（见：朱维宗，唐敏编《聚焦数学教育——研究生学术沙龙文集》.昆明：云南民族出版社，2005：115）

再创造（reinvention）：也就是由学生本人把要学的东西自己去发现或创造出来；教师的任务是引导和帮助学生去进行这种再创造，而不是把现成的知识灌输给学生.（见：弗赖登塔尔著，陈昌平，唐瑞芬译《作为教育任务的数学》.上海：上海教育出版社，1995：111）

三段两反思（three sections of two introspections）：是一节课，反复上三次，每一次课后都要进行反思，反思后，同步跟进，仔细琢磨、打造后再上.采用一名教师多次执教或者多名教师连续共同执教的形式.（见：常锡光著《校本研究行动策略》.昆明：云南教育出版社，2009：186）它又分为一人同课多轮和多人同课循环两种模式.一人同课多轮是指同一个教师连续多次上同一课，内容重复，但行为不断改进；多人同课循环指的是第一个教师上完课，第二个教师针对第一个教师课堂存在的问题上第二次课，第三个教师针对第二个教师课堂存在的问题上第三次课. 这两种模式都注重每次课后的集体研究、反思，每次上课教案都是由同伴集体共同参与研制.（见：余文森著《有效教学十讲》. 上海：华东师范大学出版社，2009：243）

教学反思（didactics self-introspection）：是指参与者将自己的教学活动作为思考对象，来对自己所做出的行为决策以及由此产生的结果进行审视和研究的过程，是一种通过提高参与者的自觉水平来促进能力发展的途径.（见：常锡光著《校本研究行动策略》. 昆明：云南教育出版社，2009：194）

数学化（mathematization）：数学化是指用数学的方法观察世界，分析研究具体现象并加以组织整理，以发现规律，学生通过学习数学知识、技能和方法，逐渐形成自己的数学思想和方法，学会用数学的眼光看待事物，学会用数学的方法解决问题. 简言之，"数学化即是数学地组织现实世界的过程".（见：朱维宗，唐敏编《聚焦数学教育——研究生学术沙龙文集》. 昆明：云南民族出版社，2005：115）

同课异构（three aspects of diversified class）：是指多名教师根据不同构想、采取不同方式共同执教同一节课的教学教研形式，它是对比法教研方式的一种，目的是通过对照教学过程的差异，总结有效教学的策略，促进教师课堂教学能力的提高.（见：余文森著《有效教学十讲》. 上海：华东师范大学出版社，2009：244）

问题（problem）：就其本质而言，是认知主体从未知到已知的过渡形式或中介环节，是未知与已知的统一体. 问题反映了主体现有水平与客观需要的矛盾，问题就是学习者个体的认知矛盾.（见：李祎《教学生成系统的结构分析》. 宁波大学学报（教育科学版），2009，31（2）：9）

视阈（observes）：能产生视觉的最高限度和最低限度的刺激强度，也指视野或视域、视觉范围.（见：中国社会科学院语言研究所词典编译室《现代汉语词典》. 北京：商务印书馆，2002：1156）

要素（elements）：指组成系统的各个单元、因子、部分.（见：查有梁著《控制论、信息论、系统论与教育科学》. 成都：职工教育出版社，1986：121）也指事物必须具有的实质或本质.（见：王国亿编《新现代汉语词典》. 海口：海南出版社，1992：1924）

变式教学（teaching of variation）：又称为变异教学，是在教学中使学生确切掌握概念的重要方法之一，即在教学中用不同形式的直观材料或事例说明事物的本质属性，或变换同类事物的非本质特征以突出事物的本质特征. 目的在于使学生理解哪些是事物的本质特征，哪些是事物的非本质特征，从而对一事物形成科学概念.（见：顾明远编《教育大辞典》. 上海：上海教育出版社，1999）

目　　录

第1章 绪 言

人们无法预料教学所产生的成果的全部范围.如果没有预料不到的成果,教学也就不成为一种艺术了.

——[美]布卢姆

教育在本质上是实现人生命价值的活动.联合国教科文组织21世纪教育委员会呼吁:"教育应当促进每个人的全面发展,即身心、智力、敏感性、审美意识、个人责任感、精神价值等方面的发展."①教学,尤其是课堂教学,一直是中国中小学教育活动的基本构成部分.教育目标的实现,关键是课堂教学过程的实施,因此对教学的研究需要"从更高的层次——生命的层次,用动态生成的观念,重新全面地认识课堂教学,构建新的课堂教学观"②.

总体说来"教学生成"的研究已经受到教育界普遍的重视,但是对于数学教学生成微观化和系统化的研究并不多.因此,考察学科性的教学生成研究首先应当思考研究的背景,梳理教学生成理论与实践的发展脉络,在此基础上归类出体现数学学科特色的研究内容.这样,既可较全面地认识教学生成研究各个层面的意义,分析研究的思路与方法;也可寻获到教学生成研究中理论与实践的薄弱环节及其问题所在,为进一步的学科研究提供可供参考的框架.

1.1 研究背景

德国教育家沃尔夫冈·克拉夫斯基(W. Klafki,1927—)提出:"衡量一个教学计划是否真有教学论质量的标准,不是看实际进行的教学是否能够尽可能与计划一致,而是看这个计划是否能使教师在教学中采取教学论可以论证的、灵活的行动,使学生创造性的学习,借以为发展他们的自觉能力作出贡献——即使是有限贡

---

① 联合国教科文组织21世纪教育委员会.教育——财富蕴藏其中[M].北京:教育科学出版社.1996:85.

② 叶澜.课堂焕发出生命活力——论中小学教学改革的深化[J].教育研究,1997(9):5.

献.”①课堂教学生成是新课程倡导的一个重要教学理念之一,在中小学数学课堂中,教师面对的是一个个鲜活的生命,教学是一次次的不期而遇,一次次思维的碰撞.创造性的课堂应该是灵动的,是富有机智和充满变数的,而优秀的教师更应该敢于面对生成,精于应对生成,善于促发生成.下面从素质教育观、学习观和教学观三个视角来思考教学生成研究的缘由.

1.1.1 素质教育观呼唤生成

国际21世纪教育委员会指出:“面向21世纪教育的四大支柱,就是要培养学生学会认识、学会做事、学会合作、学会生存.”②面对21世纪的严峻挑战,中国小学数学教育中还存在着一些严重不相适应的情况,虽然在历史上“我们曾学习了国外各种先进教学理论与经验,但对众多的第一线教师来说,在课堂教学过程中,仍然强调较多的教师主导作用,有时忽视了学生在学习过程中的主体地位”③,学生要养成比较高的数学素质,在“应试教育”的课堂是实现不了的.数学教育必须从“应试教育”转变到实施素质教育上来.素质教育呼唤着数学课堂重视“以人为本”的生成教学,对于学生在学习过程中的差异性价值给予理所当然的珍惜,促使数学教育中学生的“知识、技能与情感”能够和谐发展,实现“不同的人在数学上得到不同的发展”④.

1.1.2 数学学习观回归生成

数学是人们为了建立自然和社会现象的主观联系,它的本质是发明,是主观建构⑤.荷兰著名数学教育家弗赖登塔尔(Freudenthal,1905—1991)认为每一个人在学习新知识前,都有自己的生活、工作和思考着的特定客观世界,以及这个世界的数学概念、运算规则和相关数学知识基础,也就是说,每个人都有一套属于自己的独特的“数学现实”.学生正是从自己的“数学现实”出发来思考新情境中面临的、需要解决的问题,在外界条件支持下,通过主体参与,生成自己的新的数学现实.因此,数学学习应是学习者“基于以往的经验去推出合理的假设,新知识以已有的知识为生长点而‘生长’起来,并且随着学习的不断深入,学习者不断生成新知识,新

① 瞿葆奎,徐勋,施良方.教育学文集·教学(上)[M].北京:人民教育出版社,1988:778.

② 韩普生.教育——财富蕴藏其中[N].中国教育报,2001-5-24.

③ 孔企平.小学数学教学的理论与方法[M].上海:华东师范大学出版社,2002:6.

④ 郑毓信.数学教育:动态与审思[M].上海:上海教育出版社,2005:47.

⑤ 林良富.追寻儿童数学教学之真——小学数学教学创新[M].北京:科学出版社,2002:33.

方法,新认识,新体验"①.

1.1.3 数学教学观重视生成

课程标准指出:"数学教学是数学活动的教学,是师生之间、学生之间交往互动与共同发展的过程."②这一理念说明:在未来的教学中,教师将由知识传授者向课堂教学的组织者、引导者和合作者的角色转变;数学教学活动将是学生经历一个数学化的过程,是学生自己建构数学知识的活动.下面从三个层面论述数学教学观如何在演变中重视生成.

(1)教学预设的独舞

在教学中,常见许多教师忠实地实施预设的方案,不敢接受学生有个性的思考,限制学生对预设目标的超越,教学变得比较僵硬和程序化.面对课堂纷至沓来的生成束手无策,缺乏教育机智,以至于常常无可奈何地又把学生硬拉回到自己的预设.下面看一个教学课例片段.

【课例片段】四年级数学"游戏规则的公平性"

(2008年12月12日,昆明市XS区YG中心学校四年级(2)班,执教:PYH老师)

P老师通过课件创设一个情境:"小明和小华相约进行下棋比赛,你能替他们想个办法决定谁先走吗?"

某学生提出可以掷骰子:点数大于3,小明先行;点数小于3,小华先行.大家同意按照他的方法,通过小组合作来验证此方案是否公平.

在活动前,P老师提示大家:"每位同学掷两次,如果在掷的过程中出现了'3',根据规则掷到3点无法记录,大家必须重新掷".

几分钟后,各组小组汇报实验结果,P老师将各小组结果汇总如下:

组数	一	二	三	四	五	六	七	八	九	十	合计
大于3点	3	6	3	1	3	7	4	3	6	1	37
小于3点	5	2	5	7	5	1	4	5	2	7	43

令教师惊讶的是全班实验结果中"点数小于3的有43次,点数大于3的有37次",而按照概率理论,点数小于3的有1,2点两种情况,出现的概率是$\frac{2}{6}=\frac{1}{3}$;

① 周美玲.数学学习中的生成性知识研究[D].南京:南京师范大学,2004:1.

② 教育部.全日制义务教育数学课程标准解读(实验稿)[M].北京:北京师范大学出版社,2001:51.

点数大于3的有4,5和6点三种情况,出现的概率是$\frac{3}{6}=\frac{1}{2}$,即是说点数大于3的骰子出现的次数应大于点数小于3的骰子出现的次数. 而实际的实验结果却是与理论相反的,这让教师感到很困惑.

【思考】

上述课例片段中出现了意料之外而又在情理之中的随机实验情况,这表明随机试验具有不确定性. 这是一个非常好的教学资源. 教师面对这突如其来的"含金量"很高的"意外"情况,显得束手无策. 教师如果再加以引导,让学生想到增加试验的次数. 随着试验次数的增加,那么点数大于3出现的情况,最终会超过点数小于3出现的情况.

上述课例不是个别现象,有些教师因为唯恐完成不了教学任务,面对生成有的干脆听而不闻、避而不谈,有的只是蜻蜓点水、一笔带过,还有的甚至当堂打击学生的积极性. 这样的教学,使原本充满生命活力的课堂变得沉闷、缺乏小学数学课堂应有生气和童趣. 另外也有一线教师则尝试着在课堂教学中打破"照章办事"的传统和"预设的镣铐",开始重视教学的生成特性.

(2)教学过程的嬗变

重视基础知识的传授历来是中国小学数学教学过程中的特点,课堂教学过程中的特点是"以基础知识为重点的教学目的,以学生内化为结果的教学方法,以强化反馈为形式的教学手段"①. 即使是小学,课堂教学过程也成了教师引导下的学生寻找解题结果的过程,造成学生容易也乐于复制教师的思维,从而掩盖了个人的想法、削弱个性的创意. 叶澜教授提出:"一个真实的课堂教学过程是一个师生及多种因素间动态的相互作用的推进过程,由于参加教育活动有诸多复杂的因素,因此教育过程的发展有多种可能性存在,教育过程的推进就是在多种可能性中作出选择,使新的状态不断生成,并影响下一步发展的过程."②一个有意义的教学过程,除了具有学习客观知识的特点之外,还应是"师生运用课程资源共同建构知识和人生的过程"③.

(3)教学反思的崛起

教然后知困、知不足. 这就要求教师在教学之后,趁记忆犹新,去回味、分析、反思上一节课的教学. 反思,是教育者自觉地对当前的教学活动进行回顾、思考、总

---

① 孔企平. 小学数学教学的理论与方法[M]. 上海:华东师范大学出版社,2002:6.

② 叶澜. "新基础教育探索性研究"报告集[M]. 上海:三联书店, 1999:217.

③ 钟启泉,崔允漷. 新课程的理念与创新[M]. 北京:高等教育出版社,2008:182.

结、评价、调节的过程，是对教学现象辩证思维的一种体现①. 作为小学数学教师，如果在教学中或者教学后，多一份反思，就会多一份清醒，多一份进步. 因为"教育永远是一门遗憾的艺术，遗憾是反思的结果，也是反思的开始"②. 对小学数学教学的反思是教师进行教学创新的认识基础和追求自我专业发展的可行之路. 据调查③ 82%的教师在课后会进行反思，且首要反思的是一节课的教学效果. 对效果的评估，教师更多是依据自己的感受. 只有极少数教师对学生的学情和资源的生成会进行深入的反思. 有效的教学需要反思更加深入、更加具体.

总之，在小学数学教学领域，生成是"师生、生生在互动中，从心与心的交流中，从思与思的搏动中，从情与情的触摸中滋生出来的"④. 新课程理念下的课堂教学应该关注生长、成长的整个生命，要构建充满生命力的课堂教学运行体系. 具有生成性的课堂才更具有生命的气息，更能发挥学生的主体地位，满足学生探求知识的欲望，展现课堂教学的真实性，体现教师的教学机智和教学艺术，表现出小学数学学科自身动态生成的特点. 因此，唤起小学数学教师直面且重视课堂教学中的生成、指导教师灵活且有效促发与应对教学的生成，是深入开展这项研究的实践性价值.

1.2 研究综述

在这一节中，首先对教学生成及小学数学教学生成的研究现状进行综述，然后以课例为载体解析小学数学课堂教学生成的内涵. 论述中所涉及的一些核心名词如：生成、预设、资源、情境等，可参阅术语说明.

1.2.1 小学数学课堂教学生成的内涵解析

在数学新课程的教学中，教师已开始重视了教学的生成状态，"生成"俨然已经成为小学里"新"、"旧"数学教学势力的标杆. 对于"生成"的内涵如果有正确的认识，有助于提高小学数学教学的有效性，促进学生的全面发展，如果对"生成"的内涵理解走入了误区，可能造成顾此失彼、教学失衡的结果. 由此张大均(2005)认为，生成，是学习者的一种学习策略. 生成性是有效使用学习策略最重要的原则之

---

① 林良富. 追寻儿童数学教学之真——小学数学教学创新[M]. 北京：科学出版社，2002：6.

② 李春英. 反思性教学对小学数学教师专业成长作用的研究[D]. 济南：山东师范大学，2007：2.

③ 2010年3月26日在昆明市西山区教师进修学校进行调查，调查表见附录C第7题.

④ 严育洪. 课堂焦点：新课程教学九辩[M]. 北京：首都师范大学出版社，2010：4.

一,是指在学习过程中要利用学习策略对学习的材料进行加工,产生某种新的东西①.王尚文(2004)提出,生成是一种教学方式,是教师、学生、文本三者之间的互动,即学生在原认知的基础上,通过与教师、文本的对话交往,实现意义的获得及自我主体的建构②.生成者是学生,也是教师与文本,三者通过对话共同进入一个新境界.雅思贝尔斯(1991)认为"教育"即"生成".教育是"唤醒学生的潜在力,促使学生从内部产生一种自动的力量,而不是从外部施加压力","生成的静态方式即习惯,动态方式即超越"③.

生成的近义词是"产生、形成".现代汉语词典对生成的定义有两个含义:一个是自然现象的形成,比如台风.另一个释义是:经过化学反应形成的.基于这样的解释,从学生学习的角度看课堂生成,也是"在课堂教学的背景下,学生的知识、方法、能力、情感、习惯等在一定条件、因素的作用下(包括:教学方式、学习方式、教学内容、教学环境、教师、学生投入状态等)的动态形成"④.它是一种需要条件支撑、产生结果的动态变化的过程.

综上所述,对生成的理解,从不同的角度给出了不同的解读.对教学生成的理解如果过于宽泛化,是不利于研究和实践的.实际上教学生成是对教育过程真实性、动态性、可变性的概括,它是对过去强调课堂教学过程的预先设定性、计划性、静态性的一个重要的补充和修正.因此,课堂教学生成应有如下的内涵:

(1)内涵一:教学生成是真实课堂面貌的展现

教学生成是针对课堂数学教学中存在的简单灌输、被动接受、机械记忆、强化训练的状况提出的教学理念.在"灌输型"数学课堂里,学生是带着"面具"在学习,没有自己的思想,缺乏个人的理解,隐匿了自己的见解,充斥着千篇一律的"教案语言"或者"教材文本".而在"生成型"的课堂中则是洋溢着孩子思维的碰撞、友谊的质疑问诘,虽简单但真实的想法.这都是真实课堂面貌的应然体现.

(2)内涵二:教学生成是相对教学预设的发展

凡事预则立,不预则废.预设与生成是对立统一的矛盾体⑤.从对立的角度看,

---

① 张大均.教育心理学[M].北京:人民教育出版社,2005:451.

② 王尚文."入侵"与"生成"[J].教育月刊,2004(9).

③ 雅思贝尔斯.什么是教育[M].上海:三联书店,1991:14-15.

④ 柯连驻.对数学课堂生成的几点认识[EB/OL].(2007-3-20)[2010-7-1] http://www.tajyw.com/mingshi/user_art.

⑤ 严育洪.课堂焦点:新课程教学九辩[M].北京:首都师范大学出版社,2010:13.

教学预设是课前进行的理想化设想,有很强的计划性,而教学生成是课堂情境中真实发生的"事件",很多时候不以人的意志而转移,如果没有灵活处理两者的关系,数学教学常常成为教师为完成教学任务,机械而僵硬地复制教案的过程. 从统一的角度看,预设与生成又是相辅相成的,教学预设是教学生成的起点,教学生成是教学预设的结果,可以成为下一次预设的新节点. 总之,只有经历精心的预设,才能奠基"生成".

(3)内涵三:教学生成是动态教学观的体现

教学生成是课堂中真实教学事件的不断发生,因此具有动态生成性①. "动态生成"是新课程标准提倡的一个重要理念,动态的教学观认为"教学不应只是忠实地传递和接受知识的过程,更是课堂创新与开发的过程"②. 教学情境总是充满种种变动因素,教学不可能完全按照预先安排好的计划去进行,需要在预先设想和安排的基础上根据发生的具体情况进行新的调整,以适应、处理和利用这些构成真实教学过程的变化因素. 主张数学教学生成,就是提倡学生在教师的引领下,积极思考、自主建构,主动获取知识和发展能力③,从而实现教学目标、学习内容、思考方式等方面的动态生成.

1.2.2 数学课堂教学生成研究的现状综述

自从叶澜教授在1997年提出从生命的高度,用动态生成的观点来重新审视课堂教学;以及在数学课程改革中提倡"重视生成"的理念的推动下,对于生成、生成性教学、生成性资源的研究在近几年来呈现日益增长的趋势. 为了了解小学数学教学生成的研究进展情况,我们采用期刊检索、统计和分析. 2010年5月通过中国期刊全文数据库(2000~2010)的"小学数学教学生成研究"的相关期刊论文进行检索与统计. 从文献主题或全文角度对所收录的全部期刊和数据库进行检索,具体情况见表1.1.

---

① 殷晓静. 课堂教学中的动态生成性资源研究[D]. 上海:华东师范大学,2004:4.

② 林宝应. 孕育课堂新生命"动态生成"[J]. 广西教育,2003(12):19.

③ 曾小平. "教与数学对应"原理研究[D]. 南京:南京师范大学,2009:191.

表1.1 (2000~2010)中国期刊全文数据库“小学数学教学生成研究”论文发表情况全文检索统计表

检索项	检索词	排序	匹配	A	B	C	D	E	合计
全文	生成	相关度	精确	128 001	229	448	130 610	5 631	315 601
全文	生成性教学	相关度	精确	781	3	26	12	7	829
全文	数学生成性教学	相关度	精确	11	1	0	0	0	12
全文	生成性资源	相关度	精确	812	2	14	41	29	895
全文	教学生成	相关度	精确	1 402	39	347	12	17	1 817
全文	数学教学生成	相关度	精确	2	3	4	0	0	9
全文	预设与生成	相关度	精确	503	9	86	2	49	648

注:“A”表示“中国期刊全文数据库”,“B”表示“中国博士学位论文全文数据库”,“C”表示“中国优秀硕士学位论文全文数据库”,“D”表示“中国重要会议论文全文数据库”,“E”表示中国重要报纸全文数据库,它们的单位都是“篇”.

从表1.1反映的情况可知,“生成”、“生成性教学”、“生成性资源”已经得到教育界普遍认同,并开展了广泛的教学研究;“教学生成”,也引起了研究者的关注,进行了一定的研究.

在涉及具体的数学学科教学中,关于“生成性教学”和“教学生成”研究数量并不多,尤其是在硕士、博士学位论文的研究中,以数学学科的教学生成为研究的切入点,是比较缺乏的.其中,关于“小学数学课堂教学生成” 的研究,目前主要是零星地分布在一些期刊论文中,论述一般是采用案例叙述或者经验总结的方式,缺乏系统性的研究.这说明对小学数学课堂教学生成的相关问题的研究还有待深入,这个领域的研究还有待系统化和微观化.其理由基于如下两点:

第一,数学学习的实质是学生在教师的引导下能动地建构数学认知结构,并使自己得到全面发展的过程.数学教学的根本任务在于造就学生良好的数学认知结构,以满足后继学习的需要,最终提高学生的问题解决能力①.这种“能动地建构”常常导致教学的自然生成并不是与教师课前的预期不谋而合,如果学生生成的“错误”不能让其认识到错根、生成的“疑惑”不能释惑、生成的“意外”不能妥善处置,学生头脑中所建立的认知结构将是不牢固、充满瑕疵的,不能保证后继学习的可持续性.因此,增强对数学教学生成的认识,可为促进学生的数学学习发挥重要

① 陆珺,喻平.对我国数学认知结构研究的反思[J].数学教育学报,2010,19(2):19.

的作用.

第二,“生成”作为一种教育思想早在中国古代的《论语·述而》已有叙述.“不愤不启,不悱不发,举一隅不以三隅反,则不复也.”已经蕴涵了教师在利用生成性资源进行教学中的作用.古希腊哲学家和著名学者苏格拉底(Socrates,公元前469—公元前399)利用问答的方式认识真理,使人学会逻辑地思考问题,并且在相互的谈话中生成许多新的问题和知识,从个别、表象、经验中得到某种普遍的东西和确定性的概念①.可以看出无论是中国,还是西方早已经存在有关教学生成的思想.到了近代,受赫尔巴特主智主义②思想与前苏联“五环节”教育模式的影响,小学数学教学中呈现出“固化、僵化”、被动接受学习的现象,而对课堂上出现的生机,部分教师却视而不见或无能为力.随着课改的深入开展,越来越多的教师认识到这一问题的危害性,因此愈加重视教学的开放性和生成性.

下面将先回顾和审视国内外数学教学生成研究的基本历程,再对其中存在的问题进行反思,最后在反思的基础上提出未来的研究展望.

1.数学教学生成研究的基本历程

国内外有关生成的研究最早可以追溯到两千年前,但是较大规模的研究是萌发于近代以来哲学观从“预成”向“生成”的转变.这里根据研究重点和研究视角的不同,可将其分为五个阶段:从19世纪下半叶,多数研究都是基于生成的哲学研究,20世纪70年代维特罗克(又译为威特罗克)(M. C. Wittrock,1931—)在信息加工理论的基础上开启了生成学习的研究,后来意大利的瑞吉欧学校在幼儿教学领域率先探索生成性课程的实施,这为教学生成的研究作了前期的铺垫.当叶澜教授提出用“生成观”③看待课堂教学后,国内对于生成性教学的理论探索,进入快速发展阶段.21世纪以来数学教学生成的校本研究与实证研究逐步兴起,为教学生成的研究开启了新的视阈.

(1)基于生成的哲学研究转向阶段

“生成”一词第一次出现就是在德国著名哲学家黑格尔(Hegel,1770—1831)

---

① 朱志平.课堂动态生成资源论[D].南京:南京师范大学,2007:19.

② 主智主义是西方近代形成的、以赫尔巴特学派的教育理论为主要代表的教育思潮.它产生于科学主义和理性主义盛行的时代,主张把知识的传授与理性的发展作为教育和教学过程的基础与目的,注重对有效传授知识的方法和途径的探讨,重视研究选择、编制知识内容的基本原则和具体方式.但由于其理论的局限性,到20世纪初,主智主义被当做传统教育的主要代表而遭到尖锐的抨击.(见:张斌贤.西方主智主义教育原理述评[J].北京师范大学学报.社会科学版,1997(3):44-54.

③ 生成观:即对生成的认识或看法.

的逻辑学范畴中①.《辞海》中有这样的论述:“生成是德文 werden 的意译,是逻辑学中的一个范畴,意即发展和变化.黑格尔猜测到普遍发展变化的原则,指出‘生成’是‘有’(或‘存在’)和‘无’(或‘非存在’)的统一,‘有’可以过渡到‘无’,‘无’可以过渡到‘有’,这是他哲学中的合理内核之一.”②恩格斯指出黑格尔的一个伟大基本思想就是他认为“世界不是一成不变的事物的集合体,而是过程的集合体,其中各个似乎稳定的事物以及它们在我们头脑中的思想映像及概念,都处在生成和灭亡的不断变化中”③.尽管黑格尔的“生成”哲学是一个包含运动和变化的过程,但这一过程却是被“前定”了的,其起点和终点都是提前“设定”了的绝对精神④.其所谓的“生成”观点,只是指绝对观念的发展变化,仍然属于古典哲学预成论的思维范畴.

因为,人的本质是社会关系的总和,社会关系是在生产过程中产生的,马克思认为“生产是生成的,社会关系是生成的,所以人的本质也是生成的,这就意味着人并没有一个现成的、固定不变的抽象本质,而只有现实的、具体的、历史的本质”⑤.这反映出哲学观由预成论转向生成论.

(2)基于信息建构的生成学习研究阶段

美国学者维特罗克用信息加工理论分析学习的过程并作出图式表征.他认为“学习过程是学习者原有认知结构与从环境中接受的感觉信息相互作用,主动建构信息意义的生成过程”⑥.维特罗克在“作为生成过程的学习”一文中提出,生成学习的一个根本前提是“人们倾向于生成与以前的学习相一致的知觉与意义”⑦.“无论是学生还是专家在对学习的事物产生意义时,都有一种与其以前的经验相结合的倾向”⑧.他的研究表明神经系统是生成学习的生理基础,积极而强烈的求知动机激发了对新的材料信息的关注.新信息与已有的知识经验的对照联结,促成

---

① 陶慧敏.走向生成——生成性思维视阈下的当代教育的反思[D].郑州:河南大学,2006:3.

② 辞海编辑委员会编.辞海(下)[M].上海:上海辞书出版社,1979:3955.

③ 马克思,恩格斯.马克思恩格斯选集:第4卷[M].北京:人民出版社,1972:240.

④ 邹广文,崔唯航.从现成到生成——论哲学思维方式的现代转换[J].清华大学学报:哲学社会科学版,2003(2):2.

⑤ 邹广文,崔唯航.从现成到生成——论哲学思维方式的现代转换[J].清华大学学报:哲学社会科学版,2003(2):4.

⑥ 马向真.论威特罗克的生成学习模式[J].华东师范大学学报:教育科学版,1995(2):73.

⑦ WITTROCK M O. Learning as a Generative Prosess[J]. Educational Psychologist, 1974:11.

⑧ 陶炳增,孙爱萍.论威特罗克的生成学习理论的教字含义[J].开放教育研究,2004(6):2.

了文内与文外两种联系①的生成.

(3)基于幼儿教学的生成课程探索阶段

20世纪80年代,意大利的瑞吉欧·艾米利亚(Reggio Emilia)地区在幼儿教育中进行了生成性课程的实践.在瑞吉欧·艾米利亚地区的学校,不强加给幼儿什么要学的材料,以儿童为中心,从孩子的兴趣和需要出发.在幼儿园中,教师尽可能减少介入,更不可过度介入,让儿童在自主探索中获得丰富的经验;紧密联系孩子的生活;在与同伴的合作、交流中体会自我②.虽然瑞吉欧生成性课程的实践范围主要是在幼儿园,但其向学生本身开发课程资源的理念对小学数学教学却有着十分重要的借鉴作用.

对生成课程作了理论与实践相结合的研究,是美国太平洋橡树学院的伊丽莎白·琼斯教授和约翰·尼莫教授.尼莫认为生成课程不是罐头式的课程,不是木乃伊式的课程,但是课程也不应该是偶然的、随意的、教师被孩子牵着鼻子走的课程.尼莫还认为生成性问题(也就是生成性资源)可能来源于学生的兴趣,教师的兴趣,儿童发展的阶段任务,物质环境中的事物,社会环境中的人们,意料之外的事件,共同的生活、社会、社区、家庭、学校的价值观.这些观点为后来的研究提供宽广的视阈③.

(4)生成性教学的理论探索与发展阶段

从1997年以来,在叶澜教授的"让课堂焕发生命的活力"中提出"用动态生成的观念,重新全面地认识课堂教学,构建新的课堂教学观"之后,国内对于生成和生成性教学的研究取得了比较丰硕的成果,对于教学中生成性知识、生成性资源、数学学科的教学生成的研究取得了较大的进展.

①对于学习中的生成性知识研究

周美玲(2004)从学习角度提出"数学生成性知识是对数学知识的提炼和概括,是学习者对自身已有数学知识的新认识,新体验和新见解,是个人借助于自身的数学理解力,判断力,批判力和洞察力所创造出来的个性化的数学知识"④.数学生成性知识的类型丰富多样,从概念学习的方面来说,生成性知识可以是对某个数学概念本质的理解,也可以是对数学概念之间内在联系的把握;从解题学习的方面来说,生成性知识可以是关于某个特定问题的解题知识块,也可以是在解题过程中

① 文内联系是指新知识之间的内在联系;文外联系是指新知识与已有经验之间的联系.

② 吴少玲.生成性课堂教学研究[D].金华:浙江师范大学,2005:13.

③ 赵文超.对小学课堂教学中生成性问题的研究[D].南京:南京师范大学,2005:31.

④ 周美玲.数学学习中的生成性知识研究[D].南京:南京师范大学,2004:9.

产生的有价值的元认知信息. 数学生成性知识产生的途径也是多种多样的,如对知识的概括,对知识的整理,对数学对象的表征进行转换,对元认知信息的捕捉等.

②对生成性资源的研究

殷晓静(2004)认为"动态生成性资源是在真实的课堂教学情境中通过师生的动态教学活动过程而产生的资源,是一种重要的课程资源"①. 动态是变化、非预设性的. 这是一种不同于课前预设的新资源. 赵文超(2005)则认为生成性资源主要来源于学生在课堂中出现的有教育价值的错误、课堂上的认知冲突和富有教育价值的教学亮点. 目前对数学教学动态生成性的研究,也主要聚焦在课堂生成性资源的应对与开发方面. 李银岚、陈文胜(2009)认为"小学数学生成性资源是在真实的课堂教学情境中产生的,包括学生的提问、错误、好奇心、差异等"②. 对生成性资源的处理,中国台湾学者邬瑞香结合自己的教学实践认为"对于教室运作有用的信息应予以增强,干扰或暂不能处理的信息则予以忽略或淡化处理"③. 胡庆芳,贺永旺,杨利华,袁菲(2007)认为应对精彩的资源生成,可以采取"欲擒故纵、推波助澜、投石问路、顺水推舟、问题放大、将错就错、适可而止和延后处理"④等策略。

③对生成性教学的研究

综合已有文献,对于生成性教学内涵有多种解读. 孟凡丽,程良宏(2009)认为"生成性教学不是一种具体的教学方法、教学模式,而是一种融教学价值观、认识论、知识观和方法论于一体的教学哲学"⑤. 这颠覆了中国的"教学长期以'预成论'教学哲学为支撑"的认识局面.

对教师教学的过程,刘永慧(2004)认为生成性教学是教师"以科学的教学观和学生观为指导,从有效促进学生言语经验发展的角度出发,给学生创设适宜的学习契机,把学生的个人知识、直接经验、生活世界看做重要的课程资源,鼓励学生对所学知识进行自我理解、自我解读"⑥的过程. 从学生学习的角度,潘小明(2004)认为数学生成教学是"让学生亲身经历学习活动的过程,在获得知识技能的同时,生

① 殷晓静. 课堂教学中的动态生成性资源研究[D]. 上海:华东师范大学,2004:1.

② 李银岚,陈文胜. 小学数学生成性课堂资源的开发和利用[J]. 内蒙古师范大学学报,2009,22(4):1.

③ 郑毓信. 数学教育:动态与审思[M]. 上海:上海教育出版社,2005:75.

④ 胡庆芳,贺永旺,杨利华,等著. 精彩课堂的预设与生成[M]. 北京:教育科学出版社,2007:35-38.

⑤ 孟凡丽,程良宏. 生成性教学:含义与价值[J]. 课程. 教材. 教法,2009,29(1):22.

⑥ 刘永慧. 目标:生成和预设要有机结合[J]. 语文建设,2004(7-8):26.

成数学智慧,生成健全人格”①.从师生双主体的角度看,数学生成教学过程中既不是教师预先设计好的计划,也不是学生无目的、随意的活动.它是“师生在互动过程中,通过教育者从学生对数学知识与技能的需要和感兴趣的事物的价值判断中,不断调整活动,以促进学生更加有效学习”②的教学过程.

④对教学生成的研究

李祎(2008)主张教学生成需要营造关于学习的“生成场”.学习就应是通过教师或他人的直接或间接的引导和帮助,学生在生成场中积极地利用各种信息来进行知识意义的生成.

从信息论与思维系统的视角,李祎提出唯有“已有信息进入了思维系统,并且成为思维作用和加工的对象,认识主体才有可能进行‘生成’;反过来,思维只有跨入信息场域,以各种已有信息为载体,借助于已有的各种信息,才可能生成新的信息”.他还认为具有良好的载体性、具有一定的挑战性的问题是教学生成的认知动力.依据信息学的观点,他明晰了生成性信息、生成性知识和生成性资源三者的关系.从认识论视角分析,他指出教学生成的过程就是“教师引导学生从‘生’到‘成’从而获得个体知识的过程”③.

⑤对教学预设与生成的研究

万泽民(2007)基于互动的角度提出“小学课堂教学动态生成,是指在开展小学教学过程中师生、生生、生本之间,通过对话互动,交流彼此的思考和见解,使小学生在原有认知的基础上自主建构信息、主动生成知识的过程”④.丁一平(2009)认为随着课程改革的深入发展,面对“互动发展、动态生成”的课堂教学要求,教师如何明确自己的角色定位,有效处理课堂教学预设与生成的关系,享受课堂生成的精彩,成为每一个数学教师必须面对的现实问题⑤.新课程虽然倡导“生成”这一教学理念,但是丁一平也认为“要求课堂教学追求动态生成,并不意味着可以忽视预设,更不是否定预设.”只有课前的精心预设,才能让学习中自然生成的资源找到“着陆”的平台.

① 潘小明.“小学数学生成教学”探究——从平行四边形面积计算的教学谈起[J].现代教学,2004(12):48.

② 沈金寿.新课程理念下数学生成教学的探讨[J].福建中学数学,2006(8):16.

③ 李祎.数学教学生成论[M].北京:高等教育出版社,2008:49,76.

④ 万泽民.小学课堂教学动态生成资源的教师引领策略[J].教海探航,2007(11):30.

⑤ 丁一平.小学数学课堂教学预设与生成探索[J].在线聚焦新课程,2009(3):34.

⑥影响课堂教学生成的因素

李庚青(2007)的研究认为影响数学生成教学的主成分有六个方面:第一是学习评价、教学反思、教学方式、数学活动、学习方式,称为教学活动及监控水平主成分;第二是教学机智、教学内容的处理方式、提问技巧、教学语言,称为教师教学实践智慧主成分;第三是教学情境的创设、教师的情感投入与态度、教学行为,称为教师教学态度与情境创设主成分;第四是学生的认知水平与知识经验、学生的情感与态度、师生互动、师生关系,称为学生认知情感与师生关系主成分;第五是教师的知识观、学科知识、课程知识、课堂环境等,称为教师知识与知识观主成分;第六是教育理念、教学观,称为教育理念主成分. 其中,教育理念、知识观、教学情境创设、教学实践智慧、教师知识、情感与态度、学习评价、学生认知情感等,它们都对数学生成教学产生正向影响①.

(5)数学教学生成的校本研究兴起阶段

小学数学教学生成的校本教研集中在促发课堂教学生成策略的实施方面,例如徐州市教科所"十一五"立项课题"小学数学课堂教学动态生成的策略研究"给出了促进教学生成的五个策略,创设激发生成的学习环境;激发学生探究的欲望;精心设计探究性的预设;善于倾听,细心捕捉;保护学生的自尊心,自信心,让他们敢于质疑,敢于创新. 上海市淞谊中学、长江路小学等学校在预设与生成的实践研究中提出了激发精彩生成需要五种动态:"学生敢动、知识联动、问题驱动、实质互动、方向拨动". 如果要提高生成的质量和效率,还需要教师"有较强的主导作用,在导向上多下工夫,对各种问题有针对性的指导,调控、激发和点拨"②.

2. 对数学教学生成研究的反思

回顾国内十多年对于教学生成的研究历程,虽然起步较晚,但凭借广大数学教育工作者的不懈追求,已取得了明显的成绩. 然而,仍不能忽视目前数学教学生成研究中存在的不足,以下几个方面还有待研究者用正确的态度去正视、反思并加以改进.

(1)理论研究与教学实践脱节

对于教学生成的研究,比较注重理论的探析,而轻视了理论的实效性和实践性. 单墫、喻平教授(2001)提出数学教育研究一个起点是教育学,它与数学教育学

① 李庚青. 影响数学生成教学的因素研究[D]. 长沙:湖南师范大学,2007:71,44.

② 胡庆芳,贺永旺,杨利华,等,著. 精彩课堂的预设与生成[M]. 北京:教育科学出版社,2007:21-25.

是演绎关系,另一个起点是数学教学,它与数学教育学是归纳关系①.这种以"双向建构"的方法研究和阐释数学教育有关问题的基本思想,意在强调进行数学教育理论探索,必须紧紧抓住"数学"教育来进行研究,力图使之区别于一般的教育理论.因此,一方面要求在研究中把握小学数学学科的特点、体现"数学"特色,避免得到的结论只是对教育心理学的简单演绎.另一方面,一线教师关于"教学生成"的研究从发表文章的数量上看呈逐年递增之势,但部分研究仍欠缺一定的理论深度.在对有关数学教学生成问题的研究中,多是对教学经验的总结提炼.

(2)策略建构与效果检测失衡

从已有收集、整理的文献来看,目前针对教学生成的研究,主要是"教学生成性资源"的处理和应对"教学生成"的策略.构建的策略是否适合教师的教学实践?是否有利于提高教学的有效性、达成课堂的三维目标?还有待进一步的研究.

(3)问题研究的力度分布不均

在目前已开展的关于生成的研究中,存在着研究力度分布不均的现象.总体说来是"重宏观、轻微观,重文献、轻实证".有些问题的研究偏于重复,如:大量的研究者对建构和完善处理数学教学生成性资源的策略倾注了较多的热情.虽然这些研究都紧密联系数学课堂教学,融入了宝贵的教学经验,但由于表述得过于笼统,因此并没有发挥理想的指导效果.相反,有些问题的研究一直少有人关注,如:数学教学生成的现状如何,一线教师是如何看待教学预设与生成的关系等.

(4)研究方法有所失当

一方面,部分研究者所采用的研究方式偏重思辨研究,研究形式的单一束缚了理论的发展;而具备一定理论水平的不少研究生在撰写学位论文时也尝试采用实证研究方法开展数学教学生成的研究,但是与数学教育学的其他研究领域相比,实证研究方法在数学教学生成研究中的开展程度相对还比较低.另一方面,一线小学数学教师目前基本局限于"小学数学课堂动态生成资源的开发与利用","建立和完善小学教师数学课堂动态生成的'跟进'策略"等少数几类问题的研究中,应用范围仍需尽力拓宽.虽然也出现了对数学教学生成的校本研究,但是研究的成果推广不够,策略建构复杂,教师并不容易掌握.此外,目前的研究还呈现出重个案研究轻群体研究,重短期研究轻长期跟踪性研究等不完善之处.

3.数学教学生成研究的展望

对已有研究的反思,目的是获得此项研究的启示.如何作好该项研究,下面将从三个方面叙述.

---

① 单墫,喻平.对我国数学教育学研究的反思[J].数学教育学报,2001,10(4):4-8.

(1)研究理论的完善与检验

数学教学生成在数学教育心理学的研究中是一个比较年轻的领域，目前的理论基础还比较薄弱，已形成的相关理论还不足以支撑所有问题的研究，况且研究者们对于某些基础性理论问题的看法还存在分歧，又缺乏对不同观点的必要争鸣. 另外所构建的理论如何推广到课堂教学中适合教师，是值得深入思考的问题. 从合理的研究起点出发，在广泛的讨论与深入的研究中，在理论与实践之间逐步地建构、完善教师做教研与教研融教学的“中间地带”，应是今后研究工作中的一个努力方向.

(2)研究内容的挖掘与拓展

着力于研究内容深度的挖掘与广度的拓展，是此项研究工作中的一个重要任务. 一方面，现有的不少研究都停留于浅层次的探讨，结论空洞，缺乏应有的理论深度，难以产生较大的影响. 如建构和完善教学生成应对的措施，一线教师难以从大同小异、缺乏深刻说服力的研究结果中归纳出几条普遍适用的措施. 另一方面，经历了近十年的小学数学新课程改革，教师面对课堂教学的“预设与生成”的真实态度如何？应对“生成”的惯用方法和“管用”策略又是什么？这些问题都有待通过现状调查和课堂观察进行深入研究.

(3)研究方法的更新与融合

研究方法失当现象的存在，要求这项研究中应对研究的方法倍加关注，予以改进. 改变针对一个方面基本使用一种研究方法的现状，注意多种方法的相互融合. 一方面在大力提倡并开展实证研究的同时，还应重视调查设计的科学性、合理性和有效性；另一方面，扎根于数学课堂，部分课用摄像机录下全过程，通过做现场笔记，记下板书内容、学生行为与重要反应，课前后与师生交谈等多形式收集资料. 这样力争“研究者在研究的过程中成为行动者，进入到研究对象的教学世界，在教学情境中获得丰富的第一手资料，揭示一定的客观事实”①.

1.3 研究的内容和意义

在确立研究的具体内容之前，需要对生成性教学过程各要素进行逻辑的分析，以保证研究内容的可靠性. 基于相关概念内涵解析和文献综述得出，一个完整的生成性教学过程(图 1.1)是包含着预设、生成、应对、反思四个环节，循环往复、持续

① 刘喆. 我国比较数学教育学研究方法的质性取向[J]. 数学教育学报，2010，19(3)：10.

不断的动态变化的过程.

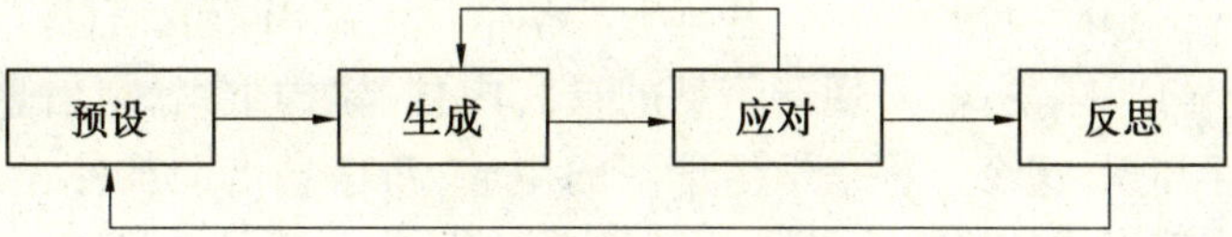

图 1.1 生成性教学过程图

从图 1.1 可知预设是生成的基础,生成是预设的发展,生成的结果是一种教学资源;应对是面临生成、处理资源的必然;反思是教学的升华,也是预设的新起点.预设到生成是学生生命本真色彩显现的过程,是教师教学智慧的体现过程;生成到应对是检验教师面对生成的水平和态度的过程;师生的积极应对①可以促发课堂走新的生成;应对到反思是反映教师对自我专业发展的认识深度过程;反思到预设则是教师专业化发展的实践过程.

如何实现从预设到生成,通过解析生成的内涵以及维特罗克生成学习理论的研究,得到教师预设、学生预备与课堂资源生成的关系图(图 1.2).

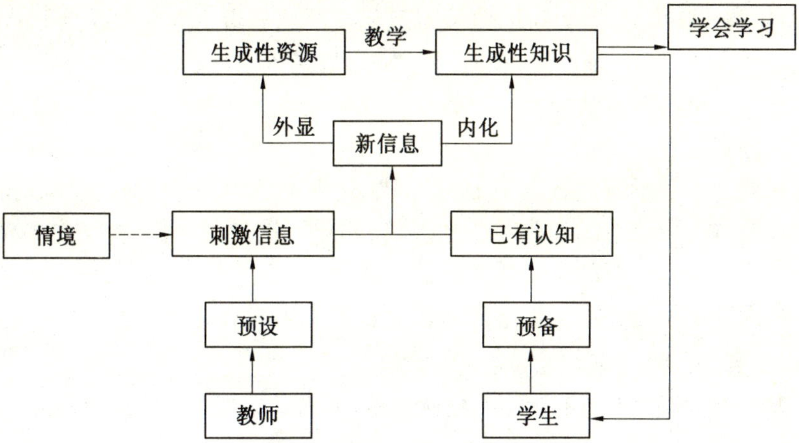

图 1.2 师生课堂教学生成过程示意图

在教学前教师进行教学的预设,借助教学资源、获得教学目标、教学过程等教学内容的预期设想;学生进行学习的预备,形成新信息获取前的认知基础、能力基础和情感铺垫.在课堂教学情境中,教师通过预设性提问、出示材料、设置练习等手

① 教师的积极应对,一方面可以直接应用预设而生成的资源来服务教学,另一方面也可对非预设而生成的资源进行开发.

段对学生群体的已有认知发出刺激信息，同时课堂情境中的其他因素也会对学生头脑中已有的信息产生影响，在此基础上教学情境酝酿出新的信息.学生自己借助类比归纳、变异迁移等方法实现新信息的自我内化、建构重组，新信息便形成学生个体的生成性知识，这个过程是学生学习的生成；新信息借助某种媒介如语言、文字、行为、情绪等方式外显出来便是一种教学资源，即生成性资源.从教学预设到资源生成的过程是教学生成的过程.教师面临资源的生成，如果在教学中对资源加以开发、利用，则学生获得生成性知识.学生最终达到顿悟、学会学习的目的.这就是说学生的新知识是师生共同“生成”而不是“给成”的，教师的教学是师生共同“生成”而不是“预成”的.

结合研究背景、相关文献综述和上述对生成性教学过程、预设到生成过程的分析，下面分别介绍研究的内容和意义.

1.3.1 研究的内容

基于“研究的背景”和“研究综述”中的分析，此项研究将试图完成以下几方面的工作：进一步探究数学教学生成的内涵，初步明确分析小学数学课堂教学的预设与生成现状表现、探讨小学数学教学生成的过程结构、特征、非预设生成的时机、促发小学生生成资源的方法及其应对教学生成的策略等问题.从而，该项研究要解决的具体问题有三个：

1. 开展小学数学课堂教学关于“预设与生成”的现状调查，辅之以课堂观察.

2. 针对调查中存在的问题和课堂观察的分析，进行理论探讨，结合案例分析，探讨促进小学数学课堂教学有效生成的策略.

3. 将设计出的促进小学数学课堂教学有效生成的策略应用于小学数学教师培训中，以获得对研究效益的检验.

上述三个问题是相互依赖、逐级递进的.首先，在文献研究的基础上，通过归纳、演绎等方法获得关于数学教育生成内涵的一般认识.其次，再通过问卷调查、课堂观察和访谈等手段了解教师们对数学教学“预设与生成”的认识，对待生成性资源的态度、利用的状况、开发的措施，课前教学预设的基本情况以及教师们对生成性教学资源本身及其教育价值的理解程度，获得教师们在教学中面对教学生成处理的教研和困惑的一个总体性认识.然后在此基础上，分析已有的教学生成理论、数学教学生成的类型和有效生成的标准，再从一线教师应对生成的授课案例中获得促进学生发展的教学经验，这为归纳总结出促进小学数学教学的有效生成策略提供了理论依据和实践保障.最后，利用教研活动、校本培训、继续教育学习等时机将构建的策略渗透给广大小学数学教师并应用到一线课堂，检验策略的有效性.

1.3.2 研究的意义

在基础教育数学新课程改革背景下对小学数学课堂教学生成进行研究还是一个有待深入、值得研究的课题. 研究这个课题，不仅对明晰教学生成内涵和理念、充实"数学教学生成"的理论具有重要的理论意义，而且对数学教育实践也有重要的现实意义. 具体说来，可以表现在以下几方面.

(1)理论意义：充实"小学数学教学"的基本理论

目前国内对于小学数学教学生成的研究还不多，更多是从立足于建构主义学习理论和人本主义教育思想，从教师教的单方面，用经验话语加案例片段的形式，分析小学课堂教学中的生成现象及处理方式. 特别是已有研究还没有较准确地反映出生成教学鲜明的学科特征和学段特点；对如何促使小学生进一步生成数学信息的教学理论缺少研究，对小学数学教师如何把握预设与生成的关系研究也不深入，以及如何从生成的视角衡量小学数学教师的教学效果也探讨不够. 该项研究力图在这些方面作出一些尝试，弥补研究的空白. 同时，关于促进小学数学课堂教学有效生成的策略构建的研究，对充实小学数学教学理论也具有一定的理论意义.

(2)方法论意义：为研究小学数学课堂教学提供启示

已有的部分研究存在方法上的偏失，对小学数学教学生成的研究，更多还是集中在结合经验谈如何处理教学生成性资源的较多，而对教学生成中师生表现出的行为、状态"背后"的真正缘由了解却是薄弱的.

此项研究结合具体数学课堂活动进行观察、记录和访谈，借助语言文字和音像等手段，采用教案与教学对比、教学反思与教学实录对照，通过教师的写反思、说课、再上课，以及同课异构、三段两反思等研课形式，研究小学数学教学生成的具体内容并构建出达成教学有效生成的策略. 这种研究方式为后续的相关研究在方法论上具有案例启示的作用. 退一步说，即使这种研究方法还有不完善之处，也能为后续的研究提供警示和借鉴.

(3)现实意义：为深化基础教育数学课程改革服务

通过探讨研究的问题，得出结论以及还有待进一步思考的问题. 以期能够帮助教师们解决在小学数学教学生成中面临的困惑，为基础教育作出自己的贡献. 同时，研究中关于教学策略的研究，也有助于为指导教师提升自身的专业发展水平、促进学生的数学学习服务，最终为学习者个体未来的生活、学习、充分实现自我生命的意义服务.

在本章中,介绍了小学数学课堂教学生成研究的缘由,论述了研究的背景,对已有的关于教学生成研究的现状进行了综述,介绍本书研究的主要内容及意义.我们研究课堂教学生成,是基于2008年以来在大量的一线课堂教学观察中发现许多一线教师,尤其是职初教师,处理不好“预设与生成”的关系,面对大量的课堂生成性资源利用效率低.因此,该项研究试图从促进有效利用课堂生成资源的角度,对课堂教学生成进行较为系统的论述.

第2章 研究设计

实证与思辨是洞察教学底蕴的两大入口.

——顾泠沅

研究设计是指研究者为了解答所欲研究的问题而说明对研究中各种变量如何控制的一种简要的计划、结构、方法和策略等,即资料搜集与分析的程序.研究设计为研究提供周密的计划、具体的研究策略和技术,指导研究活动,指引研究者明确、顺利、经济地完成研究任务①.

基于前文对教学生成内涵的剖析、生成性教学过程各主要环节关系、作用的思考、研究内容的确定,这一部分主要任务是设计小学数学课堂教学生成的研究思路,确立研究的方法,形成研究的技术路线,设计出调查研究的方案.

2.1 研究的思路与方法

这里介绍进行这项研究的思路和方法.先提出研究的计划、根据研究的需要给出研究方法的概述,最后在此基础上确定出研究的技术路线.

2.1.1 研究的计划

整个研究将分五个阶段进行:

第一阶段(2008.11~2009.5)准备阶段:在这一阶段,所进行的主要工作包含筹备课题组,确定研究的问题,初步规划研究方案,进行文献资料的收集与分析,为研究做好前期的准备工作.这一阶段具体做了如下的工作:①2008年11月商议由云南师大数学学院课程与教学论硕士点、西山区教师进修学校共同建立课题组,初步确定研究"小学课堂教学中的生成"问题;②2009年与贵州师范大学吕传汉教授共同商议,对"数学教学生成研究"的研究方案作了初步的规划;③2009年5月与云南省著名特级教师景海莲老师一起到西山区海口镇进行调研,对小学一线教师作了一些前期访谈,获得了宝贵的第一手资料,同时也收集了大量的课堂教学案

---

① 孟庆茂.教育科学研究方法[M].北京:中央广播电视大学出版社,2002:50-51.

例.

第二阶段(2009.5～2010.5)现状研究阶段:在这一阶段,通过调查与课堂观察继续探寻研究的切入点,进一步明确研究的问题,完善研究方案.如果仅从宏观的理性角度认识数学教学生成,这只是粗略完成了对有关概念的认识,对课堂上的生成,教师究竟是什么态度、到底采取了哪些常用措施的认识还是模糊的.另一方面,通过文献研究获得的关于数学教学生成一般性认识,带有归纳、总结、演绎的性质,这种认识和小学数学课堂上发生的“生成事件”是否一致,还需要通过对教育对象进行“深描”,结合具体的案例、具体的课堂以及教师自己的回答进行检验和修正.因此,这个阶段的工作主要是进一步明确论文研究的问题和完善方案,具体地说有以下几个方面的工作:①进一步明确研究目的、内容;②确定研究方法及编制研究工具;③选取研究区域及研究样本;④思考数据的收集、编码整理和分析方法;⑤实施调查和课堂观察.

第三阶段(2010.6～2010.9)理论探讨阶段:这一阶段以针对存在的问题,进行理论研究,辅之以教学课例探讨教学的应对策略.在研究国内外已有的典型文献的基础上,进一步梳理小学数学教学生成的理论基础,从哲学观、学习论、知识论、教学论等视角来看待课堂教学生成;通过大量的小学数学教学课例,探讨促发小学数学教学资源生成的产生根源、分类、处理,归纳出小学数学教学有效生成的特征,总结出促进小学数学教学有效生成的策略,从教师专业的角度,探析增强小学数学教师的生成智慧.

第四阶段(2010.9～2011.1)效果检验阶段:这一阶段的重心是检验教学策略的效果.课题组采用举办跨校、跨片区联动教研活动、教师培训、校本教研、2010“国培计划——中西部农村小学骨干教师培训项目”等形式,将构建的促进小学数学教学有效生成的策略运用到一线课堂,检验和修正策略.

第五阶段(2011.2～2011.4)总结阶段:得出研究的结论,并对其进行必要的反思.

在整个研究过程中,课题组注意原始资料的搜集、整理与分析.并将五个阶段的研究整合并形成研究成果《聚焦数学教育——小学数学课堂教学生成的研究》.

2.1.2 研究的方法

所谓研究方法,是按照某种途径,有组织、有计划、系统地进行教育研究和构建教育理论的方式,是以教育现象为对象,以科学方法为手段,遵循一定的研究程序,以获得教育规律性知识为目标的一整套系统研究过程①. 顾泠沅(1994)认为"实证与思辨是洞察教学底蕴的两大入口"②. 此项研究根据研究目标、研究内容和研究对象的性质秉持了两种研究相结合的思路. 其中,实证研究主要有调查研究法、案例研究法以及课堂观察与统计分析技术,以此来证实提出的假设,探索并完善教学的理论. 思辨研究主要采用梳理已有文献、概括教师教学经验、分析参与性观察中所得的数据、整理课堂实录资料、研究学生作业、教师教案和教学反思,对测量与统计的结果进行再分析. 具体说采用了如下的方法:

(1)调查研究法:指的是根据数学教育研究课题的需要,通过收集教育资料,进行观察、考察、统计与分析,剖析数学教育的典型事例,研究数学教育问题的基本要素,以便把握数学教育问题的实质和规律的研究方法③. 目的是全面把握当前的状况,揭示存在的问题,弄清前因后果,为进一步的研究或决策提供观点和论据. 调查研究法又常常用到如下的方法:

①问卷调查法:是指根据研究课题的需要,拟订调查提纲,通过统一设计的文卷,运用一定的调查手段,向被调查人了解情况或征询意见,对特定的教育现象作调查研究④. 在此基础上对调查结果作统计分析,从而导出所需要的结论. 研究中,我们根据调查目的筛选调查对象,然后根据调查内容及确定的研究方法编制出"小学数学教师教学预设状况问卷调查表"和"小学数学课堂生成性教学资源应对情况问卷调查表"的初始问卷. 再经由专家讨论、实施预调查,多次修改完善后,编制成正式的问卷. 为了提供较为坚实的数据支撑,研究中还做了统计分析.

②访谈法:是指研究者通过与被调查者面对面进行交谈,以口头问答的形式来了解某人、某事、某种行为态度和教育现象的一种调查研究方法⑤. 考虑到问卷调查存在盲点,对研究对象进行了结构性和非结构性访谈,编制了"小学数学教师对教学预设与生成的认识访谈提纲". 主要进行两类访谈:第一,对每个样本学校选择2~4位左右教师进行群体访谈;第二,对上课教师进行课前访谈,并针对课堂上所观察到的"疑问"进行课后深度访谈.

③观察法:是指人们有目的、有计划地通过感官和辅助仪器,对处于自然状态

---

① 华国栋. 教育科研方法[M]. 南京:南京大学出版社,2000:13.

② 姚静. 情境问题教学对学生数学认知的作用研究[D]. 上海:华东师范大学,2003:8.

③ 王林全. 现代数学教育研究概论[M]. 广州:广东高等教育出版社,2005:103.

④ 王林全. 现代数学教育研究概论[M]. 广州:广东高等教育出版社,2005:109.

⑤ 杨小微. 教育研究方法[M]. 北京:人民教育出版社,2005:103.

下的客观事物进行系统考察,从而获得经验事实的一种科学研究方法①. 研究采用的是定量观察和定性观察相结合的方式. 针对课堂观察研究中,当多种行为在同一教学情境中出现时,单独采用观察法会漏掉一些有价值的现象和值得重视的细节,因此课题小组对听课中的部分数学课堂教学进行了录像,并通过回放教学录像把课堂教学活动整理成文字记录稿,这是对数学课堂教学案例作进一步研讨时,必不可少的一手资料. 同时,对课堂的观察,尽量保证"研究情境的自然性"②,避免课堂教学生成情境的"人造化".

④内容分析法:内容分析法是指对明显的传播内容作客观而有系统的量化,并加以描述的一种研究方法③. 此项研究在课堂观察的基础上,选取部分典型案例,借助"小学数学课堂教学生成性资源处理情况观察表"、"小学数学课堂教学中各种提问行为类别频次统计表"和"小学数学课堂师生互动等级量表"等工具,运用内容抽样、归纳、描述的方法对调查的课例进行分析整理,最后有针对性地提出思考与结论.

(2)理论研究法:指对数学教育问题,按照其目的、内容、价值、条件及方法等方面进行分析思考,研究与之相关的因素,以数学、教育、心理及学科教学的理论为依据,提出解决问题的策略和途径④. 它主要是从理论层面上认识问题和解决问题. 在此项研究中,又分为文献研究和经验总结两类方法.

①文献研究法:是对文献进行查阅、分析、整理从而找出事物本质属性的一种研究方法,主要指搜集、鉴别、整理文献,并通过对文献的研究形成对事实的科学认识⑤. 通过以下步骤达到上述目的:先找出文献论述的对象,再进一步查明是论述该对象哪个方面的具体问题⑥. 它不是完全创新的研究,而是建立在已有研究之上,将已有的研究成果作为论据进行分析和论证. 在研究之前,需要广泛阅读与数学教育有关的文献资料.

---

① 裴娣娜. 教育研究方法导论[M]. 合肥:安徽教育出版社,1995:184.

② 研究情境的自然性实际体现了课堂人种志的研究方法. 课堂人种志的研究方法就是运用文化人类学的人种志方法对课堂中的群体进行研究,试图最真实自然地揭示这一文化群体中人们的行为方式、意义、价值、观点和动机等(陈瑶. 课堂教学观察[M]. 北京:教育科学出版社,2003:174-179). 这种研究是在课堂这一自然情境中进行的,而且所有的资料也是通过自然的方式加以收集的,并要求所有的资料都必须在课堂和教学情境中得到解释.

③ 张念宏. 中国教育百科全书[M]. 北京:海洋出版社,1991:536.

④ 王林全. 现代数学教育研究概论[M]. 广州:广东高等教育出版社,2005:90.

⑤ 孙亚玲. 教育科研方法研究[M]. 昆明:云南科学技术出版社,2002:72.

⑥ 李秉德. 教育科学研究方法[M]. 北京:人民教育出版社,1986:60.

②经验总结法：通过对实践活动中的具体情况，进行归纳与分析，使之系统化、理论化，上升为经验的一种方法．也指在实际的教学过程中，研究人员与一线教师结成一体，在大量零星的原型经验的基础上，通过符合一定程序的行动和思辨，提炼出有效的经验系统①．数学教育中“许多的理论都是在大量、广泛实践的基础上，经过抽象、概括等思维加工过程而逐步形成的”②．这项研究结合我们研究教学的经历以及部分小学数学名师的教学案例，归纳出有效应对教学生成的方法．

（3）案例研究法：指的是结合教学实际，以典型课例为素材，并通过具体分析、解剖，促使学生进入特定的学习情景和学习过程，建立真实的学习感受和寻求解决问题的方案③．由于“案例方法所展示的内容、人物和情境是个别的、特定的，所以试图用这种方法来说明数学教育的大范围特征和规律，总是受到较大的限制”④．为了增强案例的说服力，研究中常常把案例方法与理性分析相结合，以获得案例的启示．在此项研究中，我们深入小学数学课堂（主要集中在昆明市的小学）观察教学，部分课例用摄像机全程摄像，并根据录像逐一整理成电子文本，结合录像和文本进行初步分析．听课后再倾听任课教师的教学构想，并根据教师的说课、教学反思和观课记录进行整理与分析⑤．

（4）比较研究法：指在一定条件下，根据一定的原则，把数学教育中的相关事务或现象，就它们的特点、性质或状况进行比较，通过观察、调查、分析等手段，找出异同，从而探查数学教育有关事务的特点、规律和效果⑥．通过纵向比较，可以考察事物发展的状况；通过横向比较，可以加深人们对事物共同性与相异性的认识，从而准确反映数学教育事物的多样性，达到抓住事物本质特征、认识自身的目的．在这项研究的效果检验阶段，将采用“同课异构”、“三段两反思”、“自我反思”等研课形式来纵横比较策略的实效性，效果就体现在课例的过程展现与结果评析的比较之中．

2.1.3 研究的技术路线

在确立研究思路和所需要的研究方法的基础上，经过课题组多次反复的论证，

① 沈兰，郑润洲．变革的见证——顾泠沅与青浦教学实验30年[M]．上海：上海教育出版社，2008：14.

② 王林全．现代数学教育研究概论[M]．广州：广东高等教育出版社，2005：96.

③ 杨晓萍．教育科学研究方法[M]．重庆：西南师范大学出版社．2006：129.（注：为阅读的方便和叙述的简明，该项研究中的课例都是经过了适当的加工整理，为避免混淆，后面不再提课例研究）

④ 王林全．现代数学教育研究概论[M]．广州：广东高等教育出版社，2005：141.

⑤ 在近2年半的时间中，共观摩200多节小学数学课，从中整理出完整课例19节，课例片段25节．

⑥ 王林全．现代数学教育研究概论[M]．广州：广东高等教育出版社，2005：157.

最终形成了一个研究的技术路线图(图 2.1).

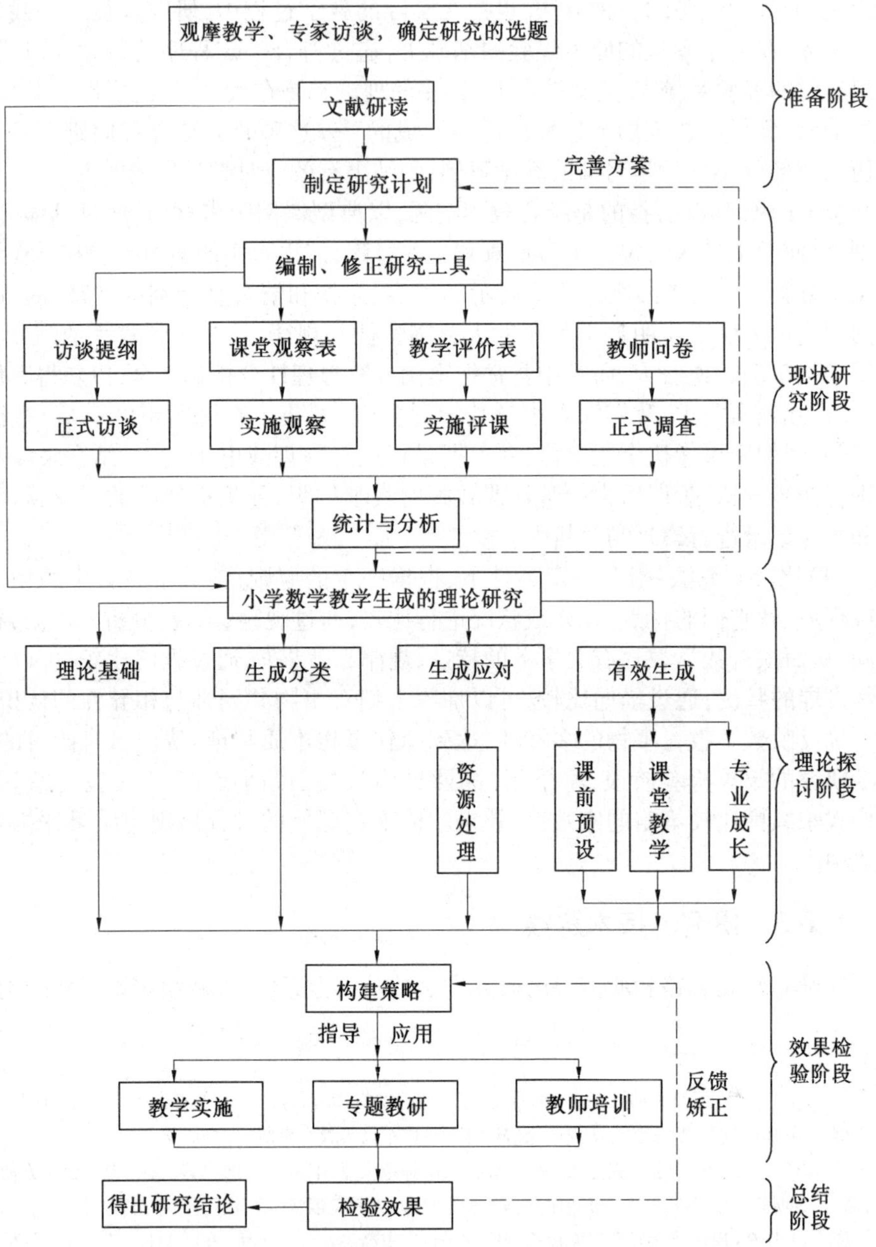

图 2.1　研究的技术路线框架

2.2 调查研究的设计

数学教育中的调查研究法一般具有“目标明确性、范围指定性、过程探查性”① 等特点，因而调查研究的设计主要包括调查研究目的的确定、研究对象的选取、研究方法和工具的选择.

2.2.1 研究目的

2001年数学新课程实施以来，课程改革的焦点一方面集中在如何在课堂教学中发挥学生的主体作用，引导学生兴致勃勃地参与学习过程；另一方面体现在数学教师在教学预设的基础上，能否敢于面对课堂的生成、如何应对课堂的生成、如何组织学生通过探究活动促发生成等问题方面. 预设是生成的基础，生成是预设的升华. 余文森教授认为：“预设与生成既有对立性，也有统一性，课堂教学既需要预设也需要生成. 预设与生成是课堂教学的两翼. ②”对教学生成的研究，也离不开对教学预设的调查. 因此，调查研究的目的具体说有四个：

(1)通过对小学数学教师开展集体访谈、个别访谈、讨论和问卷调查，了解昆明市小学数学教师对教学预设与教学生成、预设与生成关系的认识，以及小学数学教师课前教学预设和课后反思的基本情况；

(2)通过访谈、问卷调查和课堂观察，分析昆明市小学数学课堂教学预设的模式、教学预设的特点；

(3)通过问卷调查、课堂观察、教学片段分析、教学行为评价的方式，了解目前昆明市小学数学教师在教学中应对生成的态度、生成性资源利用的水平，开发的措施，面对生成性资源处理的差异、困惑和已形成的经验等.

(4)通过访谈、课堂观察、录像观摩和课例分析的方式，了解教师们对生成性教学资源本身及其教育价值的理解程度，课堂教学生成性资源出现的时机.

2.2.2 研究对象

研究以昆明市的所有的小学数学教师为研究总体. 限于研究者的条件，同时考虑样本的代表性，研究样本对象的选取主要有三类：一是对其进行访谈和问卷调查

① 王林全. 现代数学教育研究概论[M]. 广州：广东高等教育出版社，2005：103-104.

② 赵小雅. 课堂：如何让“预设”与“生成”共精彩[N]. 中国教育报，2006-4-14(5).

的教师；二是对其进行课堂观察、听课的教师；三是对其进行培训、教研指导的教师. 从2008年12月至2010年6月在盘龙区等7所抽样学校开展调查、访谈、观课，参与教研活动. 另外，2010年3月24日在西山区教师进修学校举办了昆明市西山区教研主任培训班，参加培训班的数学教师有25人；2010年4月27日在盘龙区双龙小学举办了盘龙区第四片区联片教研活动，参加活动教师有50名小学数学教师，这些教师中，部分来自于昆明市盘龙区的乡村小学，因此，研究把这些小学数学教师作为"郊区或乡镇小学"的代表而成为研究的样本教师之一（详见下表）.

表2.1　小学数学课堂"生成性教学资源"处理情况调查样本分布表

	西山区	盘龙区	五华区	官渡区
城区学校/人	18	16	10	14
郊区或乡镇学校/人	19	19	10	11

表2.2　小学数学教师教学预设调查样本分布表

	西山区	盘龙区	五华区	官渡区
城区学校/人	17	13	8	14
郊区或乡镇学校/人	22	23	9	8

表2.3　教师访谈样本的基本情况表

	西山区	盘龙区	五华区	官渡区
城区学校/人	6	2	1	1
郊区或乡镇学校/人	6	2	1	0

注：上述调查样本均指统计后的有效样本.

2.2.3　研究工具

研究中使用的研究工具有"教师问卷"、"访谈提纲"、"课堂观察表"、"教师处理生成性资源水平评价表"等①. 下面先对研究工具的信度、效度进行说明，再论述工具选取的缘由，最后给出工具的设计概况.

1. 研究工具的信度和效度说明

此项研究中研究工具的信度和效度的保证问题，在具体的调查研究设计和实施过程中，主要是通过以下一些措施来提高研究效度的.

一是通过预研究进一步明确研究问题和采用的具体方法，提高研究的效度. 预

① 调查研究采取的方法，前文对此已有叙述，这里不再赘述.

研究对研究计划的进一步完善和后来的正式研究起了很重要的作用①. 在正式调查前，2009 年 7 月在四川省南充市选择了一所乡镇小学的教师作试调查，2009 年 9 月课题组在昆明市盘龙区东华小学六年级选择了两个班作为预研究. 通过预研究对访谈的提纲、调查表和观察表进行了恰当的充实和改进，也总结了访谈与问题处理的经验. 在预研究中，对访谈过程和课堂教学进行了部分录音，事后将录音记录转化为文本并做了访谈总结，与部分六年级学生也进行了交流，这些都为后来的研究提供了很好的经验和准备，同时也提高了研究的效度.

二是通过质与量交叉使用的研究方法搜集资源提高研究的效度. 首先通过大范围②的量化问卷调查了解小学数学教师教学预设与教学生成应对的现状，从实践中寻找问题研究的来源. 在问卷法的抽样上，选取的是有着不同水平、不同层次的学校的大部分数学教师，这样能反映教师的整体情况. 其次，辅助开放式访谈，了解教师对教学预设准备、教学生成处理的困惑和矛盾. 为了通过访谈了解研究对象在研究问题上的尽可能多的表现，一般要准备一个短小的与研究问题有关的提问清单，让被访者按照问题"聊天式"地回答. 同时对课堂教学、教研活动、学生作业、试卷还进行了摄像、照相和录音，通过教研组活动对教师的课堂教学进行了量化的评价. 另外，也通过以多次参与部分教师的教研组活动，并以参与讨论的方式，与教师建立良好的彼此信任的关系来提高研究教师对研究者的信任度，从而提高研究的效度.

三是通过资料的分析和整理过程提高研究的效度. 在资料分析过程中，综合运用量化统计、图表、照片、观察、访谈等研究结果来解释研究中的发现，这样也使研究的效度得到提高③. 另一方面，无论是在问卷的设计阶段，还是在数据的分析阶段，都请教了相关的大学数学专业教授、数学教育专家，并与部分小学数学特级教师和高级教师④进行了沟通和交流. 这些都对研究的效度的提高有一定的促进作用.

由于研究的信度是研究的效度的必要条件，研究的效度是研究的信度的充分条件（朱德全，宋乃庆，1998），在此项研究中，基于以上对研究效度的保证，研究的

---

① 彭爱辉. 初中数学教师错误分析能力研究[D]. 重庆：西南大学，2007：45.

② 在试调查中，问卷调查范围包含云南省各个市州，共 150 名教师；在正式调查中，涉及昆明市四个区的小学数学教师，其中西山区每所小学都有教师样本.

③ 黄梅. 基于三维目标的化学教学策略设计研究[D]. 重庆：西南大学，2009：26.

④ 在问卷编制过程中曾听取了吕传汉教授、涂荣豹教授、景海莲特级教师和康世刚博士等人的建议.

信度自然也得到了保证.

2. 研究工具选取的说明

研究工具的选取是基于研究目的的需要.问卷调查“适合在宏观层面大面积地对社会现象进行统计调查……”,但是它“只能对事物的一些比较表面的、可以量化的部分进行测量,不能获得细节的内容”①.所以在研究中采用问卷调查的同时,结合了访谈和课堂观察的方法,这是常用的量的研究与质的研究相结合的研究方法.在预研究中发现,教师的提问和师生互动时,常常有许多有价值的教学“意外事件”产生,因此,研究中将以“小学数学课堂教学中各种提问行为类别频次统计表”(附录F)和“小学数学课堂师生互动等级量表”(附录G)作为课堂观察的工具.由于小学生的数学学习状况、数学素养的培养与教学系统中多种因素相关,教师对教学生成的处理水平高低,只是其中的一种因素.因此,研究中没有对小学生的数学素养进行测试.有鉴于此,为了了解小学数学教师是如何处理生成性资源进行有效教学的,研究将以生成性资源处理水平模型和“小学数学课堂教学实施过程评价表”(附录H)作为研究工具,有针对性地选择部分教师的课例片段作为研究对象,针对这个片段和行为进行评价,试图为小学数学教师合理应对教学生成提出一些有益的建议.

3. 研究工具的设计

此处主要介绍调查问卷、访谈提纲和课堂观察表的编制过程和组成结构.

(1)教师问卷

①问卷的编制

研究采用的是自编问卷.在问卷编制中,参照了国内的相关调查问卷.“小学数学课堂生成性教学资源应对情况问卷调查表”这份问卷是在李祎博士的“‘生成性教学资源’问卷调查表”②基础上修改而成,而“小学数学教师教学预设状况问卷调查表”参考了北京师范大学“学科教学设计研究”课题组设计的“中小学教师教学设计情况调查问卷(数学学科)”③,并结合课题组对研究的体会和了解,设计出两份教师调查表,然后请云南师范大学数学学院副教授孙莅文博士,小学教研员(主要是昆明市盘龙区教科中心、西山区教科中心小学数学教研员),小学数学教师(“景海莲名师工作室”成员、云南师范大学附属小学胡杰老师、海口镇依兰中心

① 陈向明.质的研究方法与社会可以研究[M].北京:教育科学出版社,2001.472.

② 李祎.数学教学生成研究[D].南京:南京师范大学,2007:180-183.

③ 国家社会科学基金“十一五”规划2006年度(教育科学)国家一般课题“信息技术环境下创建区域性教师学习共同体的理论与实践研究”之子课题北京师范大学“学科教学设计研究”课题组设计.

学校张艳秋老师、盘龙区东华小学王超老师等）对这两份问卷提意见，根据经验判断问卷的内容和形式是否合适，删除了一些语意不详或者目的不明或者针对性不强的问项，以此保证问卷题目的内容关联效度．分别在参加云南省 2009 年小学数学计算教学研讨会、2009 年联合国 403 项目（云南省）以及昆明市东华小学的教师群体中进行试调查，再次修改并最终形成正式的教师调查问卷（附录 C 和附录 D）．根据 2009 年 10 月份的两次试调查情况，再结合专家的指导意见，对调查维度进行了微调，对问卷作了进一步的修改，以保证问卷的信度和效度．

②教师问卷的结构

Ⅰ．小学数学课堂生成性教学资源应对情况问卷调查表

第一部分是任教年级、教龄、职称、学历、民族、性别、学校和调查日期等基本情况．

第二部分为问卷说明部分，主要是对生成性教学资源的概念进行界定以及如何填写问卷进行指导．这里的界定和说明是有助于教师填写问卷．

第三部分是调查的内容．这份问卷，根据不同问题的具体特点，调查内容的设置采用了封闭式、半封闭式和开放式 3 种题型．问卷共有 17 道题主要围绕以下 5 类指标进行设计：第一类：教师对小学数学课堂生成性教学资源的基本认识，包括生成性资源的概念、作用的认识、资源的主要类型等；第二类：教师对小学数学课堂生成性教学资源的开发状况，包括资源的产生、影响因素、获取途径、开发策略等；第三类：教师对小学数学课堂生成性教学资源的利用状况，包括应对生成性资源时所存在的问题、取舍标准，处理方式等；第四类：教师对小学数学生成性资源与数学教学关系的认识，包括对教学的影响、影响进行生成性教学的因素，教学特征；第五类：问卷的最后一道题是开放型问答题，要求教师写出自己教学生涯中印象最深的一个关于生成性资源的事例，目的是了解小学数学教师对生成性资源的自觉意识及其具体表征．

Ⅱ．小学数学教师教学预设状况问卷调查表

第一部分是调查对象的基本情况．

第二部分为问卷说明部分主要是对教学预设的概念进行界定以及如何填写问卷进行指导．

第三部分是调查的内容．这份问卷，在调查内容中的设置采用了封闭式、半封闭式 2 种题型．问卷共 11 个选项，着重从 5 个指标来设计：第一、教师对教学预设与生成关系的认识；第二、教师对教学目标预设与生成关系的认识；第三、教师对学情、教学任务的预设情况；第四、教师对教学资源的预设；第五、教师对学习活动，教学模式的预设．

(2)教师访谈

教师访谈主要是采取交流、对话的形式进行. 访谈提纲问题的设计是半开放式的,这主要是基于以下缘由的考虑:一是相对比较开放的问题设计,才能使教师抓住"平时想交流而没有交流,现在有机会表述出来,能够一吐为快"的机会,写出他们真正的收获和体会. 这样写出的文字才能让他人真实了解到教师对"生成"与"预设"的真情实感,具有什么样的个性看法. 二是开放不是放开. 这里的开放是围绕现状研究目的的设计,如果完全放开,教师写出来的东西可能就不是研究者想要研究的东西. 所以,在相对开放式的设计前提下,在访谈提纲前面围绕研究的主题做一些名词解释和说明,在研究的实施中给教师一些提示或者交流,这样才能做到既不限制教师思维,又能打开教师的思路,得到研究需要的材料.

研究中,采用集体访谈与个别访谈相结合的形式. 集体访谈时,采用结构型和半结构型相结合访谈的方式,主要围绕访谈提纲(附录 B)对教师进行了访谈,了解他们对数学教学预设与生成的基本看法、课前预设的准备情况以及"习惯性"的教学环节是什么等. 个别访谈时,重点选择访谈授课教师,这样既可深入了解他们在设计一节课时的思路、意图,也能深度探寻观课中产生的"疑惑"的答案,如"您今天这样处理的理由是什么? 为了更好地应对课中教学资源的生成,你认为在课前的预设中还应从哪些方面作准备?"等. 个别访谈的目的主要是为了更深入地了解教师面对教学生成表现出的"真实行为"以及背后的"隐情",同时有助于通过课堂观察去看这些"应对行为"是否具有普遍性、经常性,以判断教师对教学生成的应对水平.

(3)课堂观察

除访谈外,观察也是非常重要的研究方法. 课堂观察法是指研究者或观察者带着明确的目的,凭借自身感官(如眼、耳等)及有关辅助工具(观察表、录音录像设备等),直接或间接(主要是直接)从课堂情境中收集资料,并依据资料作相应研究的一种教育科学研究方法①. 研究的课堂观察表主要有:

选取已有的"各种提问行为类别频次统计表"②作为"小学数学课堂教学中各种提问行为类别频次统计表"(附录 F);选取已有的"师生互动等级量表"③,作为"小学数学课堂师生互动等级量表"(附录 G).

---

① 陈瑶. 课堂观察指导[M]. 北京:教育科学出版社,2002:2.

② 顾泠沅,易凌峰,聂必凯. 寻找中间地带[M]. 上海:上海教育出版社,2003:8-9.

③ 新思考远程研修平台网. (2007-12-15)[2010-3-27]. http://acad.cersp.com/article/2238694.dhtml.

自编的“小学数学课堂生成性资源处理情况观察表”，分为：资源类型、产生时机、应对方式、处理时效、对生成性资源的使用时机、生成性资源使用效果、生成性资源的服务对象、使用水平.

其中使用水平的评定分为：

0 水平（无使用）：对生成的资源没有意识到，没有任何处理的方式；

机械水平（机械使用）：不熟悉新资源、复述、不解释，无助于教学甚至干扰教学；

整合水平（整合性使用）：认识到资源价值、联系前后、分析比较、综合重组、融入教学、有助于教学；

创造水平（创造性使用）：理解资源的价值、恰当时机取舍并应用资源、促发新问、形成深入学习新方案、推进教学.

这里主要是从资源使用的效果和服务对象来判定，不考虑资源使用的时机. 资源使用的效果则由教研员和其他共同参与观课的教师判定，再与研究中所设计的水平等级评价相对照，如果一致则说明设计的水平等级评价模型具有一定的可信度.

“小学数学课堂教学实施过程评价表”改编自叶澜教授的“‘新基础教育’课堂教学实施过程评价表”①，该研究中主要是使用“‘新基础教育’课堂教学实施过程评价表”中的教学生成评价维度.

这一章首先确定了小学数学课堂教学生成研究的思路、采取的研究方法，确立了研究的技术路线. 其次，调查研究是现状研究的重要组成部分，此章在尽可能考虑研究成本、样本容量及代表性的基础上，论述了如何选取研究样本. 最后，从研究问题的性质出发，阐述了调查研究中所使用的工具的信度、效度保证，并对编制或选择的相应研究工具作出说明. 这些工作为第 3 章获得较为精准的调查数据做好了技术准备.

① 叶澜，吴亚萍. 改革课堂教学与课堂教学评价改革[J]. 教育研究，2003(8)：42-49.

第3章　现状研究

当前在数学教育理论工作者与实际工作者之间存在一条鸿沟,我们应该尽力缩小这条鸿沟,否则,数学教育就犹如在旱地上游泳,难以取得成功.

——[丹麦]摩根·尼斯

基于前文确定的研究内容,这部分将采用调查研究的方法进行多角度、多层面的现状研究,旨在了解昆明市小学数学课堂教学预设与生成的现实情况,从而为后继研究中教学策略的建构提供现实的依据,为教师进一步改进教学提供参考.

对昆明市小学数学课堂教学生成现状的研究是实施此项研究的第一步,将通过对问卷数据和访谈数据的分析来探讨该问题. 这一章的内容包括现状研究数据的收集、编码及分析,最后得出四个方面的研究结论. 研究结论的分析是这一章的重要内容.

3.1　数据收集

研究中数据收集是按以下顺序进行:确定研究目标——编制问卷、访谈提纲——问卷、访谈提纲的试调查与修订——正式调查、访谈、课堂观察与听课. 2009年5月至2009年6月编制问卷和访谈提纲. 2009年7月至2009年11月确定问卷调查、访谈的范围与抽样的方法,并进行问卷的试调查、试访谈并加以改进. 2009年12月、2010年3月、4月和5月正式调查、访谈,并集齐问卷.

3.2　数据处理

2010年5月,调查问卷收集齐全,抽样访谈进行结束;在2008年11月至2010年6月①期间所获得的课例,于2010年6月收集齐全,此后对其进行编码与

① 2008年11月初步确立以"数学教学生成"为研究方向后,课题组在听课或教研时就有意从"教学生成"的角度来进行课堂教学观摩.

分析.研究中的数据整理和数据分析不是两个截然分开的阶段,整理的思想基础是分析,分析的操作基础在于整理①.这里为了表述的方便,将加工处理数据的过程分为整理、选取和分析三个阶段,但在实际的数据处理过程中,这三个阶段并不是完全独立的.

3.2.1 数据的整理

(1)问卷序号编码,采用区(县)名第1字母+教师序号.数据处理,采用SPSS录入数据的编码,编码表见附录K.问卷统计时只需直接录入所选项的序号.如,教师问卷小学数学课堂"生成性教学资源"问卷调查表中第4题②,若选"(3)"则录入"3".

(2)访谈教师编码.教师所在区(县)名拼音的首个字母+教师序号,如西山区第1位教师的编码为XS1;盘龙区第2位教师的编码为PL2,以此类推.

(3)课堂观察中教师的编码,教师所在区(县)名拼音的首个字母+教师姓名首字母,如盘龙区王小刚老师的编码为PLWXG,以此类推.

(4)调查共发放教师问卷"小学数学课堂生成性教学资源应对情况问卷调查表"140份,收回130份,有效问卷117份,回收率92.85%,有效率83.57%,其中城区学校58人,郊区或乡镇学校59人;汉族老师99人,其他民族18人;男教师39人,女教师78人;抽样调查的教师职称、学历和教龄情况见附录J.

共发放教师问卷"小学数学教师教学预设状况问卷调查表"143份,收回134份,有效问卷114份,回收率93.7%,有效率81.1%,其中城区学校52人,郊区或乡镇学校62人;汉族老师91人,其他民族23人;男教师38人,女教师76人;对抽样调查的教师职称、学历和教龄情况也进行了统计③.

(5)调查中进行访谈22人,集体访谈4次,其中能得到有效的访谈数据19人(表3.1),有9人作访谈录像,其余皆进行了访谈的录音.

---

① 陈向明.教师如何作质的研究[M].北京:教育科学出版社,2003:178.

② 您获取生成性资源最主要的途径是什么?( )

(1)学生答问　(2)讨论活动　(3)自然环境　(4)课后作业

③ 职称情况:小高占51%,小一占40%,元级占6%,小二占3%;学历情况:本科66人,大专29人,中师18人,中专1人;教龄情况:0~6年28人,6~12年29人,13~18年19人,19~24年10人,25~30年9人,31~36年9人,37~42年1人,43~48年2人.

表3.1　19位被访谈教师的个人信息

教师编码	职称	学历	性别	民族	教龄	学校地域
GD1	小一	本科	女	汉	9	1
PL1	小一	本科	女	汉	5	2
PL2	小一	本科	男	汉	10	1
PL3	小一	本科	女	汉	8	1
PL4	小一	本科	女	汉	5	2
XS1	小一	本科	女	汉	15	1
XS2	小高	本科	女	汉	18	2
XS3	小一	本科	女	汉	9	1
XS4	小一	本科	女	汉	3	2
XS5	小一	本科	女	汉	2	1
XS6	小一	本科	女	彝	5	2
XS7	小一	本科	女	回	5	1
XS8	—	本科	女	回	0.5	2
XS9	—	本科	女	汉	0.5	1
XS10	小高	本科	女	汉	13	2
XS11	小高	本科	女	白	17	1
XS12	小高	本科	女	汉	18	2
WH1	小高	本科	女	汉	15	1
WH1	小一	大专	男	彝	20	2

注:学校地域:“1”表示城区学校;“2”表示郊区或乡镇农村学校.

3.2.2　数据的选取

根据现状研究目的的需要,将依据“小学数学教师对预设与生成的认识”、“小学数学课堂教学预设的现状”、“小学数学课堂教学生成应对的现状”、“小学数学课堂教学生成时机的研究”四个维度,从问卷、访谈、课堂观察和观课案例等方式收集、整理的数据中,综合选取研究所需要的数据,具体见附录J.

3.2.3　数据的分析

将数据录入SPSS17.0进行分析,在比较每题回答的平均值时,结果的数值越大,表示频率越高或者比例越大.为了研究影响教师对生成教学资源使用的可能因素,同时又考虑到不同性别、学历、教龄、不同的地域等可能会影响教师对教学生成资源的使用,对研究数据进行如下方式的分析:

(1)以描述性为主的分析,例如平均值和百分比.

(2)显著性差异分析.考虑到教师样本的大小,即彼此独立,且来自正态总体,所以研究采用如下检验方法:选择T检验,进行分析以检验不同比较组的教师在应对教学生成上是否有显著意义的差异.

(3)对比分析,通过选取的高级教师和一级教师的课例或课例片段,比较两类教师对教学生成的处理.

3.3 研究结果及分析

现状研究的结果就是对某种教育现象调查后,对其结果整理成文字材料.其作用是就研究课题搜集材料、罗列现象,在整理过程中发现问题、提出问题,经过分析、归纳综合,揭示出事物的本质,探索事物内部联系及其规律,找出解决总问题的方法和途径.这部分主要从教学"预设与生成"的认识、预设现状、生成现状和生成时机四个维度来论述研究的结果,最后给出概括性结论.

3.3.1 小学数学教师对预设与生成的认识

数学教学是一个复杂的思维过程,是有目的、有组织、有计划,讲究效率的师生互动过程.面对如此艰巨复杂的教学工程,周密的预设就显得举足轻重.预设是生成的基础.因此对昆明市小学数学教师"生成观"的调查,必须同时了解教师的"预设观".这里的调查包含数学教师对预设的认识、数学教师对生成的认识、数学教师对"预设与生成"关系的认识三个方面的内容.

(1)小学数学教师对预设的认识

调查主要是从教学质量改变和教学目标预设重要性的认识两个角度开展.

①对教学预设在教学质量改变方面的重要性的认识

通过"小学数学教师教学预设状况问卷调查表"(以下以附录C指代)中第1题的调查得知,认为教学预设在教学中起基础保障作用的占36.84%,起着关键或决定性的促进作用的占调查总人数的57.89%.而认为因为课堂生成性复杂,预设没有作用的占4.38%,教学预设会加重工作负担或者预设的作用说不清楚的占0.89%.可见所调查的教师普遍认为课前的教学预设对于教学质量的改变有着重要的作用.只有课前精心预设,才能在课堂上有效引导并动态生成;只有课前成竹在胸,才能在课堂上游刃有余①.

① 臧利杰.数学课堂中"预设"与"生成"的思考[J].课堂聚焦,2009(10):48.

②对于教学预设中的教学目标的看法

通过附录C中第8题的调查可知，认为达成预设目标是教师首要任务的占53.5%，达成教学目标应兼顾预设与生成的占46.5%．认为预设的教学目标就是“教师打算教什么”的占47.3%，而认为预设的教学目标就是“学生应达到什么程度”的占52.7%．教学目标是教学活动预期达到的结果，是学生通过学习以后预期产生的行为变化①．从理论上讲，认为预设的教学目标是“学生应达到什么程度”说明所调查的教师对教学目标有一个比较科学的认识，但是同时却有53.5%的教师认为“实现预设”是数学教学的第一位任务，这说明部分小学数学教师，虽然对于教学预设和教学目标有了一定的认识，但认识上还有一些含糊的地方．

(2)小学数学教师对生成的认识

①对“生成”、“生成性教学资源”和“教学生成”概念的认识程度

教学是一个动态生成的过程．随着新课改的实施，“资源”一词越来越多地跃入教师的视野，引起教师的关注．在课堂教学动态中，时时生成新的课程资源，即动态生成性资源．通过“小学数学课堂生成性教学资源应对情况问卷调查表”（以下以附录D指代）中第1题的调查的结果（图3.1）了解到，所调查的教师群体中68.37%的教师对“生成”、“生成性教学资源”和“教学生成”这些概念是部分了解．通过访谈GD1和XS10老师后，了解到教师主要是通过参加片区的教研活动，从专家的讲座和评课中听到这些概念的，对具体含义的理解主要是来自于教育杂志上的文章．

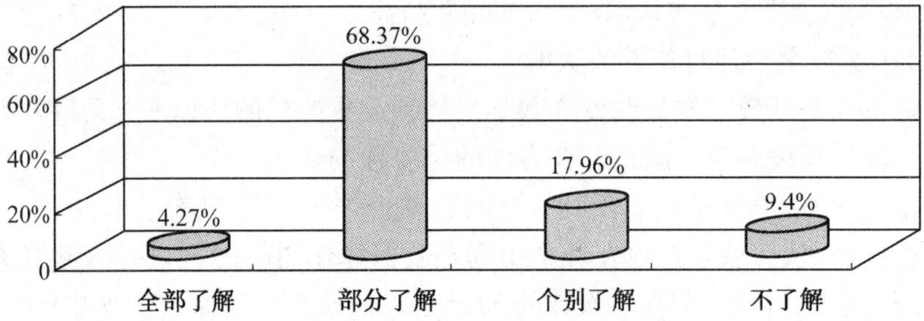

图3.1　教师对“教学生成”概念了解程度统计图

① 奚定华．数学教学设计[M]．上海：华东师范大学出版社，2001：59.

通过表3.2说明乡镇、郊区小学标准差低于城市小学，城市小学数学教师群体内部在对“生成”、“生成性教学资源”和“教学生成”等概念的认识上存在一定差异.

表3.2　城区与城郊乡镇小学教师对生成有关概念认识差异分析(统计量)

	学校类型	样本	均值	标准差	均值的标准误差
了解	1	57	2.37	0.771	0.102
程度	2	59	2.25	0.604	0.079

注：分组中“1”表示城区小学，“2”代表乡镇、郊区小学.

通过3.3表明：自由度 $df=114-1=113$ 时；$T_{(5)\ 0.01/2}=2.617$；因为 $T=0.890<T_{(5)\ 0.01/2}=2.617$，$P=0.376>0.05$，即 $T=0.890$ 在 $-2.617\sim2.617$ 之内，所以，接受虚无假设，拒绝研究假设. 经独立样本均数差异的检验(T值检验)乡镇教师与城区教师在对“生成”、“生成性教学资源”和“教学生成”概念的认识程度上不具有显著的差异性.

表3.3　城区与城郊乡镇小学教师对生成有关概念认识差异分析(独立样本检验)

		Levene′s 方差齐性检验		独立样本T检验					
								95%置信区间	
		方差齐性检验F的值	显著性概率	T统计量的值	自由度	双尾显著性概率	均数差	标准误差	下限	上限
了解程度	方差齐检验	4.565	0.035	0.890	114	0.376	0.114	0.128	-0.140	0.368
	方差非齐检验	—	—	0.886	106.136	0.378	0.114	0.129	-0.141	0.370

②生成性资源在开展小学数学教学中的作用

通过附录D中第13题的调查了解到，有87.1%的教师认为生成性教学资源的利用有助于知识的掌握和思维的培育，96.58%的教师认为这有利于激发学习兴趣和活跃课堂气氛，78.63%的教师认为在课堂教学中恰当运用生成性资源有助于教师素质的提高. 生成性资源是在学生知识建构的过程中产生的，能进一步推动知识意义有效生成的“动力资源”. 教师应充分认识生成性资源的教学价值，在教学中真正做到“心中有学生，眼中有资源”①. 这项调查表明昆明市小学数学教师认识到生成性教学资源的科学利用对于完善课堂、促进教学、达成目标、提高自我具有重要的意义.

① 李祎. 生成性教学资源调查研究[J]. 中国教育学刊，2007(3)：62.

③对于影响生成性教学资源产生的因素认识

通过图 3.2 可知,调查教师普遍认为教师自身的个人素质是决定生成性教学资源产生的关键因素.李庚青的研究表明影响数学教学生成有 6 个主要成分因素.它们都与教师个人素质的高低有极大的关系.因而,作为数学教学的主要要素——教学资源的生成,必然受到教师素质的影响.学生的基础和水平、课堂教学氛围、教师的教学组织方式对教学资源的生成都有一定的促发作用.实际上通过研究中的课堂观察发现,无论是在熟手型教师还是新手型教师的课堂上,都有教学资源的生成,区别在于教师对资源利用程度、水平的高低不同.

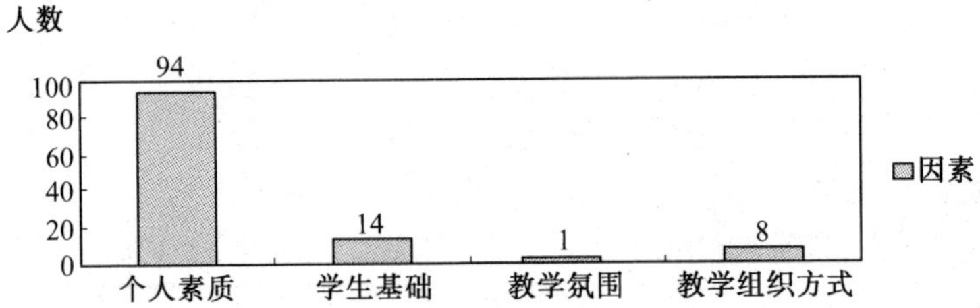

图 3.2　影响资源生成的因素调查统计图

④对于生成性资源产生的课型以及资源类型的认识

通过图 3.3 和表 3.4 知,调查教师认为在新授课中更容易生成新的教学资源;另一方面在所生成资源的类型方面,问题的生成是最主要的类型.所谓问题,就其本质而言,是认知主体从未知到已知的过渡形式或中介环节,是未知与已知的统一体①.问题反映了主体现有水平与客观需要的矛盾,在教学生成系统的运作中,起着引发认知动力的作用,同时对生成还具有定向和引导作用,生成过程外显为个体不断地提出问题和解决问题的全过程.在小学数学课堂中大量问题的生成,一则说明“生成”在数学课堂是客观存在的,为此项研究提供了现实基础,另一方面,问题来源于开放性的课堂系统,课堂结构的开放性是教学生成的保证.这种开放性的课堂更多是体现在新授课中.

① 李祎.教学生成系统的结构分析[J].宁波大学学报:教育科学版,2009,31(2):9.

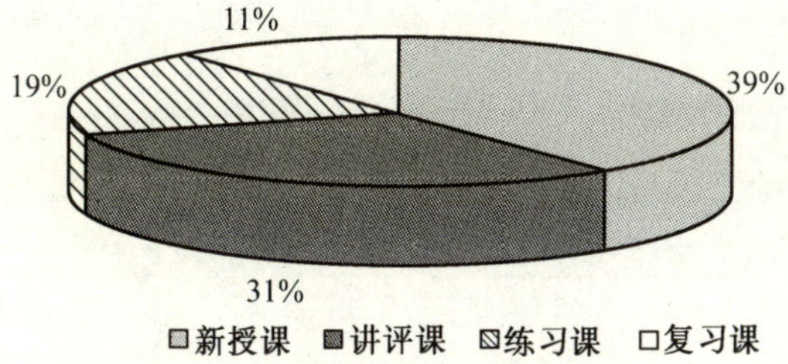

图 3.3　更易生成资源的课型调查分布图

表 3.4　常遇的生成性教学资源类型

类型	人数	百分比
情境生成	28	23.9%
问题生成	46	39.3%
方法生成	38	32.4%
小结生成	1	0.9%
目标生成	4	3.5%

通过表 3.4 可知,调查教师还认为方法的生成是教学生成中比较重要的一类资源. 通过教师的访谈也了解到学生在解决一些问题时常常有自己一套独特的方法. 比如 XS5 老师在访谈中举了这样一个解决问题方法生成的案例:“记乘法口诀时,部分学生是死记硬背才能记住口诀,我教的学生中有一位女生,她认为‘6 的乘法口诀,前一个(积)①总是比后一个少着 6,后一个比前一个多 6,用加上 6 和减去 6 的方法,我背起来比较快’. 后来,我把这种方法推广到班上,一些学困生也很快掌握了 6 的乘法口诀.”

⑤对小学数学生成性资源与数学教学关系的认识

第一,生成性资源对教学的影响. 利用生成性资源进行教学,对正常教学秩序影响程度如何,通过图 3.4 可知,55.6% 的老师认为利用生成性资源开展教学对正常的教学秩序不会影响或者影响不大. 这说明调查的教师大多数面对“教学生成”的挑战,有信心、能够处理好课堂中的非预期的“事件”.

第二,影响利用生成性资源进行教学的因素. 成功利用生成性资源开展教学,要受到许多因素影响. 在调查中,小学数学教师们认为教师能力、资源类型、学生水平、教学方法、自己的教学态度等因素,都会对资源的有效利用起到制约作用,这些因素间的重要程度如图 3.5 所示.

---

① 括号中为我们整理访谈内容时,为了便于阅读而补充的.

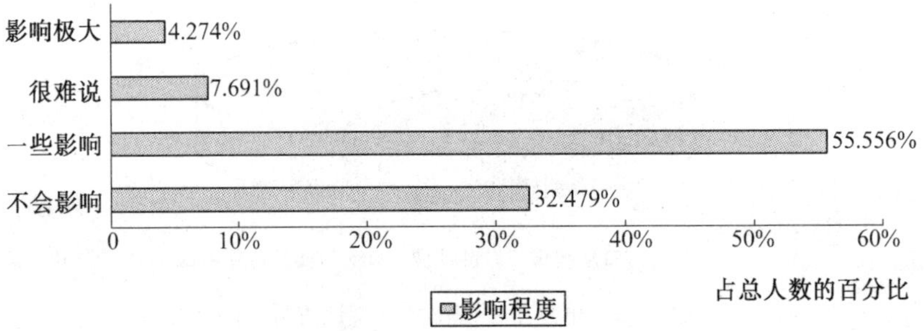

图 3.4　利用生成性资源对教学的影响情况程度图

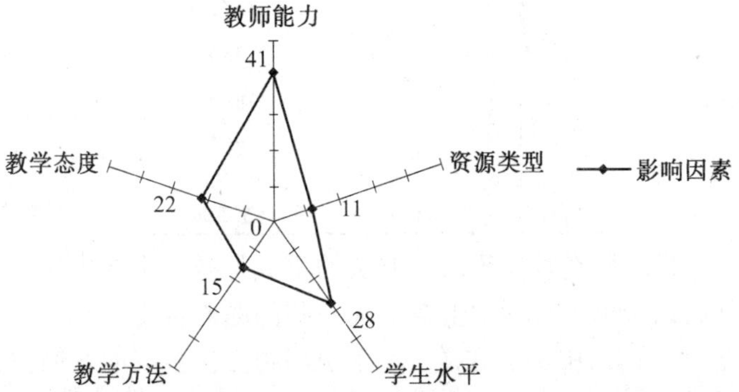

图 3.5　影响利用生成性资源开展教学的主要因素分布图

通过图 3.5 可知,教师们认为影响成功利用生成性资源开展教学的因素中最重要的是教师的能力. 在新课改的教育背景下,合理利用课堂生成资源已经成为一个教师成功驾驭课堂的必备技能之一.

教学是“教”与“学”的两方面. 而调查中只有 28 人选择学生的知识基础水平是决定有效利用资源的因素. 这说明在广大教师的心目中,“尽管我们许多教师在理性上承认,学生是课堂的主人,是学习的主体. 但在实际的课堂教学中,学生的主体地位总是有意无意地被忽视”①. 在试访谈中②,云南省文山壮族自治州的 ZX 老师谈到“城市里的教师在教学中让孩子们提出问题,再在教师的组织、参与和引导下,解决实际问题. 这种把学习数学的主动权交给学生,体现了变‘要我学’为‘我

① 李天召. 合理运用课堂生成资源,让课堂焕发生命的活力[J]. 四川教育学院学报,2008,24(增刊):115.

② 根据 2009 年 11 月 10 日在云南师范大学附属小学礼堂的试访谈整理. 参加访谈的教师中有一部分是到云南师范大学附属小学观摩教研活动的外校教师.

要学'的新课程理念！我很惊叹的是老师的提问，学生都能报以精确的回答，学生的疑惑，学生自己通过争辩就能解惑. 我们民族边疆地区的学生基础比起城区学生有较大的差距！如果在农村小学也采取由学生提问、解决问题的教学方式，常常会出现'冷场'、问题无效的现象."

第三，利用生成性资源所开展的教学具有怎样的特征. "生成性教学"是当前课程改革过程中出现的新的教学理念，与"预成性教学"的被动接受和静态预设相比"生成性教学"更强调学习的自主建构，更强调教学的动态生成. 在"生成性教学"理念指导下，课堂教学应具有创造性、开放性、差异性、对话性和生命性等特征.

通过附录D中第16题的统计图3.6可知，调查教师普遍认为利用生成性资源开展的教学首先具有创造性和开放性，其次是差异性和对话性. 选择其他的老师并没有给出具体的特征描述. 这是一道半开放性题目. 在昆明市盘龙区的调查中，个别教师(PLYL老师)认为生成的课堂是充满着"孩子的笑声、掌声"的课堂. 这样的课堂教学中，教师"不仅关注数学素材的获取，更在关注学生内在的情感体验，注重学生意志和探索精神的培养及个性人格的完善"①.

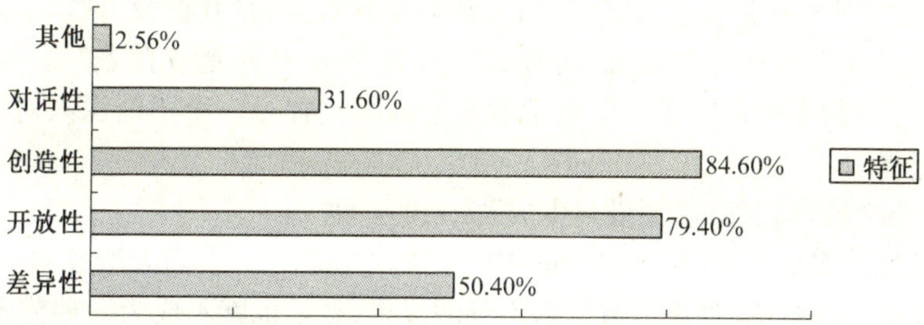

图3.6　利用生成性资源开展的教学的特征统计图

在附录D的第17题中，要求教师举一个生成性资源的例子. 这些例子反映了生成性教学的差异性、对话性和生命性. X23老师在调查中提到"在一次上'可能性'的课堂中，出示图片情境'石狮子在天上飞'应判断为'不可能'，而一名学生举手说'如果刮龙卷风，石狮子就可以飞起来了啊'. 这是一个设计上的失误，也是教学内容的生成. 我立即让学生发表看法，这样同学们对'可能'、'一定'、'不可能'等统计术语轻轻松松地熟悉了."这则教学案例正是生成教学的创造性和开放性.

G5老师在问卷中举了这样一则案例，"在课堂教学计算15-8时，一般第一步

① 王全夫. 谈生成性教学的注意点[J]. 教学与管理，2006:50.

是10-8=2,第二步是2+5=7;但是学生做题中出现了“第一步5-8=-3,第二步10-3=7.”①这让我一时还反应不过来.下来我通过验算都适用,此思维极为独特,结果发现在小学生中这样的思维还挺普遍.后面,我在教学中与同学们试着探讨为什么两种方法的结果是一致的,原因何在.同学们因为年级低,思维能力还跟不上,但是给我的启发是‘学生身上充满资源’,数学教学要注意挖掘.”这则教学案例正是生成教学的创造性和差异性.

W12老师在问卷中写道“我在教学23×9的笔算乘法中,学生出现了积得1 827这样的情况.这明显是一个错误.我没有贬斥学生,而是组织学生进行讨论,追问大家‘该同学的做法对吗?’,让同学们想办法来帮助该生.某女生提到‘可以先估一估积大概是多少,再进行分析比较,就可以知道做对了没有.答案应是207.’在大家一起探讨下,该生掌握了算法.我认为利用生成性资源,对教学会起到很好的效果.”这则教学案例正是生成教学的生命性.

P17老师在问卷中叙述了一则案例:“在讲解四年级下册的四则运算‘0’的特性时,我让学生自己写写与‘0’有关的算式.有一个同学说他的算式是3+8÷0.我立刻意识到这是生成性资源.我让学生说说这题先算哪一步.学生回答是先算除法即8÷0.我又问8÷0是多少.该生的回答是有两种答案:得0或没有答案.于是,我组织同学们讨论何种答案正确,为什么?由此引出‘0不能作除数’这个结论.”P17老师叙述的案例反映了小学数学教学生成的过程是一个不断深入对话、推进思维的过程.

(3)小学数学教师对“预设与生成”关系的认识

美国教育家布卢姆(B. S. Bloom,1913—1999)提出:“人们无法预料教学所产生的成果的全部范围.如果没有预料不到的成果,教学也就不成为一种艺术了.②”布卢姆既肯定了课堂教学的预设与生成的存在,又强调了课堂生成的研究意义.通过调查分析,昆明市小学数学教师对于“预设与生成”关系的认识主要有以下两种观点:

①数学教学中“预设—生成”的关系

在访谈中部分教师认为教学预设是教学的基础,生成是建立在预设之上的,因而预设比生成更重要.例如表3.5:

---

① 该生实际无意识地实施了负数运算.

② 衡锋.课堂应发挥生成性资源的教学价值[J].江苏教育,2007:48.

表3.5 教学预设比教学生成更重要

WH1	备课时预设尽量想得多一些,宽一些,范围广一些,在实际的生成中如果与自己的预设一样,那么就顺理成章;如果出现的节外生枝情况,可以与预设联系起来的,在处理的时候的调控性要好一些,感觉到更顺手一些;如果联系不起来,我一般放弃"生拉活扯"的处理.
PL4	在准备教学预案时,一般会先考虑清楚教学的课时目标和重、难点,因此如果课堂有生成,我常常是将生成"拉回"到预设之中.
XS4	我认为预设更重要,预设需要把教学内容"吃透"、"想透". 教学预设是案头准备工作,很重要. 没有数学教学预设这个模板,上课就太空洞了. 也不是所有方面都能预设到,对于学生的生成,完全就看教师的应变力了. 像我才有3年教龄,很想处理好生成,但是又没有多大的把握. 比如人教版数学教材第7册,我才教第一轮,并不是十分熟悉,面临生成有时感到很无奈.
XS6	教学预设比教学生成更重要. 如果预设得好,处理生成性问题就更容易一些.
XS10	预设是基础,基础好了,生成自然水到渠成.

在访谈中另一部分教师认为教学生成是教学预设的实践和升华,生成是课堂原生态的恢复. 生成更重要. PL1:我们备课预设时会考虑学生在某处可能会出现什么问题. 教师能够考虑很多,但是学生的心情、状态、学具准备等问题预设不到,这会影响生成. 学生的生成往往令我措手不及、防不胜防. XS12:生成比预设更重要,教学预设是在课前,上课中课堂的实情与自己所设想的情况会有很大的出入. 特别是小学生,现在这些孩子"精"得很! 什么都知道. 不像高中生很少提问,他们常在课上弄出一些怪题、"偏方". 有些是我们教师一时都难以想到的方法. WH2:预设只是自己设想的,实际教学中还要结合学生或者情境的走向,所以预设的内容不能用的就不用了,而根据生成的实情,转换教学方式.

任何事物都有正反两面. 教育实践中存在着诸多相对的教学关系,"预设"与"生成"是其中的一对. 调查中还有部分老师认为"预设"与"生成"应是比翼双飞、互容共生的. 访谈教师XS7提到:教学预设是教学生成的前提,两者都重要. XS9:两者相辅相成促进教学. XS8认为:生成是意料之外,而有了良好的教学预设,生成又是"情理之中"的事儿. XS5:预设是教学的前提,但是生成更重要. 因为学生是一个活体,不能用一个预设去限制一个个学生的生成. GD1:预设与生成之间是有联系的. 教学预设是教学生成的前提,是上课前教师有计划的、有目的的"备课",事先考虑学生可能会出现的问题和困难. 教学生成体现了师生共同学习的亮点和精彩之处,也很重要.

总之,目前小学数学教师群体对于预设与生成的关系,仁者见仁,智者见智.前面两种看法,是两极对立思维的一种体现.两极对立思维是一种非此即彼、非好即坏的简单线性思维①.看待复杂事物问题要避免简单化、绝对化,杜绝“不是……,而是……”,采用“既是……又是……”的思维方式.

②数学教学中“生成—反思—预设”的关系

数学教学预设是生成的基础,生成则是预设的升华、发展.生成是实现新的预设的起点.从生成到下一次的预设,需要一个反思、咀嚼的过程.教学反思就是“教学主体借助行动研究,不断探究与解决自身和教学目的,以及教学工具等方面的问题,将‘学会教学’与‘学会学习’结合起来,努力提升教学实践合理性,是自己成为学者型教师的过程”②.教师自身的反思也是一种有生命力的生成性资源.通过访谈,了解到昆明市小学数学教师在课后教学反思方面主要有这样几种观点:

对自身“教”的反思.对自身的反思,体现了一种教学自我监控的意识,是教师实现专业化成长的有效途径.PL4:我首先反思教学目的达到了没有;反思知识点是否覆盖齐全、讲解到位;反思为什么举手的人不多,是不是因为自己的提问有问题.WH2:我一般是根据这堂课的教学效率反思自己的教学方法、教学环节,根据教学经验判断有多少学生过关,有多少学生还没有理解.在进一步谈话中,了解到WH2通常是依据学生练习的正确率来判断一堂课教学效率的高低.这种做法具有一定的普遍性.比如XS10在访谈中也提到自己是“通过学生的作业,反思学生的掌握程度,从而了解哪些知识点学生还没有吃透.”

对学生“学”的反思.XS12:主要在课后即时反思这节课上学生的收获有多少,反思学习方法指导上的不足之处,下节课教学再改正.WH1:我反思在这节课中是怎么引导学生学习的,学生是怎么参与到学习中的.

对教学内容的反思.XS9:我一般会反思教学中的疏漏,以及成功的地方.如果课上得很有感觉,就会反思教学过程中使用了哪些方法.XS11也秉持相同的看法.同时,XS11还提到,她会有意去反思课堂管理、调控中取得的经验.XS1说道:对于有价值的意外资源,她会重点思考,如何在下一个班中利用起来.PL3认为:自己的反思一般是把目光聚焦在“边缘学生”的学习上,思考他们出错的原因,反问“是自己没有教好,还是学生本身的问题.”

---

① 严育洪.课程焦点:新课程教学九辩[M].北京:首都师范大学出版社,2010:1.

② 熊川武.反思性教学[M].上海:华东师范大学出版社,1999:3.

从访谈整理、分析看,82% 的教师会在课后反思,并对教案进行修改. 反思时,首要考虑的是反思一堂课的教学效果,再在此基础上反思教学环节的设置、教学方法的应用. 而主动提及自己对学生的学习和生成的教学资源进行过反思的老师只有两位. 这说明更多的老师还习惯于"以师估教"、"以师定教",从"师"的角度看待教学问题.

3.3.2 小学数学课堂教学预设现状的调查

上一节从认识的角度,初步分析了小学数学教师对预设与生成的认识. 无论把预设看做"仅是一种虚拟的静态理想教学! 是教师一厢情愿的构想! 与实际的课堂教学存在一定的差距"①,还是把课堂教学过程看做是以动态生成形式的呈现,都是一种基于经验的认识. 下面三节将在前文研究的基础上,通过调查、访谈以及深入数学课堂观察具体的教学活动,进一步考察教师教学预设、处置教学生成的状况,以补充、丰富和发展研究中已经获得的认识.

(1)教学预设通常的做法

教学预设是课前有计划的教学构建和安排. 小学数学教师又是如何对待教学预设的,通过表 3.6 可知调查的教师群体中 78% 的调查者反映自己在编写教学预案时是既参考资料,又有自己的设计;从图 3.7 知,拥有高级职称②的教师趋向于自主设计教案. 在进行教学预设时会思考哪些方面的因素,通过访谈材料的整理,了解到如下几种情况:

表 3.6 职称类型与撰写教案方式对应分析表

职称类型	撰写教案方式				
	1	2	3	4	汇总数据
小二	0	0	3	0	3
小一	3	7	35	1	46
小高	1	8	47	2	58
元级	0	3	4	0	7
合计	4	18	89	3	114

① 袁昌仁. 正确处理预设与生成的辩证关系[J]. 云南教育,2004(31):28.

② 职称:1 小二;2 小一;3 小高;4 元级;5 中二.

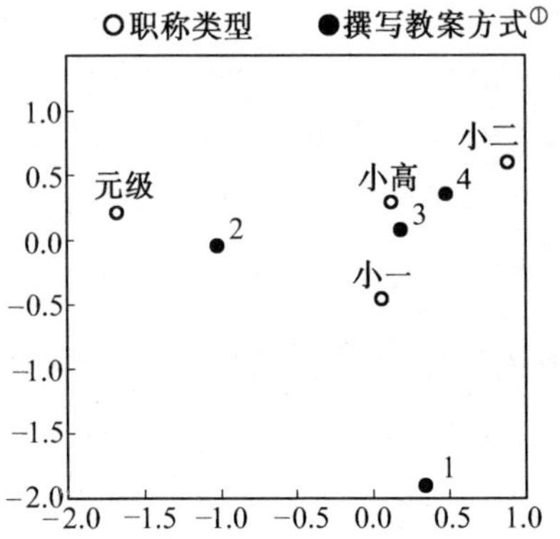

图 3.7　职称类型与撰写教案方式对应分析散点图

①基于学生学的角度

WH1:我会首先考虑学生的新知与旧知之间的联系,其次是学生对新知识的接受程度. XS8 是一位参加工作才半年的年轻教师,师范本科生. 她在进行教学预设时,通常会思考三点:"学生的认知结构和可能出现的问题,如何使教学具有层次感". PL3:首要的是考虑学生的基础以及各层次学生应达到哪一点,练习上该提什么不同的要求. PL1:考虑学生在动手实践中会出现哪些情况. 根据教学内容思考学生可能出现的解决问题的方式. PL4:设计教学活动时,如何引起学困生的学习兴趣是我首要考虑的因素. 通过分析知道这些教师在进行教学预设时,一般先考虑学生的现在发展区和基础差异,注意分层施教.

②基于教师教的角度

XS7:预设的问题,猜测学生可能会怎样回答. PL2 是一位有着 10 年教龄的男教师,访谈中他认为"教学预设首先得考虑教学目标是什么,其次是教学步骤'搭'什么,再者检测练习设计什么(效果检测),最后估计学生可能的答案和出错是什么."从 PL2 的回答可以看出经验型教师对于教学预设的考虑,更多是受到"目标—步骤—检测—矫正"教学程序的影响. XS6:主要考虑教学环节如何设计,各个环节耗时多少,讲到哪个程度,环节间怎么前后衔接.

③基于教材知识的角度

GD1:我在进行教学预设时,毫无疑问,一般是从教材下手,分析教材中知识的重难点. 学生学习这部分内容,可能会有的知识性障碍. PL4: 如果教材不适合学生学习,我会对教材进行调整处理.

---

① 1 表示完全照抄现成的教案;2 表示常常参考现成的教案;3 表示既参考已有教案,自己也设计;4 表示完全独立设计。

从访谈中可知,数学教师目前对于教学预设前的思考主要集中在学生的学情、教学环节、教材内容三个方面.而对于教学目标只有两位教师提到会考虑,可见教学目标预设的意识淡薄.对于可能在课堂上生成"教学资源",只有XS5谈到了会考虑.XS11谈到自己在预设时"除了考虑教材和学生基础外,对于低段年级的教学,还需要花比较多的时间来思考学具在数学教学中的应用".

(2)教学目标的预设

对于教学目标的看法,从调查结果中知有56人认为达成预设目标是教学首要的任务,而有58人认为达成教学目标应兼顾预设与生成.说明对于教学目标与预设、生成的关系看法上,"预设首要观"与"平衡观"基本持平.有76人认为预设的教学目标是"教师打算教什么",而只有36人选择"学生应达到什么程度".显然,大多数的教师仍然误认为教学目标是教师的教学行为.这说明昆明市小学数学教师对于教学目标的科学认识水平还比较低.

(3)教师对学情、教学任务的预设

对于学生已有的学习习惯、原有能力、知识基础和生活经验,在编写预案时:25.5%的教师每次都考虑;67.5%的教师经常考虑;只有7%的教师较少考虑;没有从不考虑这些因素的.了解学生学习习惯、原有能力、知识基础和生活经验的主要方法有:44.7%的教师是通过作业或试卷评阅的方式;23.6%的老师是凭借经验;21%的教师是通过与学生谈话交流的方式;通过专门设计诊断题的只占10.7%.这说明教师主要是借助课后批阅作业的方式了解学生的课时学情,从而来调整下节课的教学,通过阶段考试来获得学生的阶段学情,从而调整教学计划.另外有不少的老师是凭借自己的经验来判断学生的学情,这与访谈中获得的情况是一致的,比如教师WH2有着20年的教龄,"预设时主要根据教学经验来思考、设计".

(4)教师对教学资源的预设

73.6%的教师认为对于小学数学课堂中可能的资源生成,是不能够做到精确预设的.而对于预设性资源的来源:51.7%的教师首选教材;21.9%的教师首选教学经验;17.5%的教师的预设性教学资源是来自前面教学中产生的资源;只有8.9%的教师将学生的学习基础和经验作为预设性资源.

(5)教师对学习活动与教学环节的预设

这里主要从学习活动和教学环节两个角度来调查教师的教学预设:

①对学习活动的预设情况

通过附录C第10题来调查教师对学习活动的预设现状.

通过图3.8,可知大多数教师是通过重组教材,根据需要来考虑如何设计学习活动的内容；也有 57.72% 的教师对课堂中学生的学习活动过程不作过多预设，将视情况而处理学习活动中产生的意外情况.

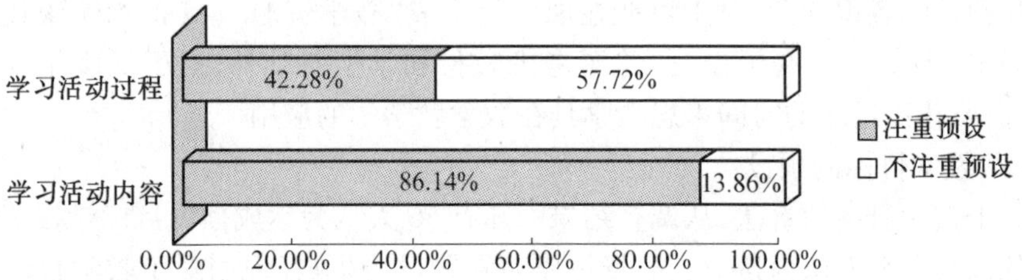

图 3.8　对学习活动的预设情况统计图

对不同教龄阶段的教师(选择了第 3,4 选项的教师)进行独立性检验，检验对学习活动过程的设计是否与教龄有关.

表 3.7 的 Pearson Chi-Square 的 P 值为 0，即结果表明为 $\chi^2=23.483$ 时，其概率值为 0.000，小于 0.01，拒绝虚无假设，说明对学习活动过程的预设方式的不同与教师教龄存在相关. 通过检验，说明教龄与对学习活动的设计有关. 突出集中在两个极端，一是职初教师，这可能与他们还不熟悉教材和知识体系有关，另外是就是教龄在 19 年以上的老教师. 通过访谈 WH2(男，教龄 20)他说："按照新课标的精神，我们是应该精心设计每一个学生的学习活动，但自己已经有一定年龄，常常感到很累，不想动笔. 写教案很多时候就抄别人的或者干脆把'旧教案'拿出来就上课. 因此，没有过多考虑学习活动的过程以及可能会发生什么情况，往往根据经验来处理学习活动过程中的意外."

表 3.7　学习活动过程预设方式与教龄相关表

χ^2 检验

	Value	自由度 *df*	显著性概率(2-sided)
Pearson Chi-Square(χ^2 检验统计量)	23.483[a]	3	0.000
Likelihood Ratio 似然比检验	24.710	3	0.000
Linear-by-Linear Association	21.319	1	0.000
N of Valid Cases 样本量	110	—	—

a. 0 cells (0%) have expected count less than 5. The minimum expected count is 9.60.

注：为了 SPSS 统计的需要，教龄在 0～6 年记为 1，7～12 年的记为 2，教龄在 13～18 年的记为 3，教龄在 19 以上的记为 4.

②教学环节的预设情况

在教学环节的固定性方面，有 59.12% 的教师在小学数学课堂中所设计的教学环节比较稳定、大多数环节一致，只有 40.89% 的教师主要是根据课型来考虑教学环节,一般有变化,相同的环节不多.

在教学环节的操作性方面,48.72%的教师所预设的环节比较具体、细化、可操作,而有 51.28%教师设计的环节较粗糙,将凭经验或学生课堂表现推进教学.为了深入分析,通过将选择"预设的环节比较具体、细化、可操作"这个选项的老师教龄进行对比分析,发现教龄在 6 年及以下的占到 72.4%,而选择"设计的环节较粗糙,将凭经验或学生课堂表现推进教学"这个选项的教师中教龄在 6 年及以下的只占到 18.4%,这说明对于小学数学教师来说,教学环节的设计情况与教龄长短有很大的关系.年轻教师由于教学经验的不足更趋向于教学设计的细致化和步骤化.

在课堂中,目前小学数学教师预设的教学环节一般是什么?针对这个问题,研究中采用访谈的形式了解到小学数学教师预设的教学环节有这样几种类型:

第一,根据课的内容而定.比如 XS11:"我的教学环节根据具体内容,采取'复习新知或者情境导入—揭示课题—探索新知—巩固练习—小结'等环节."WH1:"我上概念课,那么预设的环节是'创设情境—揭示概念—教学巩固—小结';如果是计算课则是'复习法则—新知探索—巩固练习—小结'."

第二,教学五环节.比如 GD1:"我预设的环节一般是'复习—引入新课(有时考虑情境创设)—讲授—练习—作业布置'."PL4:"我的教学环节一般是'复习—新课—小结—练习.这样设计简单、好操作!"PL3:"预设的教学环节一般是'情境创设(引起学生学习兴趣,作情、知铺垫)—新课—检测巩固—学生表达(小结)—安排预习性作业'.对于课堂练习,一般是采取个别学生板演,大多数同学订正的方式."

第三,注重学习过程与结果的平衡.比如,XS4:"我的设计中常有'情境导入—学生探究—小组讨论、提出问题—老师总结'等环节,这样变学生的被动学习为主动学习."XS9:"我是新教师,很欣赏问题解决的教学模式.我设计的课主要是'情境导入—发现问题—找到问题解决的方法—解决问题、认识新知'这几个环节.我认为这对培养学生解决实际问题的能力很有帮助."

从访谈整理来看,虽有部分教师(访谈的 19 人中有 4 人)提到注重从情境中组织学生提出问题、解决问题、应用知识,但是大多数小学数学教师在环节预设上受凯洛夫(И. А. Кайров,1893—1978)课堂教学"五环节"影响较大,而各个环节之间以及环节内的细节,"包括时间的分配乃至板书的设计等,又都是围绕所谓的目标精心安排的结果"①.教学环节的固定化和程式化,这虽有利于快速、系统学习知识,但这样的教学设计也使得学生在数学价值和意义的体验方面比较缺乏.

3.3.3 小学数学课堂教学生成应对的现状

"生成来源于历史的积聚和自身不断重复努力"②,它体现的是一种既有起点、又有终点的过程性.一切都是"生成的","未完成的",都需要在过程中"发生并成为自己③".课堂教学中的生成,主要是新信息的生成.这种新的信息是出乎课堂预设者意料之外的一种新的教学资源.因此,研究在课堂教学中,面对新的资源,数学教师是忠实地执行课程计划方案的过程,还是积极地创新与开发资源,为促进小学数学教学的有效性和改进教师培训具有很强的现实意义.

(1)小学数学课堂生成性教学资源的开发状况

生成性教学资源开发状况包括资源获取途径与促进资源生成的策略:

①获取生成性资源的最主要的途径

从图3.9可知讨论活动和学生的答问是小学数学课堂教学中产生新资源的最主要的途径,其次教师的教学反思,课堂教学的自然环境和学生的课后作业也有生成性资源产生.前面已有研究表明教学生成是源于开放型的课堂,而讨论活动和学生的答问往往具有很大的开放性,这为新资源的生成提供了外在的条件保证,同时说明学生的回答问题和互动讨论是课堂教学环节中最容易生成新资源的两个时机.为了验证这个结论,在下一节还将结合课堂观察和课例片段分析进一步研究.

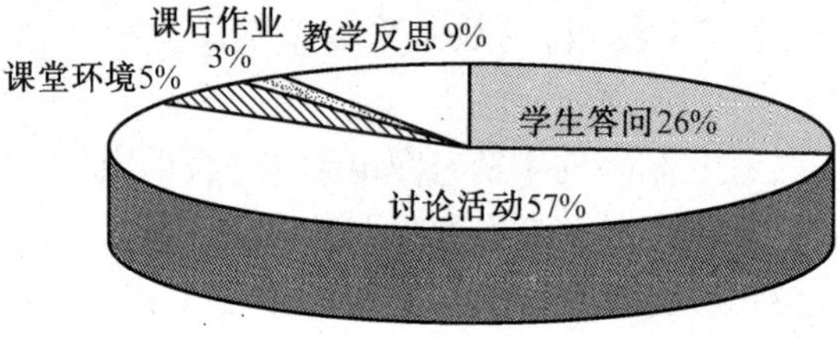

图3.9 资源生成的主要途径分布图

②促进资源生成的开发策略

通过附录D第14题了解怎样才能更好地促进教学资源的生成,结果如表3.8.

---

① 郑毓信.数学教育:动态与审思[M].上海:上海教育出版社,2005.

② 雅思贝尔斯.什么是教育[M].邹进,译.北京:生活·读书·新知三联书店,1991:14.

③ 程良宏,李雁冰.教学生成——为了学生的精彩观念和幸福生活[J].全球教育展望,2007(3):16.

通过表3.8可知:调查者认为要促进资源的生成,首要的策略是加强互动和交流来促进资源生成,其次是通过激发学生思维的积极性来促进生成,另外营造良好的教学氛围、给学生自由思考的时间和空间也是促发教学资源生成的主要手段.

表3.8 策略使用频数表

		Responses		所有受访者选择相应策略占总人数的比例
		N	选择次数占总选择次数的比例	
促进资源生成的策略[a]	选项1	101	26.0%	86.3%
	选项2	102	26.2%	87.2%
	选项3	98	25.2%	83.8%
	选项4	88	22.6%	75.2%
Total		389	100.0%	332.5%

a. Dichotomy group tabulated at value 1.

为了更好地促进教学资源的生成,需要在课前的预设中做哪些方面的准备?通过对19位教师的访谈,主要得到以下几种观点参见表3.19:

表3.9 促进生成的教学预设策略统计表

对教材和知识结构要熟悉	PL2:备课时广泛参考,熟悉知识内在结构. XS10:预设时要研透教材,这样才能认识到学生所生成的资源哪些是有价值,哪些是无价值的,这才能灵活取舍资源和利用资源. XS8:深挖教材的隐含信息;要借用以往的教学经验,估计哪些地方学生更可能产生错误或者新方法.
对学生的学情要清晰	PL3:了解孩子的知识基础,找准切入点. XS12:考虑学生学情,根据学情来预设. XS3:预设学生可能的想法.
设计开放性问题	PL1:开放性的问题设计;设计的问题有一定难度,如果问题简单学生能摸索着教师的想法,一口答出与老师预设完全一致的内容,很难生成新方法. XS10:考虑提问的方式,提问的指向性要明确,这样才能得到我们期望的生成.

续表 3.9

教具准备充分学具精心设计	PL4:为了促生成,预设时还得考虑教具的充分准备和学具的精心设计;丰富的生活信息有助于孩子的学习生成. GD1:学具预设很重要,因为小学生是形象思维为主,借助学具的直观形象,学生便于理解.
重视情境的设计	GD1:要精心设计教学情境,在情境中如果是生活问题,我发现学生通过讨论容易生成新内容和我继续推进教学所要的问题.
充分预设教学内容	XS11:需要教师多考虑几种情况,比如购买旅游门票的问题. 为了使得学生能自主生成,教师在预设时要为学生设计提示性问题. XS1:尽可能多地考虑多种情况,对如何应对学生的反馈作一些思考.

(2)小学数学课堂生成性教学资源的利用现状

这里主要包含了调查应对资源生成时存在的困难、取舍标准、处理方式:

①应对生成性资源时所存在的问题

从图 3.10 可知,73.5% 的调查教师都认为在正常的教学过程中,去应对那些意外的生成性资源,会影响正常教学任务的完成. 这是应对教学资源生成的最大困难.

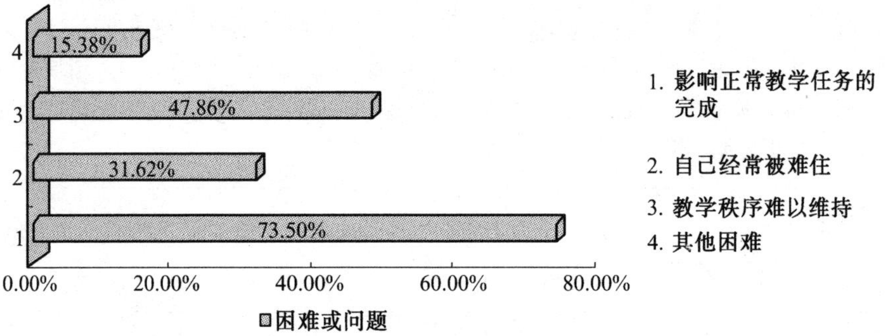

图 3.10　应对数学资源生成的困难统计图

②面对生成性资源取舍的标准

从图 3.11 中可知,41% 的调查教师把所生成的资源是否具有教学价值作为判断是否使用这个资源的首要依据. 这与对教师的访谈中得到的结果是一致的. 教师 XS4:"如果生成的资源具有价值,则让同学们展开小组讨论,我再加以指导."调查中有一位教师在"其他"项上填写的"资源取舍,自己最主要是看资源的教育意义."这也可归于选项 3 一类. 其次,教师是根据资源的难易程度来决定是否在当堂课上采用.访谈中了解到教师对于难度不适合学生当时学习的资源,一般采取延后处理或者单独指导的策略来应对生成.例如XS1:"如果一时解决不了的新问题,就放在课后,让学生自己查找资料."XS2:"复杂的问题,在课后拨出时间,给学生单独去指导."33%的教师把"是否在考试范围之内"、"学生是否有兴趣"作为取舍生成性教学资源的标准,这说明更多教师是立足于教学的内部意义来考虑生成性资源的重要性.

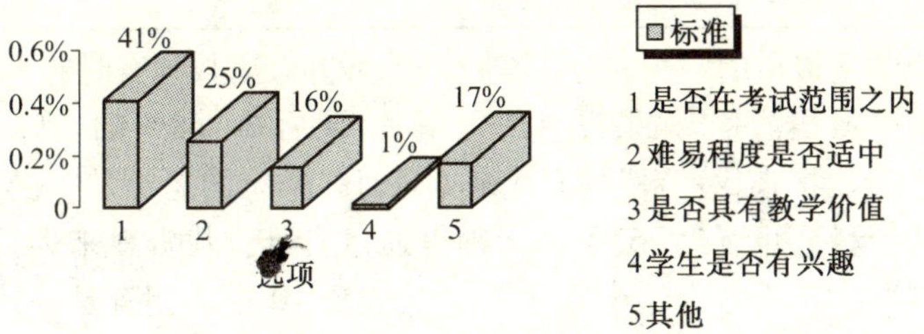

图3.11 课堂取舍生成性资源的标准的重要程度分布图

③资源生成的处理方式

资源类型较多,这里主要整理对三种常见的生成性资源的处理方式.

第一,"错误"资源的应对.从心理学上分析,由于学生受生理、心理特征及认识水平的限制,学生在探究新知的过程中,总难免会出现各种不同的错误.学生的学习错误,作为一种源于学习活动本身,反映学生学习活动情况的生成性资源,如果教师应对得当,也能变"错"为"宝".通过调查整理了解到,当学生在数学的解题教学课中,出现了错误的解法,34.18%的教师面对错误的生成,通常会"立即引导学生们讨论,自己再做分析与点评";29.91%的数学教师通常会"忽略个别错误,按老师解法集中讲解";22.22%的教师会采取"普遍性问题,集中讲解,个别问题个别处理"的教学措施;13.69%的老师会"让学生讲出自己的看法".这说明更多教师面对错误时,是让学生之间先讨论,再分析学生的思维起点和理解基础,从而帮助学生纠正错误.同时还有近30%的教师面临学生错误时,仍偏向于按自己先前的设计而集中面授.

第二,难度较大的问题或解法的应对.在小学数学解题的教学当中,如果出现难度较大的问题以及教师一时无法判断正误的解法,通过表3.10可知教师通常采取的教学措施是将问题先交给学生,自己思考后再解释.

表 3.10 一时无法判断正误的解法的应对策略统计表

一时无法判断正误的解法的应对	
34.18%	马上与学生现场一起探究
28.91%	坦率承认当下难以判断,课后再来解决
35.04%	把"绣球"抛给学生,自己再分析、探讨、解释
1.87%	不理睬,去找参考答案

当面对小学生提出的问题,特别是难度较大的问题,教师有时并不能当场解决或者说无法解释得很清楚.如果没有解释清楚,课后 60.68% 的老师一般是通过"与学生讨论,自己再查找资料"的方式来处理;19.65% 的老师是"先与学生讨论,再让学生查找资料";也有 19.67% 的老师是通过自己查找资料来理解该问题,再解释;没有教师会"不再考虑这个问题".这与表 3.10 中的调查是一致的,更多小学数学教师习惯于与学生共同探讨课堂中产生的问题,表明当前昆明市大部分的小学数学教师在新课程实施以来,学生观正逐渐发生改变.

第三,"意外"资源的应对.通过附录 D 第 8 题,调查教师面对课堂中各种"意外"的生成,是如何处理的.

如果有学生问到"分数 $\frac{1}{\frac{1}{2}}$ 的意义是什么?"时,教师将采取怎样的教学措施?

从图 3.12 可知 67% 的教师,认为自己理解学生的提问生成,会为同学们作适当的介绍,只有极个别的教师选择"不属于考试范围,则让学生不要追问"或"放弃探究".可见,面对课堂的意外生成,小学数学教师整体上态度是积极的,会去探究、讲解.不会因为课堂的生成与考试无关,而置之不理.这与访谈中得到的结果是一致的.XS6:"与课堂内容无关的生成,没有价值的生成,先安抚学生,鼓励学生,再转到自己的预设上." 前苏联教育家赞可夫说:"教学一旦触及学生的情绪和意志领域,触及学生的精神需要,便能发挥其高度有效的作用."即课堂教学要充分发挥学生的主体性和主动性,要为学生创设一个主动探究、积极进取,自主学习的良好氛围.面对学生的真实思维,即使价值不大,老师的积极评价也是对学生主动参与教学的鼓励和肯定.

第四,预设之外资源的应对及处理的理由可见表 3.11.

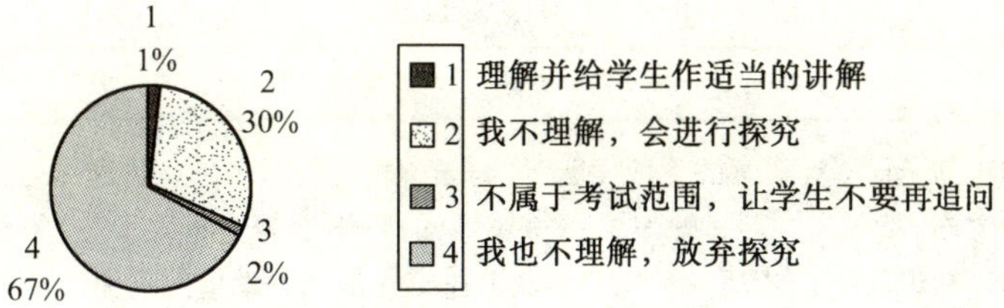

图 3.12　应对意外生成性资源的策略统计图

表 3.11　非预设性资源应对情况及理由统计表

应对非预设性资源	
是否具有教育价值	XS5:没有价值的问题,课后单独解决;有价值的生成就抛给学生处理. XS6:与课堂内容有关,自己没有预设到的,有研究价值的,放给学习小组讨论,最后由我来归纳. 没有价值的先安抚学生,鼓励他,再转到自己的预设上. 实在解决不了的,就放在课后. XS9:与知识有关的生成,尽可能为学生解答掉! 如果学生生成的资源无意义,则采取措施加以纠正. PL3:如果有生成,说明学生是在课堂里,在跟着自己的思路在前行. 如果是与教学相关的生成,则让学生说出自己的想法,其他同学帮助分析.
处理主体的不同	XS10:把问题抛给学生,问一下学生:‘你们能把这个问题解决吗?’学生如果不能解决,再自己根据实际情况解决. PL1:我一般是把生成的错误资源,这个“皮球”抛给学生思考,让学生纠错.
	WH1:课堂上的意外,常常是我自己解决. 例如学习概率时,抛一枚硬币,正反面应各占 50%. 可是上课中,我抛的结果却与常理不一致. 这时我采用解释的方式,说“今天的实验次数有限,如果我们增加实验的次数,就更加接近于理论上的结果”. PL4:我一般是将生成性问题拉回到自己的预设中,因为达成课程目标更重要. 如果没有价值一直纠缠,则会影响其他同学. 毕竟上完一节课的内容是最主要的.

续表 3.11

应对非预设性资源	
处理方式及理由	GD1:有创意、有新意的生成,我一般是要充分肯定学生的.我这样处理的理由是:一方面,我认为立足基础知识,培养学生的数学素养更重要;另一方面,希望我的学生知识面更广.因此,我的数学课上比较注重培养学生的能力.
	GD1:遇到失误问题的生成,我一般是先抛给同学探讨,自己后面再解释. XS8:错误的生成,我会追问学生,组织探讨,解疑释惑.因为,学生获取知识,就是在不断探索中进行的.在这个尝试的过程中,学生的知识起点和思维方式是各不相同的,难免会有错误产生.学生不断"犯错"的过程,其实就是不断改正错误、完善方法的过程.因此,我不急着让所有学生立即过关,总得有个"思维缓冲转换"的时间.
	GD1:如果是我回答不出来的、比较难的问题,就先让学生回家查资料,因为学生找的资料可能比老师找的还充分,更有价值.这样给自己留有一定思考的余地或去问其他同事,下节课再给学生解答. XS8:解决不了的生成,则换个合适的时间再应用这个资源.因为教学时数有限,所以我会视情况来决定是否当场处理.

总之,从访谈整理来看,大多数教师比较注重根据"生成"的价值来采取相应的"应对"策略;处理的路线,一般是将"生成"先交由学生讨论,再由教师自己归纳、解释;处理的态度与前面的调查一致,教师是敢于面对生成的.处理的主体一般都是师生共作,注重学生的主体性;处理的意图非常明确,即为达成该节课的教学目标服务;对小学数学课堂教学中的"创意"、"错误"、"难题",有着不同的应对方式和理由.

(3)小学数学课堂生成性资源利用水平分析

教学的生成在课堂中外显为资源的生成,面对小学数学教学中的资源生成,《全日制义务教育数学课程标准(实验稿)》①指出:"教材编写者、学校管理者、教师和有关人员应因地制宜,有意识、有目的地开发和利用各种资源."这也包括课堂中动态的出乎教师预设之外的生成性资源.在数学课堂教学中,"信息无所不在,无时不有,丰富多彩,要在短短的四十分钟内处理完这些信息,显然不现实,而且这些信息本身存在着重要与次要、有用与无用之分"②.这就需要教师在众多纷繁复杂的信息网中通过比较、判断、鉴别,选择出有价值的信息作为教学资源来推

① 教育部.全日制义务教育数学课程标准(实验稿)[M].北京:北京师范大学出版社,2001:100.

② 李爱华.谈小学数学课堂动态生成资源的开发利用[J].聚焦新课程 2009(8):56.

进教学. 面临资源的生成,不同的教师有不同的态度和应对策略. 下面以两则课例中的教学片断采用内容分析法来思考教师在某个片断中对生成性资源的处理水平.

【课例1】笔算除法(1)

执教:2009年10月10日,WH区YNSDFX四年级(5)班(城区小学),执教:PL区PLW老师(小学一级教师、本科、教龄6年).

教学片段1:

师导课:"同学们,我们前面学习了整十数除以整数的知识,下面通过做几道练习题目来检查一下大家的学习情况". 两分钟后,学生开始汇报.

P老师在播放幻灯片,没有注意到学生1汇报的错误(生1:20×3=6),也给予肯定的评价. 生2认为60除以20应该等于3.

师:"你是怎么算出的啊?"

生2:"我是从乘法算式20×3=60,所以得到60÷20=3."下一位小朋友(生3)认为:"这个算式可以这样算,1个6和1个0除以一个2和一个0,都去掉0,就等于3,所以最后等于3."

(学生这里是表达不够清楚,他的本意可能是60和20都有一个0,不看0,就剩下6与2,6÷2等于3,所以60÷20=3. 这实际上是一个很有价值的错误型资源,蕴涵了数学中商不变的性质. 教师没有处理生成性资源,属于零水平)

教学片段2:

师:"同学们通过完成前面一组题目,下面我们来想想16÷3该是约等于多少呢?"P老师刚讲完,就有小朋友(生4)急不可待地举手回答:"约等于4!"其他小伙伴有不同意见的了! P老师将争议交由学生处理.

生5:"首先我想到的是三五一十五,那么16÷3≈5."其他的同学质疑这个答案的准确性,生5很快反应过来,改正了答案.

P老师趁机又问:"那160÷30≈多少呢?"一位小女孩(生6)声音清脆地回答道:"我是这样想的,把160看成150,150÷30=5,所以160÷30≈5."

(此处的预设,老师通过16÷3≈,类比迁移到160÷30≈,基础好的学生也很顺利从上面的回答和思考中想到160÷30的解决思路)

师:"同学们,大家一起解决了上面的问题,如果被除数不是整十数,如82÷20又该如何估算呢?"

生8:"我们可以把82看做由80和2组成,把82就当做80,则82÷20≈4."

(思考:PLW老师的这组复习练习设计得比较有层次性,引导学生从乘法计算20×3=60入手,得到除数是整十数时的商60÷20=3,再从16÷3≈过渡到估算160÷

30≈;从80÷20=过渡到计算82÷20≈. 这些题目解答的思路正是后面除数是整十数的除法计算中的算理. 学生在这里就自己生成了本节课的难点即除数是整十数除法的算理. 教师的处理水平为整合水平)

教学片断3:

师:"有个小女孩叫笑笑,她们学校的孩子十分喜欢读书,请同学们认真观察下面这幅图,您能从上面获得哪些数学信息? 您能提出什么样的数学问题?"

学生9提出的问题与教材上的题目一样(有92本连环画,每班30本,可以分给几个班?)P老师追问:"这样的话,该如何列式呢?"生9很顺利地回答出:"92÷30."教师显然不只追求这样一种问题,又询问大家还可以提什么样的数学问题?

生10起来一口气提了两个问题:"这里有92本连环画,140本故事书,如果全部把这些书平均分给3个班,每个班约分多少本? 如果每个班分一样多,大约可以分几个班?"

P老师先为生10梳理了一下问题,第2问条件不完善没法列式,再询问他第1问该怎么列式.

生10:"用92+140,再用……(生10犯难了)用92+140的结果再除以30约等于……"

教师:"还有其他的问题吗?"

(思考:这里学生10提出的问题非常好. 从教师的教案上看,PLW老师没有预设到学生会提出学习了的加除混合计算的两步计算应用题. 教师试图将生成性问题抛给学生自己来处理,但是留给学生深入思考的时间又太少,很快就转换了提问对象. 教师的帮扶引导作用这时候没有发挥出来. 处理水平为:机械水平)

教学片段4:

师:"前面我们列出了算式92÷30,那这个算式该怎么算呢?"

生12很顺利地回答出:"把2看成0,把92变成90. 用90除以30得3,所以92÷30≈3."P老师为了确认他的方法,反问道:"您是用的估算的方法吗?"

"是的!"生12语气极其坚定地回答道.(就教师如何很好地发挥组织者与引导者的作用而言,美国著名数学家瑞思尼克(L. Resnick)就曾指出:"重复学生的语言,再一次确认学生的意思,是教师控制对话的两种最明显的策略."这两种策略既“可以让学生的发言，从个体自我意思表达，转化为全班可以共同沟通的语言”①，也有助于学生对自己的生成历程进行反思，提高自我监控能力）

师：“还有其他方法吗？”

生 13：“用列竖式的方法.”

生 14：“92÷30=3（个班）……余下 2（本）.”（师点评生 14 用的是口算方法）

生 15：“还可以用乘法来算除法，30×3 得 90，也就是可以分给 3 个班，还剩下 2 本书.”

师：“就像这些同学说的，我们不但可以用口算、估算，还可以用竖式来进行除数是整十数的除法计算.”（教师板书课题：除法）

（思考：乘法与除法为互逆运算，学生 15 的方法实际上既是一种口算的方法，也是试商的算理所在. PLW 教师没有对学生 15 所给方法进行评价，为零水平）

教学片段 5：

师：“在同学们的共同努力下，我们学会了两位数除以整十数. 这上面的题目用竖式都会计算了吗？”在学生肯定回答之后，教师课件展示：计算 140÷30 约等于多少. 在大家先算后，老师再让一名学生上台板演. 该生借助直尺列竖式并板演 140÷30=40……20.

（教师在指导学生列竖式时用直尺来帮助画横线，做法比较好！因为学生平时的教学中常常会忽略这些细节，导致学生经常出现平时做作业不认真，引起竖式中相同数位不对齐而产生一些误解. 师生共同判断计算答案有误，P 老师让大家说说判误的理由）

$$\begin{array}{r} 40 \\ 30\overline{)140} \\ \underline{12} \\ 20 \end{array}$$

生 29：“我们可以算一算嘛！40×30 就是 1 200 了，那就超过 140.”

师指着黑板问道：“那他又错在哪里呢？”生 30 认为是“多添加了一个 0.”

师：“他多添了一个 0，这位同学的评价很准确.”

生 31：“他对错了初位，多加了一个 0.”

师：“那么，初位应该对在哪里呢？”

生 31：“应该对在个位.”

（思考：在课后的访谈中，PLW 老师谈到他对于学生的这种错误解法是事先没有预设到的. 对于这个错误型生成性资源，P 老师交由学生处理，自己适时提出问题，推动讨论向纵深发展、向教学目标靠拢，这里的处理很恰当，为整合水平）

师：“你能说说，商的初位为什么说应该对在个位呢？”

---

① 郑毓信. 数学教育：动态与审思[M]. 上海：上海教育出版社，2005：75.

生 31：因为如果把商写在十位上就是 40，它与 30 相乘就是 1 200，超过了 140. 因此应该写在个位上.

（思考：学生一再的以反例的方式回答“为什么要将商写在个位上”. 这体现出了两点，一是学生头脑中已有“反证方法”的萌芽，可以看做是一种思维的生成或者数学反证法的生成；二是学生没有弄清楚这里的商为什么不能写在十位上. P 老师没有讲明为什么这里要将商写在个位上，在什么条件下商是写在个位上，过分的固化强调，容易造成学生形成负迁移，认为商都是要写在个位上. 处理水平属于零水平）

【思考】

第一，由于 PLW 老师所在小学是城区示范小学，自己常常会参加校内的教研课和教研活动，有时会参加市里的比赛课，观课、摩课的机会比较多. 对教学预设与生成有一定了解. 这节课教学活动的预设与实施充分体现了学生是主体的思想. 让学生提问、学生解答、学生质疑、学生改正、学生教学生，特别是在教学 140 除以 30 的教学时，都是让学生在说、在改正、在质问，这样就调动了学生学习的积极性.

第二，通过课堂观察知，PLW 老师面对学生在除法的计算中错误的生成，采取课堂及时纠正，一方面交由学生探讨，一方面教师现场讲解，做得非常好，有利于学生更准确地掌握除法计算. 强调商的书写位置时，利用生动直观的教具加以辅助，起到了画龙点睛的作用.

第三，通过分析教学片断 1，4，5，可知在小学数学课堂中，当教师面临所生成的资源是隐性的、难以察觉的，教师处理起来比较难，应对生成的水平偏低.

【课例 2】笔算乘法（1）

2010 年 4 月 27 日，PL 区 SL 中心学校三年级（2）班，执教：CJ 老师.

教学片段 1：

一、复习

口算：$11\times5=$	$21\times3=$	$13\times2=$	$23\times3=$	$34\times2=$
$11\times70=$	$21\times40=$	$33\times30=$	$42\times20=$	$12\times30=$

教师要求同学们先计算答案，做完后举手. 出示口算题后，大约两分钟后有同学开始举手，教师继续观察. 五分钟后，用开火车的方式回答上述问题，并要求其他的同学判断订正. 这是一个很好的教学先行组织，它可以帮助同学们建构两位数乘以两位数的笔算方法.

（思考：通过课堂观察，发现学生做的 10 道口算题中，错误主要集中在第 3 题、第 5 题. 这是一个课堂的“生成资源”. 教师对这些错误，只是纠正了一下，没有深入处理. 这里能否让做错的同学反思一下“为什么算错了？”处理生成性资源属于

机械水平）

教学片段2：

情境：百科全书一套12本，每本24元，小明的妈妈买一套书要付多少钱呢？

师："同学们，请大家先帮小明的妈妈估一估，大约要带多少钱才合适？"生4举手回答："大约120元."（其他同学有同意的，也有不同意的）另一名同学纠正到大约应该是280元.教师没有评价，继续提问："大家，还可以怎样估？"

生6："我是把12估计成10，再把24与10相乘，得到240."

生7："我采用的是20×10来算."师迟疑了一下，问道："你这是怎么估算的？""我是把12估计成10，24估计成20."生7兴高采烈地回答道.

生8："我是把24估计成20，再把20与12相乘，得到240."

师："孩子们，上面这些由估计得到的钱数准确吗？"同学们认为不准确.

（思考：估算是解决问题的一种手段，因为需要估算才估算.当遇到问题时，应首先考虑是否需要用估算，再考虑怎么估算以及对结果的要求是什么.当面对一个24×12，学生6，7，8在老师的估算要求下，生成了各自的估算策略.教师没有根据这个情境的具体情况，及时引导学生生成正确的估算策略，比较说明哪种估算更符合实际的需要.处理水平属于机械水平）

教学片段3：

师："刚才我们估算出来的结果都不够准确，那小明的妈妈到底要付多少钱呢？这需要我们计算出24×12的准确结果.怎样计算呢？下面请同学们打开书上第63页，在自学之后，自己再试着算一算.看看你们能从书中学到哪些方法，并想想还有没有其他的方法."

$$\begin{array}{r} 24 \\ \times\ 12 \\ \hline 48 \\ +\ 24 \\ \hline 288 \end{array}$$

生9采用列竖式的方法.而一位坐在前排的小男孩积极发言并说明采用的方法是"24×10＝240，24×2＝48，240+48＝288"，并解释了算式中"24"、"10"的含义.师又询问他"24×10表示的是什么？"生10解释道："先算12本书中的10本是多少钱，再加上2本书的钱(24×10+24×2)."

师："还有其他算法吗？"生11提出把24拆成20和4，先用12×20，再用12×4.师追问："用12×20表示的是什么？"（学生11没有回答清楚）师补充说："在这里12×20表示的是12个20元是多少.还需要怎么算？"

生11："240+48＝288元."

（思考：从教师与学生11的提问、答问可以看出，重要的问题是CJ老师自己解释的，而对学生的启发还不够.学生11所列出的式子实际是与学生10列的式子构成乘法的交换律.教师在这里还缺乏有效的归纳和点睛升华，为机械水平的处理）

师："还有没有其他算法？"

生 12:“口算!”但她没有说出具体的口算方法,老师立即转入下一个问题.

(思考:这里老师处理得太急迫了,给学生留下的思考时间很少.两位数乘法的口算是人们生活中用到最多的.在农贸市场、商场等地方,很多时候,对于两位数乘以两位数,人们都是采用口算的方法解决问题.学生 12 也许是根据生活经验生成了口算的想法,虽然她还不清楚具体的口算方式,但是她也为同学们生成了一个继续讨论的机会.教师为了完成教学预设任务,却很遗憾地略过了这个机会.处理生成性资源水平属于零水平)

教师出示自己的预设课件,进行有目的的归纳:

①$24\times10=240$,$24\times2=48$,$240+48=288$;

②$12\times20=240$,$12\times4=48$,$240+48=288$;

③$24+24+\cdots+24=288$,$12+12+\cdots+12=288$;

④竖式计算:指名板演,并说说计算过程.

CJ 老师在询问了学生喜欢选用的方法后,揭示课题并板书.

(思考:教师通过对情境的讨论和引导,列出了式子“$24\times12=?$”,然后又让同学们尽可能多地去思考这个题的算法.学生很快进入了学习的情境,生成的算法主要有:①用竖式计算;② $24\times10=240$,$24\times2=48$,$240+48=288$;③$12\times20=240$,$12\times4=48$, $240+48=288$.并且学生还较为准确地在老师提问下,解释出了后两种情况在该情境中的实际含义.学生的生成是解释两位数笔算乘法算理、算法最好的案例!可是,老师没有使用这个生成的资源,却给出了另外一个情境来获得两位数笔算乘法的法则.处理生成性资源水平属于零水平)

教学片段 4:

教师:“同学们刚才自学了课本,你们学会竖式计算了吗?”(课件出示思考题,四人小组讨论,解决问题)

①“48”是怎么算出来的?这一步算了几个几?

②用个位上的数乘 24 后,再用哪一位上的数乘 24?乘得的数是多少,写在什么位置上?为什么?“0”可以省略吗?这一步又算了几个几?

③第三步怎么算?全班交流,解决问题.

(这个思考题是教师对两位数乘两位数的又一个“预设”.但是,文字的表述比较抽象,同学们不容易理解这个预设.实际上同学们早已生成两位数乘两位数的竖式乘法了.但是,CJ 老师还在借助课件演示,另起炉灶引导学生完整地说计算过程)

(思考:教师处理这个问题有两个地方值得斟酌.①教师让学生提供尽可能多的算法,学生的生成资源有三个,教师却让学生评价哪一种方式更好,这是不妥的.

正如“勺子”和“筷子”的作用谁更大是无法比较的![1] 另外乘法的竖式计算是从低位算向高位,而乘法的笔算(简算)是从高位算向低位. ②教师后面对两位数笔算乘法的算法解释,不够简明易懂. 若直接用学生的生成,可起到事半功倍的作用. 处理生成性资源水平属于机械水平)

【思考】

第一,CJ老师认为自己所处的学校是农村乡镇小学,学生基础不是很好,所以教学预设时考虑得很多,很细;教学实施中面对资源的生成常常不会去深入挖掘、处理. 这节是公开课,更不敢轻易去碰生成,所以当学生生成出现时,CJ老师硬是把学生拉回到自己的预设中来.

第二,通过研究教师这节课的教学预案,了解到CJ老师所设计的教学流程为:复习旧知(先行组织,预设1)—创设情境(预设2)—提出问题(生成)—解决问题(算法的建立)—迁移练习(巩固算法)—课时小结(学法指导). 从这个教学流程可见,教师的备课很认真,尤其是对“预设—生成”的考虑.

第三,从上述教学片段可见,目前小学一线数学教师在教学实施中存在着机械执行已经制定好的教学方案,较难灵活地根据课堂的生成性资源来展开教学的现象. 新课程标准提倡教师在上课时要集中注意力,准确判断课堂生成资源的价值,利用好这种资源. 学生不是一个容器,而是一支需要点燃的火把[2]. 教师需要树立强烈的资源意识,及时发现课堂生成资源,珍惜课堂生成资源,用好课堂生成资源.

总之,通过宏观的预测与微观课例片段的分析,体现研究方法的综合性. 微观课例中反映的事实,并不代表同一教师群体,即使是一节课中某个环节存在的问题

① 这种观点源于把社会看做是半序结构的认识,许多时候任何人之间是“不可比”的. 即使比较,也不仅需要重视个体在同一领域内的横向对比,还要重视同一个体在各自领域的纵向发展,这常被称为半(偏)序评价观. (见:沈丹丹. 小学数学教例剖析与教案研制[M]. 南宁:广西教育出版社,2004:251.)

② 邓祖勇,朱瑛. 课堂期待变化[J]. 教学与管理,2004:64.

也并不能说明该教师整体上执教的成功与失败,只能说明特定时机、场所、环节下教师面对生成(意外或者意料内)的“现在时”状态. 微观课例的研究对于整体认识上的研究能起到很好的支撑和辅助作用,有助于阅读者通过课例片段的描述回到“现场”.

3.3.4 小学数学课堂教学生成时机的研究

通过调查、访谈、课堂观察,发现教学的生成并不是杂乱无章、出其不意的. 吕传汉教授认为数学教学要善用“预设数学问题”引发学生“生成数学问题”,教师要十分关注学生课堂学习的“生成点”,生产点也即是生成时机①. 有了充分的预设,课堂的“生成点”是有迹可循的,生成一般出现在“尝试和探究的活动中,在对文本的多元解读中,在师—生、生—生的对话中,在适度拓展中”②. 通过分析课堂教学中的生成点,有助于探寻数学教学中资源生成的时机,以便构建小学数学教师应对生成、促进有效生成的策略.

《全日制义务教育数学课程标准》要求教师在数学教学中,需在学生的认知发展水平和已有的知识经验基础上,激发学生学习的积极性,向学生提供充分从事数学活动的机会. 在小学课堂中学生参与的主要数学活动,一是提问、答问,二是师生的互动. 研究中以选取的一节小学数学课例为载体,以已有的“小学数学课堂教学中各种提问行为类别频次统计表”和“小学数学课堂师生互动等级量表”为工具,通过统计、描述来分析提问和师生互动两类教学行为对数学教学生成的影响.

(1)课例呈现

课题:数数和数的组成

GD 区 DH 小学一年级(2)班(城区学校)HJ(小学一级、本科学历、教龄五年)

教材:人民教育出版社第 2 册第 4 单元 100 以内的数的认识

教学过程:

一、创设情境,复习导入

1. 20 以内数的组成

(　　)个 10 和(　　)个 1 组成 17,(　　)个 1 和(　　)个 10 组成 15,1 个 10 和 2 个 1 组成(　　),2 个 10 组成(　　).

(教师出示课件,学生回答并读出. 通过观察可知学生在一年级上册学习 20

① 吕传汉. 课堂教研关注点[R]. 昆明:全国高师数学教育研究会小教培训工作委员会,2009,5.

② 宣洪波主持的常州市新北区区级课题“小学数学课堂教学预设与生成的研究”.

以内数的认识时，掌握得较好）

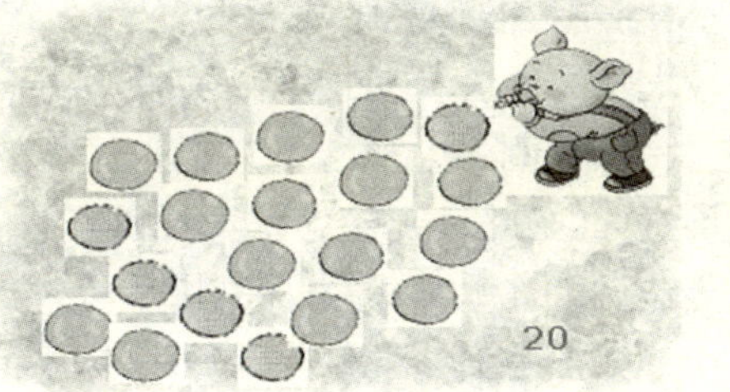

2. 20 以内数的数数

师："一年(2)班的小朋友们真不错，都是数学小能手. 小朋友们，喜欢吹泡泡吗?"（学生都表示喜欢）教师出示课件，展现情境一"小猪吹 20 个气泡. 谁能数数猪弟弟吹了几个泡泡?"

H 老师先让学生独立数，再请一名同学上台指着数，其他学生跟着读. 这名学生总共数出 18 个气泡. 大家认为是她的影子挡住了 2 个，没有数上.

师顺势总结：数数时必须要按一定的顺序来数.

（思考：对于课堂中学生生成的意外错误，以及学生的争论，H 老师处理得很好. 借助这个生成性教学资源，强调出来数数时的规则——"顺序"）

H 老师换一名同学上台数数，课件制作的观看效果不好，颜色区分度差，仍然少数一个.

（根据课中学生的反应来看，这两个复习题目交换一下位置也许效果更好. 20 以内的数数对于 DH 小学的学生来说应并不是难点，对此的复习，可以先让学生口头唱数或者数容易区分的物体，再复习 20 以内数的组成）

二、变换情境，引入新知

1. 出示情境二：小猪吹出了一长串泡泡

教师问到："亲爱的同学们，你们能估一估现在有多少呢泡泡呢?"学生认为有很多.（H 老师通过让学生估数来培养学生的数感）

师："这儿足足有 100 个泡泡呢. 100 这个数确实比 20 大得多. 今天我们就一起来学习 100 以内数的'数数和数的组成'这些内容". H 老师板书课题，并要求同学们大声地跟着老师一起读课题.

2. 新课授入

（1）数数

教师首先出示课件，请小朋友们跟着自己数"1 个 1 是 1，……，9 个 1 是 9"，并提问："10 个 1 是几啊?"同学们答道"10 个 1 是 10."（师板书：10 个 1 是 10，并问大家如果小棒有了 10 根，该怎么办呢）

生 4："捆起来!"

师："那么这样的一捆就是 1 个 10 了. 十根十根地数，你们会数吗?"同学们都表示会数. 师继续问："10 个 10 是多少?"大家认为 10 个 10 是 100.（教师板书）

（从 20 到 100，跨度很大，学习困难的学生一下难以接受. 教师通过课件中的小棒演示,很形象直观.这里还有一个重点就是进一步培养学生数数的能力,掌握较大数的数法.在二年级下期就要过渡到学习万以内数的认识)

师:“刚才大家已经十个十个地数了,如果要数更大的数,我们还可以怎么数?谁有好的办法?”(生5认为可以一百一百地数.对学生生成的数大于100的数的方法这个资源,教师下面利用很巧妙)

教师夸奖学生5后出示课件,引导学生看屏幕数数,“2个100是多少?3个100是多少?……”

(思考:这里展现了教学中的延伸性,与后面学习大于100的数进行了初次衔接.在教师启发下,学生按照前面数数的规律,自己生成出大于100的数)

(2)数的组成

师:“如果是把1捆和1根小棒放在一起,我们又可以怎么数呢?(老师出示课件)谁有好的办法?”

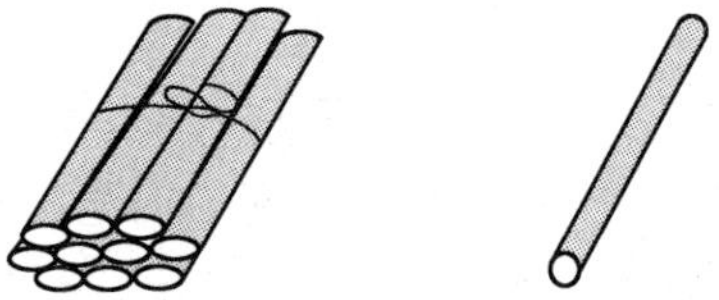

(H老师的提问指向性、逻辑性很强,关键几句启发学生思考,推动着教学的进行)

生6:“1捆是10根,再加1根,就是11根.”(该生是从加法的角度,得到总计有11根小棒.他生成的答案,出乎老师意料,老师没有作出正面回应)

生7:“这些小棒数是由1个1和1个10组成,是11根.”

师:“我们下面就用这位小朋友的方式来数自己手中的小棒!”要求是以同桌俩人为一组,先是左边的小朋友们摆小棒,右边的同学跟着数数,接着左边的同学对右边小朋友的数数进行评价.数数的小朋友一定要按照“(　　)个10和(　)个1是(　　)”这种方式说清楚.

(思考:这里在进行小组合作学习之前,老师先讲明活动步骤、活动目的是非常有必要的.对于小学初段学生来说,参与合作学习要使得学生从遵循活动规则、按照活动步骤、达到活动目的等方面入手,来培养他们养成良好的数学活动习惯.建议H老师将活动的步骤向一年级学生再细化一下或者出示在课件上,将活动中所要产出的内容,即需要学生汇报的内容再强调一遍)

H老师请左边的小朋友们先拿出3捆小棒,再拿出5根小棒放在一起,又请右边的同学开始数数.老师在巡视指导中发现,一位学生在说数的组成时反复提到“30加5就等于35”,而不能按照前面的要求“5个1和3个10组成35”来说.

(思考:这位同学已经将后面要学习的100以内数的加法用在这里了,当然他与老师的要求不一致.学生6和学生8凭借生活经验或者幼儿园时期的学习,对于3捆小棒和5根小棒已经从表象运算上升到了符号运算.对于这种生成的新情况,老师该怎么办？这里H老师没有直接处理这个问题，而是请第4组的两名学生来汇报展示“正确地”说法. 在学生出错后，H老师交由学生思考处理，这也是一种处理生成性错误型资源的常用方式）

师：“现在交换一下活动任务，右边的小朋友们拿小棒并对左边小朋友的数数进行评价，左边的同学来数数. ”要求是右边的小朋友们先拿出4捆小棒，再拿出9根小棒放在一起，左边的同学数数.（学生活动，老师指导）

（数数中，学生一再按照加法计算的算法来回答小棒数的组成，而H老师目的是让学生通过说这些数的组成，为后面进一步理解算理作铺垫. 建议H老师改变提问方式，如“这儿共有（　）根小棒，这个数（　）是由（　）个10和（　）个1组成. 或取消变换任务这个环节）

（3）转整

教师变换课件，出示“4捆和单独的9根小棒”的新情境. 在得到学生确认一共有49根小棒后，H老师演示课件，添加1根小棒，并向学生提问：“如果有了10根小棒该怎么办呢？一共变成多少根了？”

生齐答：“捆起来！”（这是为后面学习满十进一这个算理作铺垫.）“现在是50根！”

师：“如果先有5捆和9根，再添1根是多少根呢？”

生13认为是59根！生14不赞同认为“5捆有50根，加9根变成59根，再填1根变成6捆，该是60根了. ”H老师追问这第6捆是怎么来的？

生14：“屏幕下面有了10根小棒，就捆起来. ”（学生的回答中，已生成出满十进一的思想）

H老师即时总结“满十了就捆起来”.

（这里老师的总结非常及时和精彩，从纯粹生活语言“有了十根捆起来”，到半数学语言“满十了就捆起来”，为后面学习理解“满十进一”这个纯粹数学语言词汇作了初步的铺垫. 另外，评课时有老师建议应让学生先给出59根小棒，再要求他们添加1根. 这让学生对“转整（拐角数）”先有个直观具体的感受，再来出示课件演示更好）

师：“如果有6捆和9根，添1根是多少？7捆和9根，添1根又是多少呢？……”当满10捆时，师提问“现在一共有多少根呢？”（见大多数学生没有回答），H老师提示1捆1捆的数. 孩子们都认为是100根.

（思考：老师1捆1捆的数时，可以让学生说“1个10是10，2个10是20，3个10是30……”，这可为学生今后引入乘法计算埋下伏笔！）

三、练习巩固

1. H 老师出示课件，已有 3 捆和 5 根小棒，根据前面所学知识，这里可以怎么说？生 16 认为 3 个十，加 5 根小棒，共 35 根.（老师要求说得更简洁一些）生 17 回答："3 个十和 5 个一组成 35."

（思考：这个环节的设计可以省略. 直接出示有 35 根小棒，问学生如何添加到 42 根就可以了. 对于出示的每 1 捆小棒，老师要交代必须是 10 根，否则学生以为只要是一捆就是 10 根了. 教室后排有位小朋友的一捆小棒是 20 根，他没有细究，就当做 10 根一捆在用）

教师提问："如何再添加一些小棒满 42 根呢？"教师要求学生配合课件的演示一根一根地添加小棒.

（思考：教师这样处理目的是让学生复习数数，经历 39 之后到 40 的这个转整过程. 课堂观察时看见一名男生并不是 1 根 1 根地添加，而是一次先拿出 5 根凑够 40，再摆 2 根小棒. 由于教师与该生太远，没能观察到这一点. 这实际上是学生生成的一种添加小棒的方法. 该生能这样添加小棒说明他对数数已经很熟悉. 这方法不但与前面学习过的"凑十"联系了起来，而且数数很快. 因此这里老师可以让学生汇报不同的添加方法，再分别讲解，最后确定 42 的组成）

师："42 是由几个十和几个一组成？"

生："（4）个十和（2）个一是 42."（老师要求同桌互相说说这句话）

2. 教师通过课件出示情境四：泡泡随风飘走了，露出了两只大箱子. 一只小猪好奇地打开了箱子，呈现出下图

第一箱

第二箱

师："你们看第一箱里放了什么？"

生 18："42 个苹果."老师故意显得惊奇，问他是怎么数出的？生 18 继续答道："每袋 10 个苹果，有 4 袋，外面还有 2 个，共有 42 个苹果."

师："按照前面的说法，这里是（　）个 10 和（　）个 1 组成多少？"生 21 准确回答后，H 老师提醒大家思考，如果将西瓜和苹果两幅图合起来，一共装了多少个水果在里面？

（思考：这节课学生刚开始学习 100 以内的数的认识，而教师询问学生"33 个

西瓜加42个苹果等于多少？（75个水果）”这一问是值得商榷，对一年级学生来说尚有难度. 孩子们也没有回答出来，感觉已经比较疲倦了. 低段年级的小学生有效持续学习的时间，在一节课内一般不超过15分钟）

3. 学生练习活动.

四、全课小结

师：“有了小朋友的帮助，小猪弟弟顺利地通过了妈妈的练习，这节课小朋友们学的真好，不仅自己学会了知识，还帮助了别人. 这节课中我们既学会了一十一十地数和一百一百地数更大的数，还知道了几个十和几个一所组成的数.”

（2）课堂提问观察结论与思考

课堂提问是指在课堂教学过程中，教师根据一定的教学目标和要求，针对有关教学内容，设置一系列的问题情境，引导学生思考、回答，以促进学生积极思维，提高教学质量. 正如美国教学法专家斯特林·G·卡尔汉（Sterling. G. Callahan）所提出的：“提问是教师促进学生思维，评价教学效果以及推动学生实现预期目标的基本控制手段.”实践表明，很多特级教师、名教师的课堂之所以有别于普通教师，主要就在于他们更擅长于通过有效的、富有艺术的课堂提问，来引发师生之间的互动交流，促进学生的思维发展. 因此，对教学中各种提问行为类别的研究有助于探析促进教学生成的策略.

①教学中各种提问行为类别频次统计结果（表3.12）

表3.12　提问行为类别频次统计表

行为类别	频次	百分比%
A. 提出问题的类型		
1. 常规管理性问题	7	24.5%
2. 记忆性问题	15	40.5%
3. 推理性问题	13	22.5%
4. 创造性问题	4	10%
5. 批判性问题	1	2.5%
B. 挑选回答问题方式		
1. 提问前，先点名	8	18.6%
2. 提问后，让学生齐答	19	44.18%
3. 提问后，叫举手者答	14	32.55%
4. 提问后，叫未举手者答	2	4.67%
5. 提问后，改问其他同学	0	0

续表 3.12

行 为 类 别	频 次	百分比%
C. 教师理答方式		
1. 打断学生回答,或自己代答	1	2.85%
2. 对学生回答不理睬,或消极批评	0	0
3. 重复自己的问题或学生的答案	2	5.7%
4. 对学生回答鼓励、称赞	7	20%
5. 鼓励学生提出问题	2	5.7%
6. 承接答语,提出新问	16	45.75%
7. 承接回答,给出启示或归纳	7	20%
D. 学生回答的类型		
1. 无回答	1	2.63%
2. 机械判断是否	8	21.05%
3. 认知记忆性回答	17	44.73%
4. 推理性回答	9	23.68%
5. 创造评价性回答	3	7.91%
E. 停顿		
1. 提问后,没有停顿或不足 3 秒	18	54.54%
2. 提问后,停顿过长	0	0
3. 提问后,适当停顿 3 ~ 5 秒	13	39.39%
4. 学生答不出来,耐心等待几秒	2	6.07%
5. 对特殊需要的学生,适当多等几秒	0	0

说明:统计方式采取划正字. ①

主要结论:统计发现这节课上,从课堂提问的频率来看,教师主要的提问共 40 次,平均每分钟提问接近 0.67 次,教师提问的频率不算高. 这样有利于给学生创设比较宽松的学习环境,也更有利于师生之间的思考和交流. 另外,从提问的类别来看,以记忆性问题和常规管理性问题居多,提问技巧还不丰富,类似“同学们,现在

① 管理性提问:为了维持课堂纪律,与课堂知识无关,为了使教学有序进行的提问,如“小明,我刚才讲到哪里了?”;记忆性提问:要求就基本事实、基本材料作答,如概念、公式、性质、步骤等的复述,或是针对简单的运算提问作出判断. 推理性提问:主要是根据基本的事实,做简单的分析和归纳总结,得出结论,常见有“我们从中可以知道……大家想想,这告诉我们……”. 创造性提问主要是引起发生发散性思考,不期望小学生能立即得出结论,如“想到了什么? 还可以怎样?”,“结合自己的操作经历,说说对这个问题的看法……”;批判性提问指教师启发性质疑的问题,如“如果……,则会怎么样?”,“针对……你们有什么自己的想法?”

有多少根?"、"可不可以"、"同意吗"等基于简单情境进行描述或者判断的记忆性问题所占比例为40.5%,比例较大;而"理解性问题"、"创造性问题"、"批判性问题"才分别占22.5%,10%,2.5%.显然,统计数据反映出这节课的提问类型分布不太合理,注重了检查记忆和理解,却极少有创造性的、批判性的问题.对于提问在开发思维、启迪智慧的重要性方面认识还不够.学生齐答比例很高(占44.18%)."提问后,叫举手者答"占到32.55%,答问方式相对单一.这反映出教师注重控制课堂.教师"承接答语,提出新问"过多,占到45.75%,追问或者给予学生答语的评价相对不足(占20%);比较注重针对学生的回答给出启示或作出归纳(占20%),没有打断学生或消极批评等情况出现.学生的回答中,认知记忆性回答占44.73%、推理性回答占23.68%,说明这个班的学生基础比较好,答问质量较高.提问后停顿时间较短,占54.54%,"提问后,适当停顿3~5秒"只占到39.39%,这不利于学生较充分地思考.

②思考

在很大程度上,教师课堂提问质量如何直接影响到课堂教学的质量①,下面从提问的目的和功能,提问的策略,理答三个方面来分析这节课.

第一,从提问目的和功能看.提问的目的在于引导,提问的功能在于引起思考.因此,小学数学课中的课堂提问,不能简单视做是一种调节课堂气氛的师生语言交流,也不能简单视做是一种评估学生知识掌握的手段.教师的提问应结合自己的预设和小学生的认知、经验基础,做到"目的明确,即提问要达到什么样的目标;方向明确,即提问要给学生明确的思考方向,决不能含糊朦胧;评价明确,即学生在回答提问后,要对其有个明确的评价,决不能有置可否,使其茫然"②.数拐角数是小学生数数时常犯的错误.因此,对于这部分的提问,提问内容尽量要围绕如何数拐角数,例如9根加1根之后,为什么要捆起来,就是因为"10个一是一十",从而促进数数方法在学生头脑中自然生成.创造性问题对学生的回答限制较弱,更有利于学生的生成.因而,需要加强这方面的提问.

第二,从提问策略看.为了促进教学的有效生成,在提问时应该避免犯提问大小不当或者开放过度的错误,避免以简单的集体应答取代学生深入的思维活动,避免重结论轻过程的提问以及忽视对问题的精心设计和组织.教师的提问决不是"关注优等生,忽略后进生;关注自身问学生,忽视学生的提问",而是"创设情境问

① 叶立军,胡琴竹,斯海霞.录像分析背景下的代数课堂教学提问研究[J].数学教育学报,2010,19(3):32.

② 杨余庆(上海师范高等专科学校)的文章"常见小学数学课堂提问类型及特点".

在学生兴趣点上,分析学生问在学生的'最近发展区'中,研究教材问在学生有疑难处"①.

在对学生提问以后,教师还要做到两个方面:其一是增加等待的时间.如果教师在提出问题后,能给学生更多的思考时间,学生回答问题的质量自然会大大提高.精彩,源自等待.其二是适当实施追问."追问"是对某一内容或问题,为了使学生弄懂弄通,往往在一问之后又再次提问,穷追不舍,直至学生真正理解为止.这两种方法既是促进教学有效生成,也是教师有效应对生成的良策.从课例片段中也可以看出,这节课中H老师更多的是接着答语,就立即给出下一新问题、新要求,对学生的答问缺少评价,学生也匮乏思考缓冲的时间.

第三,从理答的角度看.在部分课堂上,数学教师课堂提问时,总是"期望学生的回答与预定答案相同",认为学生"跳入了预设的'圈',教学目标就实现了"②.这类教师常常是为完成教案的重演而教.这样的提问教学,实际上是所谓的好学生"在课堂上努力扮演着配合教师完成教案的角色",充当提供问题答案的机器,而缺少了学生面对问题的深思熟虑、百思不得其解的"疑惑"状态,也缺乏教师面临学生提问生成时的"惊讶"和泰然处之的"大手笔".

通过课例片段的分析可知高水平应对资源生成的经验是:教师在提问后,要注意耐心聆听学生的回答.即使学生回答错误,也不应急于打断,不妨先听他说完,然后再组织学生或者自己对发言给予评价.同时,还要重视理答之后的归纳.及时进行的小结,以便于基础薄弱的学生也能够在这一过程中有所收获,也为下一轮新的生成,作好认知储备.

(3)课堂互动观察结论与思考

师生互动是指在师生间发生的一切交互作用和影响③.著名特级教师詹明道认为"从某种意义上说,教学的本质就是师生的互动","积极的交往互动能够有效保证教学中知识主动建构性、教学的生成性和思维多元性的统一"④.师生互动主要包括师生与事物、与他者、与自己的互动.此研究中的师生互动更多是指存在于师生间,在师生间发生的一种人际互动.师生互动是一种交互作用和相互影响的过程.师生互动包括师生间的一切相互作用.师生互动从本质上讲,是一个包括发生在多情境中的、具有多种形式、多种内容的互动体系.师生互动可以带来课堂教学

---

① 胡国科.关注课堂提问,构建有效引导[J].新科教,2009(5).

② 叶澜."新基础教育探索性研究"报告集[M].上海:三联书店,1999:84-85.

③ 叶子,庞丽娟.师生互动的本质与特征[J].教育研究,2001(04):32.

④ 金春平.走向数学生态课堂[M].南京:东南大学出版社,2008:36.

的开放，因此，对课堂中师生互动的研究，有利于进一步聚焦教学生成的规律.

①小学数学课堂教学观察——师生互动等级量表结果(表3.13)

主要结论：活动中以师生互动和师班互动为主，生生间的活动还主要存在于小组合作解题的活动中. 教师促使学生自主提问的教学方式用得极少，这不利于学生独立思考. 教师对互动过程的推进，主要是以问题推进活动互动为主，互动活动67%的时间超过30秒，教师在互动过程始终以积极的态度参与其中，以保证互动教学的有效性.

表3.13 师生互动等级量表结果统计表

	观察内容		次数	效果评价				
				A	B		D	E
观察记录	互动类型	师生互动	11		B			
		生生互动	4			C		
		师班互动	11		B			
	教师对互动过程的推进	以问题推进互动	16		B			
		以评价推进互动	5		B			
		以非语言推进互动	2		C			
	言语互动过程计时	30秒以下	5			C		
		30秒以上	10					
	互动管理	有效调控	15	B				
		放任	0					

②思考

第一，从活动时间看，这一节课的教学活动，对于一年级学生来说稍微偏多，还可以将部分活动和练习就行优化组合. 1999年7月24日在昆明举办的中美国际素质教育研讨会上，美国心理学博士安迪·普兰特提出“十二”教学原则：“十分钟教学，两分钟思考或讨论”. 其理由是，从大脑与学习的研究中得知：“如果大脑接受信息太多，会停止记忆”. 十二原则主要用于教学内容较难的课，两分钟思考或讨论有利于学生参与学习，便于学生理解和记忆. 换言之，教师需要让学生及时总结、记忆教师所教内容.

第二，从媒体应用看，制作的课件利用多媒体技术的优势，充分展示数学问题解决过程中的思维发生过程，有助于师生在互动的过程中生成推进教学的问题.

总之，把学生看做重要的资源因素，让学生在与教学环境、教学文本、教师以及同学的思维碰撞中产生火花,课堂教学才能不断“生成”.教学无论是提问还是互动活动中,各个环节都蕴涵着“生长点”.把握好这些“生长点”,才有可能成为一节充分生成的课.通过前面的研究,可见在开放性的提问、答问以及师生互动的过程中不但存在大量的生成点,而且也是教师应对好教学生成的主要着力区.这为探寻促进小学数学教学的有效生成,找到了一个切入点.

3.3.5 现状研究的结论概括

现状的研究,一是了解目前调查地区数学教学的“原生态”,二是为后继理论研究和案例研究找到现实的支撑点和思辨的切入点.通过对调查、访谈、观察收录的数据的整理、分析和初步归纳,从预设、生成、反思三个角度得出现状研究的结论.

(1)小学数学教师对预设的认识与实践

①教师对预设的认识

目前昆明市小学数学教师对于教学预设和教学目标虽然有了一定的认识,认为课前的教学预设对于教学质量的改变有着重要的作用,只有课前进行了精心预设,才能在课堂上有效引导并动态生成,但是部分教师对目标的预设认识上仍有误区.

②教师教学预设的实践

大部分教师反映在编写教学预案时,既参考教案,又有自己的设计,高级教师偏向于独立设计.职初教师在教学预设的科学性、规范性方面还不足,教龄较长的教师在教学预设精细化方面做的还不够.在进行教学预设时,67.5%的教师基于自己的经验去考虑学生的学情,考虑得更多的是“教学环节如何设计”与“教材内容是什么”.50%的教师所选择的课堂资源首要是来自于教材,其次是自己的教学经验,课堂上可能生成的资源,很少有教师去考虑.59.12%的教师在小学数学课堂中所设计的教学环节比较稳定、大多数环节一致;年轻教师由于教学经验的不足更趋向于教学设计的细致化和步骤化;经验型教师常凭经验或学生课堂表现推进教学,设计的教案较粗糙,预设时更多是受到“目标—步骤—检测—矫正”教学模式的影响.

(2)小学数学课堂教学生成促发与应对

①教师对生成的认识

所调查的教师群体中68.37%的教师对“生成”、“生成性教学资源”和“教学生成”等概念了解不全面,乡镇教师与城区教师在上述概念的认识程度上不具有显著的差异性,城区年轻教师和中年教师在对“生成”等概念的认识上存在一定差异.教师普遍认为自身的个人素质是决定资源生成的关键因素.大部分教师认为生成的教学更具有创造性和开放性,在新授课中新的教学资源更容易生成,新问题的生成是最主要的类型.

②教师对生成性资源的认识

所调查的小学数学教师中,96.58%的教师认为这有利于激发学习兴趣和活跃课堂气氛,87.1%的教师认为生成性教学资源的利用有助于学生掌握知识和培育思维.大部分教师把所生成的资源是否具有教学价值作为判断是否使用这个资源的首要依据.

③教师促发生成的实践

在预设时,教师普遍是通过熟悉教材和知识结构,明晰学情,设计开放性问题,充分准备教具、学具,细致设计情境和充分预设教学内容,这样的顺序和做法,来促发更有效的生成.创造性的“提问—答问”、有效的“师生互动”是小学数学教学中教学生成的主要时机与途径.

④教师应对生成的实践

在调查中,73.5%的老师都认为如果在正常的教学过程中,去应对那些意外的生成性资源,特别是隐性的、难以察觉的资源,感到比较困难,应对水平偏低,需要找到相关的指导策略来帮助他们适应充满生成的课堂.面对预设之外的资源,大多数教师是根据“生成”的价值来采取相应的“应对”策略,而处理的路线一般是将“生成”先交由学生讨论,再由教师自己归纳、解释;处理的态度是敢于直面生成;处理的主体一般都是师生共作,注重学生的主体性;处理的目的是为达成教学目标、完成教学任务服务;不同教师对小学数学课堂教学中的“创意”、“错误”、“难题”,有着不同的应对方式和理由.

(3)小学数学教师的反思与做法

从调查分析看,82%的教师课后反思,主要是基于“教”的角度,首要考虑的是反思一堂课的教学效果,在此基础上反思教学环节的设置、教学方法的应用.教学效果的评定主要是来自教师的经验和课后作业.而主动提及对学生的“学”和“资源生成”的反思只占到10%.

3.4 现状研究的反思

此项研究,一方面用调查、访谈等形式确实能反映教师观念层面、情感层面上的对待小学数学教学的预设与生成.但是,仅用显性的、外在的文字形式表述隐性的、内在的体验和感受方面,存在很大困难和不足,从而使得研究整理的出来的结论有时并不能完全反映真实的教师想法和课堂做法. 基于此，另一方面，研究中引用了访谈和问卷中教师回答的原始材料，目的是让读者也通过阅读原始材料“还原”教师的行为、状态. 当然，不同的读者通过阅读调查对象的材料，可能会有不同的感受，但是如果读者能够把自己“还原”的小学数学教师预设、生成及生成应对现状的内容同此项研究中试图整理出的现状研究结论两者相结合的话，那么研究中所做的工作，就能实现研究的目的.

这一章主要是通过问卷调查、访谈和课堂观察的方式，得出现状研究的结论，并对研究过程进行了反思，以期获得方法上的启示，为后继研究找准切入点. 结合调查、访谈和观察的结果，将在第 4 章、第 5 章中着重介绍小学数学课堂教学生成中的基础理论、教学生成的分类，并在此基础上构建出能够促进小学教师进行有效教学生成的策略.

第 4 章　研究的理论基础

人类的一切天赋,必须点点滴滴从人自身发展而来,要通过自身的努力而实现.

——[德]康德

数学教学生成是一个复杂的师生共同预设与生成的数学活动过程,这一过程中有着丰富的内涵,形成了数学教学生成的理论,其核心体现在四个方面:教学生成的起点、教学生成的动力、教学生成的方法以及教学系统中的四个组成要素.

教育涉及的领域烟波浩渺,教育科研的根基盘根错节,教育的生命相依于一切自然之理与人道之学中.任何一项教育课题的研究,都需要从方方面面汲取营养.对于课堂教学生成理论,研究中主要从哲学观基础、学习论基础、知识论基础、教学论基础等视角来评述、探析理论之间的关系,为教学生成的后续研究作好理论铺垫.

4.1　教学生成的哲学观基础

哲学观是对哲学这一特殊的社会意识形式的反思,也即是哲学家对哲学本身的独特理解①.这里从历史渊源的角度选取了三个方面的关于生成的哲学思想以辨析教学生成的认识性问题.

4.1.1　中国古代哲学的生成思想

《道德经》中说"人法地,地法天,天法道,道法自然".道法自然中的"自然"是没有人为干预的"自然而然".对于这几句话的解释可以是"人师法大地及大地上的万物,大地及万物师法'天'(昼夜、阴晴和四季),'天'的运营师法于'道','道'的法则是'自然而然'(让万物以它们自己的方式成长、存在、消失)"②.这是中国古代朴素的道家自然发展思想,虽然任由"儿童"不加引导式的自然生长、存在和

① 聂锦芳.哲学原论[M].北京:中国广播电视出版社,1998:16.

② 干国祥.构筑理想课堂[M].天津:天津教育出版社,2009:12.

消失并不可取,但是它反对了人为过度干预人、甚至剥脱人作为“自然界”一分子所拥有的自然本性.

《周易》和易学使得后来的中国哲学家将整个宇宙都当做自己的认识对象.《系辞》(上篇)提出了“易有太极,是生两仪,两仪生四象,四象生八卦”的太极一分为二、化生宇宙的理论,阐释了八卦及其所象征的宇宙万物的起源.《周易》以太极为本原的生成论与道家老子的“道生万物”说比较近似,二者都是以一个世俗的宇宙本原来解释天地万物的生成发展①. 在中国古代哲学史上,关于生成和变易的思想可见诸于《道德经》.《道德经》(下篇)第四十章说:“天下万物生于有,有生于无.”这即是说,宇宙一切具体事物都是由“有”生成的,而“有”则是由“无”生成的.《道德经》(上篇)第二章还说:“有无相生,难易相成.”即有和无相互生成,难和易相互依存.《道德经》(下篇)第四十二章说:“道生一,一生二,二生三,三生万物.”这是道家重要的思想学说之一,也是中国古代关于宇宙生成的重要理论之一.

4.1.2 怀特海过程哲学思想

歌德(Goethe,1749—1832)说过总有一天,机械论和原子论概念在人们聪慧的头脑中完全被推翻,所有现象都显现为动态的和化学的现象,从而进一步证实自然界的神圣生命. 怀特海(Whitehead,1861—1947)过程思想的所有努力恰好证实了歌德的预言. 当奠基于实体思想之上的现代世界观受到来自科学发展的挑战时,意味着现代教育的世界观发生了动摇,教育倘要实现对其自身的超越,必须寻找新的世界观以作安身之寓②. 怀特海的过程思想主要认为事物的发展是过程性的、创造性的,是相互关系的融合. 事物之间是一个有机统一体.

怀特海的过程思想认为过程就是实在,实在就是过程,整个宇宙就是万事万物不停的变化、生成过程,该过程生生不息、流动不止. “过程”和“存在”这两个概念互为前提,存在与过程相统一,存在离不开过程,过程离不开存在. 所谓过程原理就是“实际存在物是如何生成的构成这个实际存在物是什么”③. 简单地说实际存在物等价于一种相关项生成该实际存在物的过程,过程就是“怎样的生成”. 每种事物都以过程的形式存在,是各种状态之间不停的转化、生成过程. 过程的特征在个

---

① 向世陵. 中国哲学智慧[M]. 北京:中国人民大学出版社,2001:25.

② 张香兰. 教育从实体到过程:现代教育思维的转变[D]. 济南:山东师范大学,2007:34.

③ 富兰. 变革的力量:透视教育改革[M]. 中央教育科学研究所,加拿大多伦多国际学院,译. 北京:教育科学出版社,2000.

别事物中表现出来,理解个别事物也必须根据包含在其中的过程来理解.怀特海的过程思想体现出他认为宇宙中的每个事物都是成为它自己的原因,它就是它自己生成的理由.这种事物生成论反映出一种自组织理论,事物的生成过程是其自我组织、自我建构的过程.

4.1.3 后现代主义生成教育观

后现代主义(Postmodernism)是20世纪60年代产生于西方发达国家的一种泛文化思潮①.它是以背离和抵制某些古典主义②的面貌而出现的.不同的理论家从不同领域、不同视角对现代主义③进行了猛烈地抨击,从而构建出了异彩纷呈的后现代主义理论.因此,需要看到的是“并不存在什么统一的后现代理论,甚至各种立场之间连基本的一致性也没有”④.美国著名的后现代主义学者大卫·雷·格里芬(D. R. Griffin)认为如果说后现代主义这一词汇在使用时可以从不同方面找出共同之处的话,那就是,它指的是一种广泛的情绪而不是任何共同的教条——种认为人类可以而且必须超越现代的情绪.它在世界观、主体观、知识观等多方面与现代主义有明显的区别.

现代的科学主义⑤提倡“自然祛魅”的世界观,就是否认自然具有任何的主体性、经验和感受,自然被剥脱了其丰富性,被抽象为了“空洞的实在”.建设性后现代主义者积极寻求重建人与人、人与自然的美好新关系,主张让科学自然返魅和重建一个具有“回家思绪”的整体的有机世界.后现代主义的教育观认为“当下的经验在某些方面和某些程度上自身包容了整个过去的经验”⑥,目前的东西是具有未来意义的,未来必须是从现在的土壤中生长出来.这启示着教育要关注学生已有的经验与当下的幸福状态.

---

① 靳玉乐,于泽元.后现代主义课程理论[M].北京:人民教育出版社,2005:3.

② 古典主义是17,18世纪欧洲艺术所特有的一种艺术方法和美学理论,以古希腊罗马的文艺作品作为艺术典范,认为艺术的本质是模仿现实,现实生活是有机统一的,文艺结构形式也应是完美的有机统一体.

③ 现代主义又称现代派,是19世纪末以来西方在“先锋主义”等各种现代文学艺术派名称之下兴起和汇合的一场文艺运动、思潮、派别的总称.它具有反映现实的一面,又常把具体社会问题抽象为普遍永恒的人性问题而得出悲观的结论.(夏征农.辞海[M].上海:上海辞书出版社,2002:3425)

④ 凯尔纳,贝斯特.后现代理论——批判性的质疑[M].张志斌,译.北京:中央编译出版社,1999:2.

⑤ 科学主义:科学在20世纪已从一种学科或程序扩展为一种教条,它的方法迅速地扩展成为一种形而上学,是对科学的盲目崇拜和神话.(多尔.后现代课程观[M].北京:教育科学出版社,2002:2)

⑥ 格里芬.后现代精神[M].王成兵,译.北京:中央编译出版社,1998:24.

现代主义主体的特征是以主客二元对立为基础,认为主体是独立的、固定的和绝对的.后现代主义者视主体为流动性、生态性、交互性和创造性的.这种看法为后现代的教育思想提供了基础.梅洛-庞蒂(M. Merleau-Ponty)认为处于交往关系中的人均是主体,没有客体,倡导主体间的理解与对话."对话的过程是一个师生互助互惠的过程"①,因为在语言交流之中,每个主体都不是封闭的,说话的人同时又是听话的人,说话双方都会不自觉地进入对方的视阈,形成一种融洽地交互性的合作者.在这种观点下,得到的启示是师生平等的对话,不但有助于学生的学习,而且教师也会在这种交互中意外地得到信息资源,有助于自己的素质的完善.后现代主义主体观给教育理论带来的重要启示是:教育的内容如何能够给学生提供更多的、享有生活的体验,并在这些体验中丰富自己,而不是用一条条既有的框架模子去规范他们.

知识被现代主义者盲目作为一种元叙事话语②,消解了知识多元的可能性,追求只有符合现代知识标准的话语,才能获得进入知识领域并得到传播的权利,否则就被当做"他者"消灭掉.后现代主义突破现代知识的"唯一性"权威,主张知识的多元观和有机观.多元知识观包括:知识的社会化、境域化、个人化和开放的、内在的、创造的知识.这对教学的启发有:一是教学中不同的学习者对于同一个内容会有不同的理解,对文本的解释将含有极多的个人主观意愿,因而学生在课堂环境中创造的合理想法、提出的恰当建议,就是他自我拥有的新知识;二是将知识丝毫不差的复制是不可能的,由于知识的开放性、内在性、创造性等特点,课堂中时常出现的不可预料的"意外事件",假如处理得当都可以转化为生成性的教学资源,继而成为学习者的知识.另外,从后现代主义的有机知识观得到的启示是"生物有机体的模式比机械物理模式更适合于阐释和理解世界."教育系统也是一个具有生命力的有机系统.后现代知识的有机观指引着知识由纯粹的科学世界向生活世界的回归.知识是为生活的知识,知识是生活的知识.

后现代主义理论对教育理念的影响和冲击,教师应以谨慎的态度面对之.当现代主义课程思想以科学理性为中心时,后现代主义课程思想以震撼人心的批判力量给研究者开辟了教育教学研究的新航线③.但是"后现代课程理论在反对传统教

---

① 李玉萍.从对立到对话的师生关系[J].教育理论与实践,2008,28(10):59.

② 元叙事("meta-narrative"),是"最高的叙事"(grandnar-rative)是政治与哲学的叙事,元叙事本身是一种逻格斯中心主义话语,它以其从本体论到价值论上的一元性而赋予人们言说的权力.元叙事话语具有统一性、权威性、标准性的特征.(郑祥福.后现代话语和元叙事的黄昏[J].哲学研究.1996(5):48)

③ 龚孟伟,陈晓端.后现代主义知识教学观:价值与局限[J] 课程·教材·教法,2008(10):28-29.

学的预设和机械性时常常走向极端，夸大了‘随机生成性’的价值，这无疑是有害的”①. 在对后现代主义教育思想理性分析的基础上，结合中国数学教育的实情，在新课程改革中“吸取其中有益成分和重要启示”、“切实避免各种可能的片面认识与做法上的绝对法”②.

4.2　教学生成的学习论基础

目前，对学习下的定义主要有三类. 行为主义认为学习是指“刺激—反应”之间联结的加强，认知学派认为学习是指认知结构的改组，人本主义则认为学习是自我概念的变化. 施良方在分析了上述学派的观点以及探讨了本能、成熟、成绩与学习的关系之后，认为“学习是指学习者因经验而引起的行为、能力和心理倾向的比较持久的变化. 这些变化不是因成熟、疾病或药物引起的，而且也不一定表现出外显的行为”③.

学习理论是对学习规律和学习条件的系统阐述. 马克思主义认识论认为，感性认识和理性认识是人类认识过程中的两个必要环节，两者是相互渗透、相互补充的. 列宁认为认识真理应经历“由生动直观到抽象思维，再到实践”的途径. 从马克思主义认识论获得的启示是“学习者的有意义的学习，应是学习者基于自己的内在经验、知识基础与外界的信息作出的主动认知加工和情感体验. 这种学习本质上是生成性的，学习是动态的过程和持久的变化双重统一. ”

从生成学习概念的表述来看，其学习的理论渊源于认知心理学的信息加工论. 但是，从生成教学的目的来看，除了实现认知的生成还要达到学习者情感的体验，这又需要探讨生成学习心理与人本主义学习理论的内在联系.

4.2.1　信息加工学习理论

信息加工学习理论解释了人类在环境中，如何经由感官察觉、注意、辨识、转换、记忆等内在心理活动，以吸收并运用知识的历程. 它的产生是受通讯研究和电脑科学发展的影响，认为学习是一个接受信息、加工信息和输出信息的过程. 下面着重介绍维特罗克生成学习理论和建构主义学习理论，两者在本质上是具有一致性的.

---

① 喻平. 教学中几对矛盾的相峙与融通[J]. 教育理论与实践，2008，28(4)：49.

② 郑毓信. 数学教育：动态与审思[M]. 上海：上海教育出版社，2005：45.

③ 施良方. 学习论[M]. 北京：人民教育出版社，2001：5.

(1)维特罗克的生成学习理论

维特罗克从学习的实质、学习的模式及流程图、学习与反审认知等角度研究了学习的生成特性.

①生成学习的实质

维特罗克(1974)提出:“生成学习的本质不是大脑被动地学习和记录信息,而是主动地建构它对信息的解释,并从中作出推论.[①]”面临着巨大的信息量,人脑不可能接受每一个新的信息,因而它总是忽视某些信息,有选择地注意其他信息.人脑中贮存的记忆和信息加工策略与从环境中接受的感觉信息相互作用,从而积极地选择、注意、知觉、组织、编码、贮存和激活信息,并且主动地建构信息的意义.

②生成学习模式及其流程图

生成学习模型包括生成、动机、注意和先前的知识经验四个主成分.生成是指形成文内联系和文外联系;动机是指积极生成这两种联系的愿望,并把生成联系的成效归因于自己努力的程度;注意是指引生成过程的方向因素,它使生成过程指向有关的课文、相关的原有知识和经验;先前的知识经验包括已有的概念、反省认知、抽象知识和具体经验[②].维特罗克(1983)吸取并借鉴了信息加工理论的研究成果,结合自己对学习过程的研究,提出如下的生成学习模式流程图(图4.1).

维特罗克认为,学习过程不是从感觉开始的,而是从对感觉经验的选择性注意开始的.其过程是:a.首先是长时记忆中的过去经验(影响个体知觉、注意的各方面内容和以特殊方式加工信息的倾向)进入短时记忆.b.这些内容和倾向实际上构成了学习动机,使学生不仅注意外来信息,而且也能主动地对感觉到的经验进行选择性注意,并以持续的兴趣去进行选择性的知觉.在这种注意和知觉的过程中,寻求学生作出有意识控制的努力.c.由选择性知觉而得到的信息,只有与长时记忆中储存的相关信息建立联系才能产生意义理解,这是主体主动建构新信息意义的过程.d.构建意义的过程是新信息与长时记忆进行试验性联系的过程,其中伴随着一个随时对构建结果进行检验的过程,这种检验可以通过与感觉经验的对照、与长时记忆中已有信息的对照两个方面来进行.e.经检验,构建意义不成功,则回到感觉信息.f.如果构建意义成功,即达到意义的理解.g.达成意义理解后的新信息进入长时记忆,引起已有认知结构的改变:同化或顺应已有认知结构,新信息内化到其中去,构成新的认知结构[③].

---

① 马向真.论威特罗克的生成学习模式[J].华东师范大学学报:教育科学版,1995(2):74.

② 高觉敷.西方心理学史论[M].合肥:安徽教育出版社,1995:343-367.

③ 刘晓明.现代学习论与学习指导[M].长春:东北师范大学出版社,1999:72-77.

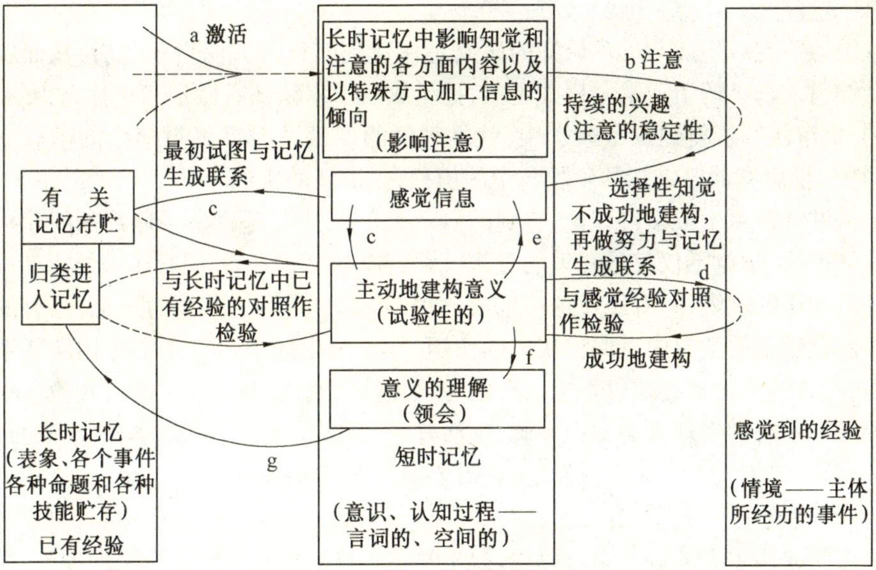

图4.1　生成学习模式流程图

这个学习流程与一般的信息加工学习模式相比，更注重理解在学习中的作用，生成学习的最终目的就是达到意义的理解.从生成学习模式的特征得出生成的三层含义：生成是学习中的一个基本认知过程，文内联系与文外联系的建构是生成的基本内容，生成是对新信息建构意义的过程，但并不是说建构就是生成.维特罗克还认为其生成学习模式与其他理论最大的不同之处，就在于生成学习模式既可以用于指导学生的学习过程，又可以用于指导教师的教学过程.他认为生成教学的过程就是引导学习者使用他们的生成过程建构意义和行动计划的过程①.理解性的生成教学就是在教材的各个部分之间以及教材与学习者的知识、信仰和经验之间生成关系的过程.

③生成学习与反审认知

维特罗克的生成学习流程中增强了对学习过程的意识和监控，强调了反审认知的作用.他把反审认知定义为“对一个人认知过程的意识与控制”.他对学习困难者的有关研究表明，反审认知可以被他们传授和学习，能被教以管理和控制他们的生成学习过程，从而增加他们在校学习成功的概率和迁移所学和怎样学的能

① 马向真.论威特罗克的生成学习模式[J].华东师范大学学报：教育科学版，1995(2)：76.

力①.

维特罗克对生成与反审认知的研究是在受到同行研究的启示之后,从而将反审认知引入自己的生成学习模式之中,把生成与反审认知看做是互相补充,互相完善的.反审认知折射到课堂教学中,就是教师的课后及时反思与学生的学后立刻“咀嚼”.反思有助于维持师生教与学的历程,促发新的生成.

从维特罗克生成学习理论,得到的启示是生成学习理论是一种特殊的建构主义认知理论.学生不仅仅是知识的载体,学习者在接受知识的同时还需要主动建构对这些知识的理解,只有经过这一生成过程,知识才获得了具体的意义,已有的知识才能在后来的学习中发挥出相应的作用.学生的生成学习是一个建构新联系的过程,所有的建构都必须以学生已有的知识经验为基础.这就要求教师在教学中首先要详细了解学生现有的知识基础、生活背景,了解学生对一些基本概念和原理掌握的情况.建构又不是完全自发的,它需要教师的有效引导②.

(2)建构主义学习理论

按照建构主义的数学学习思想,数学学习不仅是对数学知识意义的理解,而且是学习者基于自己的“数学现实”和思维特点对选择的新信息产生了更为深刻的新的数学认识.这种“新的数学认识”是生成性的,独创性的,个人化的,成为学习者个人知识库中最具活力的组成部分.由于经验背景的差异,学习者对同一个数学问题的理解常有差异,这在学习者的共同体中便构成了一个宝贵的学习资源,这些新的学习资源是学习者个人对数学知识进行深入理解的产物,它融合了学习者自己的观念,视角,思想方法,认知风格,等等,是具有个人独创性的新的数学知识③.

4.2.2 人本主义学习理论

人本主义心理学的学习理论,既不同于行为主义者之只求解释简单的反应,也不同于认知论者之只求解释知识学习,而是扩大视野对整个人成长的历程做出全面解释④.人本主义心理学家认为人所表现的任何行为,既不是外在刺激决定的,也不是孤立片段的,而是发自内在、出于当事人自己感情与意愿所做的自主性与综合性的选择.基于此,人本主义心理学在教育上的意义是“不主张客观地判定教师应教授学生什么知识,而是主张从学生的主观需求着眼,帮助学生学习他喜欢而且

① 马向真.论威特罗克的生成学习模式[J].华东师范大学学报:教育科学版,1995(2): 78.

② 李新成,陈琦.维特罗克生成学习理论评介[J].山西大学学报:哲学社会科学版,1998(4):86.

③ 周美玲.数学学习中的生成性知识研究[D].南京:南京师范大学,2004:9.

④ 张春兴.教育心理学[M].杭州:浙江教育出版社,1998:285.

认为有意义的知识".

生成学习理论与人本主义心理学学习理论主体思想是一致的,即重视学习者的主体地位,学习过程不但要重视认知的生成,还要关注情感的生成.不但注重挖掘学生"生而具有内发的成长潜力"①,也要注重为学生自由学习营造良好环境,引导学生在知识、情感、动机三方面均衡发展.这样小学生在数学学习中才能经历一个完整的学习过程.

4.3 教学生成的知识论基础

后现代主义者认为知识是一种信念、一种语言、一种工具;知识不是一定是关于必然性、确定性的,而是关于偶然性、不确定性、意外响应的,是关于在一个充满偶然、不稳定、突变的世界如何对付它们的工具;知识是不完备的,是片段的、暂时的、不断生成和毁灭的聚合体②.受客观主义③知识观的影响,以往在对知识的认识上,存在着以下两个明显的局限和不足:一是"知识"等同于公共知识,造成了个体知识的缺席;二是"知识"等同于显性知识,造成隐性知识的缺席.从广义知识观来看,学习实质上是个体知识的生成过程④.

石钟英根据迈克尔·波兰尼(Michael Polanyi,1891—1976)、斯滕伯格(Sternberg,1949—)等学者关于隐性知识⑤(Tacit Knowledge)的研究成果提出:在教育教学过程中,不仅存在着大量的显性知识(Explicit Knowledge),还存在着大量的隐性知识.作为教师应该认识到隐性知识的存在,使它显性化⑥.作为个人知识体系的两个组成部分,显性知识和隐性知识共同构成了个人完整的知识世界.按照波兰尼理解显性知识就是能够用语言加以表述的知识.隐性知识则是"那种我们知道但不可言传的知识"⑦.波兰尼还认为所有的知识不是隐性知识就是根植于隐性知识.隐性的自组织机制,使其具有生成性的特征.它的主体融合性,意味着要经过主

---

① 张春兴.教育心理学[M].杭州:浙江教育出版社,1998:261.

② 李志江.走出后现代知识观[J].河北学刊,2002(9):24.

③ 客观主义含义有:一是指超阶级、超党派,纯客观地研究社会现象的观点,二是与主观主义相对的,从客观实际出发的客观性原则(夏征农.辞海[M].上海:上海辞书出版社,2002:28).

④ 马秀春.生成性教学研究[D].长春:东北师范大学,2006:5.

⑤ 有些文献将其译为默会知识、缄默知识.

⑥ 黄荣怀,郑兰琴.隐性知识论[M].长沙:湖南师范大学出版社,2007:24.

⑦ 黄荣怀,郑兰琴.隐性知识论[M].长沙:湖南师范大学出版社,2007:31.

体体验才能生成①.

因此,隐性知识观下的生成教学应该注意到在向学生传授已有知识的过程中,既强调知识的可讲授的显性面,又要认识到知识存在不确定范围的隐性面;不仅要让学生"接受外在于自己的符号化知识和显性化经验,更要让学生用特殊方式参与、认识和体验人类创造知识的生动过程,使学生与生产知识的人和历史进行对话"②;要鼓励学生充分发挥主观能动性和隐性认识的作用,努力从已有知识中获得新的暗示,从而产生出新的认识或者疑惑,生成新的教学资源.

4.4 教学生成的教学论基础

这里从教学生成的要素、教学生成的起点、教学生成的动力、教学生成的方法和教学生成的深化等视角来思考生成的教学论基础.

4.4.1 教学生成的要素:四维一体

华东师范大学课程与教学研究所孔企平教授提出了数学课堂教学的构件要素的四个方面,即:"经验、思考、活动、再创造". 潘忠群、盛志军结合自己的教学将这四要素修改为"经验、问题、活动、再创造". 小学数学教学的生成要关注这四个要素.

经验要素的关注:小学数学教学中,教师首先要选用学生熟悉的、适合学生的生活经验和知识经验的问题作为引例,利用学生已有的经验,作为学生生成新知识"停靠点".

问题要素的关注:学生在数学学习中思考的过程,也就是提出问题、解决问题的过程. 如果整堂课学生"对答如流",没有问题,没有思考,没有让学生自己去经历过程,而是教师让学生根据教师预设的程序牵着学生的鼻子走,这是一种低级的机械操作,学习的过程应该是产生问题、解决问题的过程③. 另外,"教师要善于换位思考,深入学生心里,抓住概念的本质属性,让学生产生认知冲突,达到知识建构中的问题生成. 让学生在冲突中质疑、在冲突中感知和思考、在冲突中省悟,在冲突

① 石中英. 知识转型与教育改革[M]. 北京:教育科学出版社,2001:85-86.

② 叶澜. "新基础教育"成型性研究报告集[C]//吴亚萍. "新基础教育" 成型性研究数学教学改革报告. 桂林:广西师范大学出版社,2009:115.

③ 潘忠群,盛志军. 关注数学课堂教学的四个要素[J]. 数学教学,2008(9):12.

中把知识结构提升为学生的认知结构”. ①

活动要素的关注:从教学活动广义上说,师生之间的互动,学生之间的合作、学生的练习训练等都是活动. 狭义上讲,活动是教师在课堂中专门为了学生的学习而设计的游戏式教学活动,带有浓厚的玩味,让学生在玩中去体验数学,学习数学. 数学活动的过程是课堂主体间进行信息交换互动的过程.

“再创造”的关注:通过个体的“再创造”活动形成解决问题的一些基本策略,体验解决问题策略的多样性,发展学生的实践能力和创新精神. 具体说来就是变“听”数学为“做”数学. 认知心理学家认为“活动是认知的基础,智慧是从动作开始的”②. 教师要努力地将小学数学教学,尤其是不易物化的应用题教学、计算教学,设计成看得见、摸得着的物质化实践活动,让学生在“做”的过程中,主动参与数学知识的生成过程.

教学的四要素中,经验是生成的起点,再创造是生成的方法,问题与活动是生成的时机、问题与反思是生成的源泉.

4.4.2 教学生成的起点:数学现实

弗赖登塔尔认为数学教育必须“源于现实,寓于现实,用于现实”③,数学应该是“现实的数学”. 每个人都有自己的一套“数学现实”,即“每个人都有自己生活、工作和思考着的特定客观世界以及反映这个客观世界的各种数学概念、运算方法、规则和有关的数学知识结构”,其中既含有客观世界的现实情况,也包含个人用自己的数学水平观察这些事物所获得的认识. 为此,数学教学必须从学生的数学现实开始,现实在不断地扩展,教师的任务就在于,确定各类学生在不同阶段所必须达到的“数学现实”,并随着学生们所接触的客观世界越来越广泛,了解并掌握学生所实际拥有的“数学现实”,从而据此采取相应的方法,予以丰富,予以扩展,以逐步提高学生所具有的“数学现实”的程度并扩充其范围. 数学教育本身也应该是以这些不同的数学现实为基础构建课程体系,并通过这些课程不断地扩展每个人的“数学现实”,使每个人在数学上都获得最大的发展.

现实数学教育观表明学生的头脑中存在知识生成的“沃土”,学生的每一个“数学现实”即是教师促发教学生成的起点.

---

① 潘忠群,盛志军. 关注数学课堂教学的四个要素[J]. 数学教学,2008(9):14.

② 黄赠金. 让学生参与数学教学“再创造”过程的两点探索[J]. 小学数学教师,2003(5):27.

③ 许梦日. 面向新世纪的数学教育——学习弗赖登塔尔的数学化教育思想[J]. 阜阳师范学院学报,1997(4):59.

4.4.3 教学生成的动力:数学问题

教学过程的动力是教学过程内部矛盾.最早论述教学动力问题的是前苏联教学论专家M·A·达尼洛夫(M·A·Danilov 1889—1973),他认为:"教学过程的动力在于教学过程所推出的学习和实践性任务与学生已具备的知识、技能和智力发展水平之间的矛盾","推动'教'的动力是学生的'成长困难.'"①具体说就是教学中的客观要求与儿童已有经验之间的矛盾;教学要求的思想结构与儿童习惯的思维方法之间的矛盾以及科学体系与学科结构之间的矛盾.这些矛盾的解决是教学过程发展的内在力量.王本陆教授在总结了各种教学动力研究的基础上认为:"没有学生的学习动力,学生根本不参与教学活动"②,因此,课堂教学是"教学动力和学习动力的结合体"③.学生的学习活动,便是由各种不同的动力因素组成的整个动机系统所引起④.

从教的动力来看,学生认知矛盾是动力的源泉.后现代主义知识观认为教学内容的核心是信息.它的特征是开放、流动、变化、不平衡,不再是永恒不变、绝对静止.当信息进入人的思维系统,经过思维的加工,认知主体才可能进行生成;当思维跨入信息场域,以已有信息为载体,认知主体才可能生成新的信息,即生成新的教学资源⑤.认知主体对信息在已经接受与完全理解两者之间存在不平衡性,常会由此产生疑问,以及伴随疑惑的行为、情绪和言语.疑问的本质就是主体现有水平与客观需要的矛盾.因而问题就是教学生成的认知动力因素.从学的动力来看,学生学习的动力主要是动机,而小学生通过提问、交流、解决问题等学习方式是可以进一步激发他们的学习动机.综上所述,可以认为问题是教学生成的动力.

数学教学是数学思维活动的过程,而思维是从疑问和惊奇开始的.在学生"问"的数学教学中,学生大胆地对教材的诠释、教师的讲解、优先的发言等"权威"进行质疑,是其内在的思维活动矛盾运动的结果,是自身的观点与外在观点相互交锋、碰撞的过程⑥.可以说,学生的问题意识越浓厚,自主意识越强烈,对数学现象、成因、规律、关系的探索越深刻、充分、独特,表明教学生成的质量就越高.

---

① 吴杰.教学论——教学理论的历史发展[M].长春:吉林教育出版社,1986:196.

② 王本陆.教学动力研究的现状、问题与思路[J].教育研究,1992(2):55-61.

③ 宋晓平.数学课堂学习动力系统研究[D].南京:南京师范大学,2006:24.

④ 宋晓平.数学课堂学习动力系统研究[D].南京:南京师范大学,2006:25.

⑤ 李祎.数学教学生成论[M].北京:高等教育出版社,2008:49.

⑥ 黄赠金.让学生参与数学教学"再创造"过程的两点探索[J].小学数学教师,2003(5):29.

4.4.4　教学生成的方法:再创造

弗赖登塔尔认为传统的数学教育传授的是现成的数学,是反教学法的,“学习数学的唯一正确方法是实行‘再创造’,也就是由学生本人把要学的东西自己去发现或创造出来;教师的任务是引导和帮助学生去进行这种再创造的工作 ,而不是把现成的知识灌输给学生”①.因此,数学教学方法的核心是学生的“再创造”.数学的根源在于普通常识,数学实质上是人们常识的系统化,它是最容易创造的科学.为此,教师在教学时不必强制将各种规则、所有定律灌输给学生,而是在恰当的时机,创造合适的条件,提供很多具体的例子,让学生在实践活动的过程中,自己“再创造”出各种数学知识.即应该让每个人在学习数学的过程中,根据自己的体验,用自己的思维方式,重新生成有关的数学知识.

从“再创造”的数学教学思想得到启示,学习的再创造过程在课堂中反映为师生之间教学的生成过程.由于每个人有不同的“数学现实”,每个人也可能处在不同的思维水平,因而不同的人可以追求并达到不同的水平.为此,在教学中,对于学生各种独特的解法,甚至不着边际的想法不应该都武断地加以阻挠,应让学生充分享有“再创造”的自由,走自己的“思维”之路.但学生的这种自己行走不应该是盲目的、无序的,而是需要教师在适当的时机引导他加强反思,巩固已经获得的知识,点拨学生生成的关键点,以提高其生成水平.其中尤其需要注意的是有意识地启发,以使学生的“生成”活动逐步由不自觉或漫无目的发展成为有意识、有目标的创造活动,尽量促使高水平的生成.

4.4.5　教学生成的深化:教学反思

弗赖登塔尔认为“从别人那里反射自己,就像白天和黑夜,自己反射自己,也就是反省或反思”.反思是在数学化的过程中的一种重要的思维活动,它是促进数学教学持续、深化的一种动力.“数学化”是指学习者从自己的数学现实出发,经过自己的反思,得出有关数学结论的过程②.对于学生来说,“数学化”是指学生从自己的数学现实出发得出数学知识的过程;而对于小学数学教师来讲,“数学化”也可指教师从自己的数学教学经验出发,经过自己的教学反思,形成新的课程资源并应用于以后教学的过程.

---

① 李永杰 ,毛凤梅.弗赖登塔尔数学教育思想综述[J].平顶山师专学报,2003,18(5):97.

② 孔企平.小学数学教学的理论与方法[M].上海:华东师范大学出版社,2005:97.

反思的教学,一方面,需要教师引导小学生学会反思,教师通过组织学生采用回顾、想一想、互评互议等方式来总结生成新问题、新方法、新思路的规律.如果小学数学课堂教学中仅有"老师与学生的'讲—答'配合得天衣无缝",那么学生将"被动接受教师的信息,被禁锢在机械刻板的模式中不能自拔,不能反思自己的学习行为"①,将丧失通过丰富的活动,去经历体验的机会.另一方面,需要教师对自己教学设计、教学实施和教学行为进行反思,比如可以反思对教材内容的处理、对学习方法的指导,反思"这样的教学设计符合新课程标准倡导的理念吗?在简约顺畅的课堂进程中,数学的现实意味在哪里?学生的充分体验在哪里?知识的个性化感悟又在哪里?这种顺畅思路的背后所隐藏的很多东西,是否成了落实小学数学新课程理念的障碍?"②等问题.教师通过反思,能有意识地了解自身行为后面潜藏的实质,酝酿出一种"重构课堂"的冲动.

4.5 小学数学课堂教学生成的理论评述

从关系思维的角度看,"教学是一种关系的存在","教学的根本在于使学生获得不断学习和生长的过程"③.教学相长即是把教学看做是一种教育者与学习者以资源为载体的关系性交流,经由情境中的教学,教育者和学习者能够不断生成、发展和完善自身.教学生成的哲学观基础是指引教师形成动态的、发展的、人文的教学观,解决教师在特殊情境中的认识性问题.教学生成的学习论基础是从教学主体之一——学习者的角度,立足以学定教,丰富课堂教学生成的理论基础.教学生成的知识论基础是从教与学的衔接点——资源的角度来思考生成的基础,隐性知识通过资源的外显过程,达成知识的生成.教学生成的教学论基础是从教育者的角度寻觅数学教学生成的教学原理.数学课堂教学系统下的组成要素即是学习者、教育者、情境、资源.基于此,归纳得到动态课堂教学观下小学数学教学生成的理论基础应具备的关系(图4.2).

朱永新教授认为:"教育科研需要关注鲜活的教育生命:一是关注教室里发生

① 黄赠金.让学生参与数学教学"再创造"过程的两点探索[J].小学数学教师,2003(5):27.

② 叶柱.课堂重构——让教学走向生成[J].江苏教育,2004(8B):22.

③ 孟凡丽,程良宏.生成性教学:含义与价值[J].课程.教材.教法,2009,29(1):26.

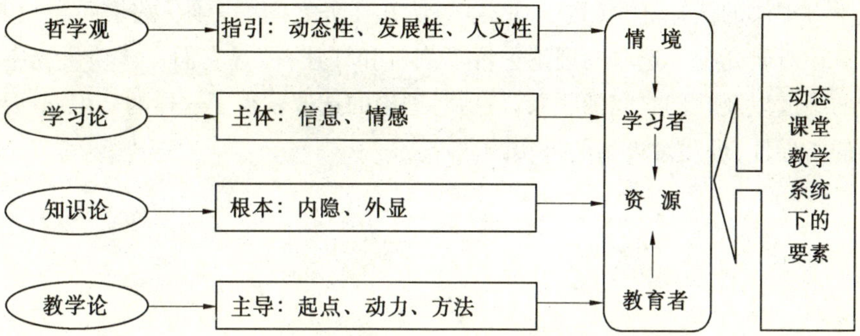

图4.2 教学生成理论基础关系图

的事情.二是关注教师和学生的生存状态.①"小学数学课堂教学生成的研究是基于数学学科特点的教学研究,在选取研究的理论基础时,既注重教育理论的指导性,也注意教育理论的可实践性.

数学教育是学科教育.因此,数学教育不是仅仅研究教育,更要研究教育中的数学,即把教育与数学对应起来②.从数学教育研究层面来看,要突出对数学本质的理解,避免数学教育研究中的"教育理论"化倾向,提高数学教育研究的"数学味".从数学教学研究角度来看,"问题并不在于教学的最好方式是什么,而在于数学到底是什么.……如果不正视数学的本质问题,便解决不了教学上的争议"③.因而,教学资源价值的判定应该源于这个"生成"是否揭示了数学的本质,也即是说"教师是否能够有效地处理'生成'关键还在于教师对数学本质的理解"④.基于此,后继的研究要力求拨开那些"为追求课堂的表面热闹和所谓时尚,盲目地、大量地增加外部的操作活动,一节课下来,……,但不知学生学到了什么?"⑤等虚假生成的现象,一节课的数学味体现在哪里?始终是进行教学生成理论分析和教学生成策略探析的核心问题.

这一章首先从哲学观、学习论、知识论和教学论四个角度探讨了数学教学生成的理论基础,这些理论一致表明:教学的生成既与教学主体对教学的认识有关,也

---

① 《教育研究》杂志创刊30周年纪念座谈会.教育研究的时代使命[J].教育研究,2009(5):24.

② 涂荣豹.论数学教育研究的规范性[J].数学教育学报,2003(4):2-5.

③ ERNEST P.齐建华等译.数学教育哲学[M].上海:上海教育出版社,1998:Ⅶ.

④ 刘加霞.小学数学课堂的有效教学[M].北京:北京师范大学出版社,2008:5.

⑤ 韩龙淑.数学启发式教学研究[D].南京:南京师范大学博士学位论文,2007:30.

源于学习主体的认知经验(数学现实)与认知任务之间的差距(数学问题);其次,这一章还对研究中所选取的理论进行了剖析和评述,探寻它们在该项研究中各自所处的维度以及它们之间的联系;最后对理论的选取获得了这样的认识:既要注重理论的指导性,也注意理论的可实践性.

第5章 教学生成的探讨

忽视学生发展的潜力,就等于是犯罪!

——[俄]赞可夫

课堂教学生成的探讨采取的是定向的基础理论研究与体现实践特色的案例分析研究相结合的研究方式. 定向的基础理论研究是以教育基本理论为指导,针对教育实践中带有普遍性的问题进行理论探索,是对教育科学的基本原理加以推论或引申,所提出适合具体教育活动的指导性原则与原理. 它是基础理论和实际应用的桥梁,是"操作化"的基础理论,为实际应用奠定直接而现实的基础①. 而案例研究则既是对理论研究的补充,又是一种专业性的实践研究.

前述的研究结果不仅对数学教学生成的理论建设有一定的实际意义,更对数学教学生成的实践进程产生一定的指导作用. 下文将结合教学案例的分析,对生成的类别、应对生成的经验、有效生成的含义作出探析,并提出一些尚待发展、促进教学走向有效生成的建设性策略.

5.1 小学数学课堂教学生成的分类与应对

这部分主要是从三个不同视角对小学数学课堂教学生成进行分类,并结合第3章的现状调查,论述课堂教学生成应对的经验.

5.1.1 小学数学课堂教学生成的分类

对教学生成的分类,已有研究给出了不同分类标准. 此项研究中依据教师预设、学生预备与课堂资源生成的关系(图1.2),从教师预设、教学资源、教学实施,结合课例片段分析生成的类属.

1. 教学预设角度

教学预设是课堂有效教学的基石,预设是为了有效的生成,没有预设课堂教学将失去目标和方向. 课堂生成是课堂教学活力的源泉,生成是对预设的永恒超越,

① 温忠麟. 教育研究方法基础[M]. 北京:高等教育出版社,2009:21.

没有生成课堂教学将失去灵动和生命力.从预设的角度,教学生成可分为预设而生、预而非生、非预而生.

(1)预设而生

所谓预设而生,就是师生在互动中形成的过程与结论,是在教师预设的期望之中的生成.预期的学习结果是教学要达到的最基本要求,一堂课能否得到丰富的预设之内的生成决定着一堂课的成败.预设生成不是借学生的口说出教师想说的话,而是把教师的预设用生成的状态呈现给学生①.

【课例片段】小数的初步认识(人教版小学数学三年级下册)

(2010年4月29日,昆明市GD区NZ小学三年级(8)班,执教:GLS老师)

G老师一边出示课件“1米30厘米=(　　)米”,一边问道:“同学们,丽丽身高是1米30厘米,如果用米作单位可怎样表示她的身高呢?”

生1给出了错误答案,认为是一点三十米.其他学生帮助他纠正了错误.

(课后访谈中,G老师认为“化复名数为单名数”是这节课中的一个难点,根据以往的教学经验,学生在这里比较容易犯错,因此对于学生1的错误,我在预设时,有一定的认识和准备.)

教师有计划地回到预设,先出示课件(米尺):

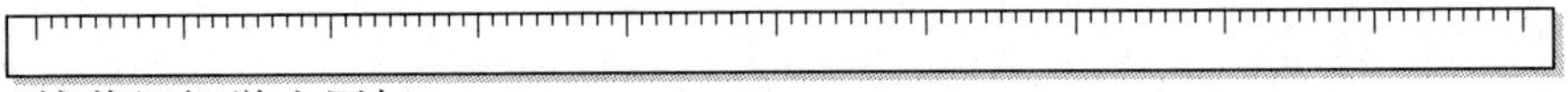

接着组织学生回忆:

1分米$=\frac{1}{10}$米$=0.1$米,1厘米$=\frac{1}{10}$分米$=0.1$分米.

再得出如下的结果:

1厘米$=\frac{1}{100}$米$=0.01$米,3厘米$=\frac{3}{100}$米$=0.03$米,30厘米$=\frac{30}{100}$米$=0.30$米.

最后得出1米30厘米是等于1.3米的结论.

【思考】面对学生意料之内的生成,教师这里借助米尺来引导学生理解长度单位“厘米、分米和米”之间的关系,得到1厘米$=\frac{1}{100}$米$=0.01$米,从而明晰换算方法,以解决学生生成的错误答案,体现出教师课前预设的重要性.没有备课时的全面考虑与周密设计,就不会有课堂上的预设内的生成,没有上课前的运筹帷幄,就不会有课堂中面对生成的游刃有余、泰然处之.

为了更好地实现教学预设之中的生成,这需要教师给学生提供丰富而有价值

① 聂艳军.小学数学课堂教学的实践与反思[M].长春:东北师范大学出版社,2006:204.

的探究材料，选择多样而有效的学习方式，特别是组织学生通过实验、猜测、验证、推理与交流等活动，实现对数学知识的“再创造”.

(2)预而非生

所谓预而非生就是教师预设了，但是没有按照教师的预想发生. 数学课堂是动态、变化的，影响教学实施既有教师因素、学生因素，还有教学情境等因素，在教师“指导”下，数学教学课堂常会出现许多“掉队”、“跟不上拍子”的现象.

【课例片段】小数加减法中的简算

(2010年5月27日，昆明市PL区GZ小学四年级(3)班，执教:LL老师)

在计算四道三个小数的加减混合运算的题目后，L老师出示了一道拓展练习题.

师:“如果是四个小数的加减法又如何简算呢? 比如13.7+0.98+0.02+4.3.”

生1:“估算!”

师微笑，问:“怎样估算呢?”他很快答道:“先全估成整数，如果多了，就减去估多了的.”

L老师有些疑惑，问:“还可以怎样进行简算?”生2回答:“应该可以分开算! 将整数相加，小数相加.”

师见学生没有回答完整，说:“我补充一下应该是将小数的整数部分和小数部分分别相加. 你能具体说说如何分开算?”生2补充道:“就是(13+4)+(0.7+0.3)+(0.98+0.02)”.

【思考】

在课堂观察时，对照L老师的教案，发现L教师对13.7+0.98+0.02+4.3这道题预设的计算方法是利用加法结合律(13.7+4.3)+(0.98+0.02). 明显教师的预设，学生并没有较有效地生成出来. 课后访谈中，L老师认为学生1的估算方式，很多学生不能理解，而且方法也不简便，所以没有处理，而是通过提问希望得到自己预设的方法. 从这获得的启示是，不成功的生成原因在于:其一提问指向还不够明了，学生不能很快发现四个数的凑整关系;其二，计算中最简单方法的选择，对于学生来说有一个经验积累的阶段. 最简方法一定是在某个情境中，经过比较之后得出的相对简单的方法. 因此，L老师实际上应该简单推导一下学生1的方法，把13.7估成14，把0.98估成1，把0.02估成0，把4.3估成4，则13.7+0.98+0.02+4.3=(14-0.3)+(1-0.02)+0.02+(4+0.3)=(14+1+4)-0.3-0.02+0.02+0.3=19. 让全班同学通过比较认识到这里运用估算方法，对于心算能力不强的同学实际上并不简单，因而这才有必要让同学们继续探寻更简便的方法.

(3)非预而生

所谓非预而生即是生成出于教师的预设之外.其原因在于“学生的心理能力与教师所期待的心理能力之间出现了非匹配现象”①.生成处于教师预设之外的那部分,可能具有教学意义,也可能不具有教学价值.无论何种形式,教师都需要采取适当的形式来应对这个生成.即使教师的预设再充分,也难以设想课堂中会出现的各种情况.课堂总是处于一种“流变”状态,正如同古希腊哲学家赫拉克利特(Heraclitus,约公元前530—前470)所说的“人不能两次踏入同一条河流”一样,一个教师也不可能两次踏进同一个课堂.

【案例】小数、分数、百分数互化②

一次,华应龙老师上小数、分数、百分数互化的复习课,要求学生把0.2化成百分数.在兰兰同学回答出20%后,华老师让她说说是怎么想的.她说:

“$0.2=\frac{2}{10}$,十分之……”还没说完,同学们“嘘”声一片.华老师示意别打断她,请她继续说.“$0.2=\frac{2}{10}=\frac{1}{5}$”.“扑哧”,有的同学禁不住笑出声来.华老师也在想:这扯到哪儿去了,可还是耐着性子让她说.“$\frac{1}{5}$的分子分母同乘以20,得到20%.”“哎呀,真了不起.”随着华老师的称赞,同学们鼓起掌来.

华老师接着说:“大家看,兰兰同学先运用小数的意义把小数化成分数,再根据分数的基本性质进行约分,接着又一次灵活运用分数的基本性质,将分数巧妙地化成了百分数.这一系列知识她掌握得多么清晰,并且能运用自如,太棒了.老师都没有想到这么好的复习小数、分数与百分数互化的例子,老师要向她学习.”教室里响起了更热烈的掌声……整节课学生情绪激扬,学习效果非常好,“白开水”变成了“茅台酒”.

【思考】

非预而生说明学生心理比教师想象中的超前或者落后,超前反映出学生时常有“未曾预约的精彩”,落后反映在学生身上是“答非所问”或者知识链出现断口以及思维受阻.课堂中兰兰同学所讲解的将0.2化成百分数的过程,其实就是本节课教师需要复习的重点和难点,学生以一个例子巧妙地将转化的难点联系了起来,出

① 尹筱莉,罗德红.教学机智:应对学习事件与营造“不曾预约的课堂精彩”[J].全球教育展望,2009(5):25.

② 华应龙.小数、分数、百分数互化[EB/OL](2009-12-22)[2010-4-27]http://jky.ynjy.cn.

乎老师的预料. 华老师对学生这些充满智慧和人情味的评价，这些看似平常而又不平常的话语，能极大地激发孩子们的兴趣和主动参与的积极性，能为学生的发展提供了时间和空间. 现代心理学表明①，当学生某种良好的行为出现之后，如能及时得到相应的认可，就会产生某种心理满足，形成愉悦的心境，并使其为获得更高层次需要作出积极努力.

在小学数学课堂中，学生一些发人深省的问题、富有个性的理解和表达随时可能不期而至，超出教师的意料. 预设的教学内容应该在实施的过程中开放地纳入这种非意料的弹性灵活的成分. 教师在教学中不能拘泥于预设的程序，要把执行教案看做是课程实施的起点，以学定教，用心收集、捕捉和筛选学生在学习活动中反馈出来的有利于促进他进一步学习建构的生动情境和鲜活的课程资源，灵活调整教学行为，从而使教学过程具有生成新因素的能力②.

2. 教学资源角度

教学资源又称为课程资源，指的是形成课程的因素来源与实施课程的必要而直接的条件③. 课堂教学是一个动态的不断发展的过程，是一种渐进的、多层次和多角度的非线性序列，它不可能完全地按照预先设定的程序前进，经常会产生一些意料之外的新信息，新方法等④. 因此，教师应该树立动态生成资源的教学观. 从资源的角度，生成可以分为：板书生成、教材生成；学生的解法生成、错误生成、思维生成、目标生成、行为生成、情感资源生成；学习内容生成、重难点生成；教师反思生成、教学内容生成等.

(1)板书生成

【案例】遗留板书的生成⑤

我在上《杨柳醒了》时，在黑板上画了几十个漂亮的蘑菇房子，上面写上生字，做"采蘑菇"的识字游戏. 但游戏做到一半，下课了. 当我刚要擦黑板时，发现刚才画的蘑菇房子横竖都对齐. 而下一节数学课的教学内容是《位置》，教学目标就是学生能够认清物体所在的固定位置以及前后左右的相对位置. 我灵机一动：何不用这些蘑菇房子当"道具"，让学生来认一认这些生字的位置呢？ 我拿起粉笔，给它

① 李建平. 今天，我们怎样评价学生[N]. 中国教育报，2003-7-23(3).

② 聂艳军. 小学数学课堂教学的实践与反思[M]. 长春：东北师范大学出版社，2006：206.

③ 钟启泉，崔允漷. 新课程的理念与创新[M]. 北京：高等教育出版社，2008：175.

④ 李欢. 莫谓生成疑无路，柳暗花明又一村——关于语文课堂教学中生成资源的有效利用[J]. 教育科研论坛，2010(02)：73.

⑤ 严育洪. 新课程教学问题讨论与案例分析[M]. 北京：首都师范大学出版社，2006：148.

们画上了几条横线和竖线,蘑菇房子就变成了一张漂亮的位置图.上课了,几个学生议论了:“这节是数学课,怎么还上语文啊?”“是不是老师忘了擦黑板了?”我故作神秘地说:“这些蘑菇房子里的字宝宝舍不得离开小朋友们,它们想跟大家继续做游戏,你们看它们排列得多整齐呀.你们能不能看出来它们是在第几排第几个啊?”……

不同的学科教学,不同的课堂时间,但彼此不应该有“井水不犯河水”的隔离带.有时,不同学科的教学内容、不同学科的教学方法、不同学科的教学道具,可以借用于另一学科的教学.

(2)“错误”生成

一节课下来,师生在学习中不可避免地会出现一些错误.如果教师能意识到错误的教学价值,则错误也是一种变相的资源.但并不是所有的错误都可以作为资源,能作为教学资源的错误应具有三个特征之一:“错误对教学具有典型的意义,错误对教学具有反衬的意义、错误对教学具有生成的意义”①.

【课例片段】亿以内数的认识

(2009 年 11 月 10 日,云南师大附小三年级(4)班,昆明市 XS 区 HB 小学 SY 老师)

师:“前面我们不但认识了新的数位和计数单位,还学会了分级读数,现在老师就要来考考大家.”

(1)从九十六万开始,一万一万地数.(第一组学生开火车,数得又快又准确)

师:“你们觉得数到哪儿的时候比较难数?”同学们都认为是数到一百万的时候有些难数.S 老师将一个小奖品奖励给了那位数数正确的同学.

(2)从七十万开始,十万十万地数.(第二组学生数,数到九十万后的学生停了一下才数出一百万,而数到一百万后面的学生却将一百一十万数成了一百零二万,课堂中出现了质疑的声音.)

师:“同学们,他哪儿数得不正确?其他同学帮助一下他好不好?”(产生学生的错误行为生成,教师交由学生处理很恰当.)其他的同学认为一百万后面应该数一百一十万了.接着数的两位学生又违背了“十万十万地数”的要求,错数出了 111 万和 112 万.S 老师让他俩找同桌帮忙,成功地将数数完.

(3)从六百万开始,一百万一百万地数.(第三组学生数,数到九百万后的学生却将一千万数成了十万.)

① 叶澜.“新基础教育”数学教学改革指导纲要[M].桂林:广西师范大学出版社,2009:86.

师："九百万之后应该是什么数呢？其他同学帮助一下他，好吗？"大家认为应该是一千万. 出错的同学在同桌帮助下纠正了错误，老师也给他发了一个小奖品.

【思考】

小学生在学习大数时，拐角数（转整）是一个难点，数数时在拐角数处最容易出错. 案例中的学生在数数中出现的错误具备典型的教学意义，教师变"错"为"宝"，将"错误"交于学生纠正. 当课堂中出现如"十万十万地数数时，将一百一十万数成了一百零二万"等错误数数行为时，课堂中或出现了质疑的声音或有学生帮助出错的同学改正了错误，反映出这样的课堂是一个有活力、有生命的"学习场".

（3）教学内容生成

【课例片段】百分数

（2010年4月27日，昆明市PL区SL中心学校五年级（2）班，执教：YMK老师）

在一场精彩的小学生足球比赛中，猛虎队获得了一次罚点球的机会，他们准备派三名队员中的一名去罚点球.（出示大屏幕）

队员	点球总数	射中次数
3号	10	7
5号	25	21
7号	20	18

你们认为应该选派哪名队员去罚点球呢？请与同桌交流？

生1："我认为7号去. 因为3号失球3个，5号失球4个，7号只失球2个."

生2："我也认为7号去. 因为7号的罚点球命中率高."Y老师一听，笑了，接着紧紧追问："怎么算命中率呢？"生2认为采用射中次数18除以点球总数20就可以得到命中率. Y老师要求大家采用生2的方法算一算各个队员的罚点球命中率.

在同学们计算后，教师再问："如何理解命中率呢？"

生3："我认为命中率就是……"，她停顿了一下，又解释道"比如说射箭队的队员有可能是'百发百中'，也可能是'一箭不中'.'百发百中'的队员命中率就比较高."

师："百发百中的队员是射了多少次啊？射中了多少次呢"生3脱口而出："各是100次."

教师在黑板边缘板书"命中率 $\frac{100}{100}$"，并问道："这三个队员罚点球的命中率，大家是如何算出的呢?"

学生口述算法,教师板书$\frac{18}{20}$,$\frac{7}{10}$,$\frac{21}{25}$.

师:"你们现在再说说为什么要选7号球员呢?"

生4:"我一眼看出他的命中率高."Y老师疑惑地问:"能一眼看出7号球员的命中率高低吗?"(教师这里实际上可以让学生4说说,他是怎么一眼看出来的)其他学生认为:"需要把上述的分数化为同分母才行."

【思考】

这个情境放在一节课的开始有一定难度,建议放在百分数的意义、读法、写法,以及与分数的区别学习之后的百分数的应用中.就这个教学环节而言,学生有很多的生成性资源.第一,百分率是本节课中一个较为重要而又难以理解的概念,在后继学习中常常会用到"成活率"、"出勤率"、"及格率"等词语.这个环节中,学生自己根据生活经验生成了"命中率"这个教学内容,并给出了命中率的计算方法.这一点教师也给予了注意,并通过提问"怎么算命中率、如何理解命中率",以及学生自己的解释将对命中率的理解引向深入.这个部分教师的预设是"引导学生想到计算进球个数占点球总数的几分之几",而学生2"命中率"这个概念的生成,自然就解决了这个难点.第二,学生在解释命中率时,巧妙地举了射箭的例子."百发百中"就是命中率为100%,教师顺势引导就给出了$\frac{100}{100}$.第三,要比较三个球员的命中率,学生补充生成的方法是必须将"$\frac{18}{20}$,$\frac{7}{10}$,$\frac{21}{25}$"化为同分母,教师不用自己讲解,学生间的思维交流就能促进学生理解百分数"为什么会在生活中自然的出现".第四,学生3还提到了"一箭未中".它实际就是0%.百分率的范围是0%~100%,而百分数则不一定.

(4)重难点生成

【课例片段】确定位置(二)(北师大版小学数学四年级上册)

(2007年11月1日,重庆市华新实验小学,执教:昆明市盘龙小学田杰老师)

师:"确定了宝藏在东北方向就能快速准确地找到它吗?"同学们认为不能,"因为他不在正东北方向","因为没说在东北的几度,还有行走多少米?"

师:东北面是一块很大的区域,要准确地确定宝藏的位置非常不容易.那怎么办呢?如果老师为大家提供一些学习材料,能想办法找到宝藏吗?(教师要求学生借助量角器、三角板和直尺,小组合作去确定宝藏的位置并汇报自己的发现.)

生1:"通过刚才的度量,我发现宝藏在东偏北10度的地方."

师:“这位同学发现宝藏、大树与正东方向形成了一个10度的夹角,还有一个特别的描述,她认为这个方向是……?”

同学们齐声答道:“东偏北!”田老师并不停止于此,问“你们是怎样理解东偏北的?”小朋友们给出了多种解释“东偏北就是说它不在正东北的地方,而是在正东偏北一些的地方”;“因为宝藏不在东北的正中间,而是在偏东的地方”;“因为它靠东,但是又偏向北”.

师:“对呀!这个方向是从东偏向北10度的方向,因此我们就把这个方向叫做东偏北10度.让我们再看大屏幕,想一想,为什么叫做东偏北10度.谁再来说一说?”又有两名同学大胆发言“宝藏在东,但是偏向北10度,所以叫做东偏北10度.”“宝藏在正东方向北方偏了10度,所以宝藏的位置在东偏北10度.”

师:“你的理解真到位!老师送你一张小书签,一会儿你会从中发现很大的秘密.”稍作停顿,田老师又启发大家想一想还有没有其他的描述方法也能表示出准确的方向.

生2:“可以看做北偏东80度.”

师:“你怎么知道的?”

生2:“因为北和东形成了一个90度的角,90-10=80,所以是北偏东80度.”

师以肯定的语气回应道:“对呀,除了东偏北10度,我们还可以用北偏东80度来描述这个方向,这两种描述都可以,一般来说,我们在生活中通常使用角度较小的方向进行描述.”

【思考】

教师让学生亲自动手实践,先试一试,再把在确定位置时所用到的方法进行汇报.在这里,学生的汇报出乎老师的预料(第一个汇报的学生就说:我发现宝藏在东偏北10度的地方),实际的教学生成和预设(预设的是“我发现宝藏隐藏在东北方向、东北方的中间、东北方偏往北方一些、东北方靠近东方一些”等)相差甚远,教师并没有根据预设往下走,而是紧紧依据教学生成一起来解释和理解“东偏北”的含义,这是教学的重难点,教学重点的突出和教学难点的突破可以认为是衡量一节课好坏的重要因素.云南省教育科学研究院管尤跃老师认为田老师在此真正做到了“学生是数学学习的主体,教师是数学学学习的组织者、引导者和合作者”.学生用自己的思维和语言诠释了所学习的知识.

(5)思维生成

【案例】赞可夫(Л. В. Ванков,1901—1977)的一节小学数学课:从连加向乘法

过渡①

预设教学方案:7+7+7+7+7+7+3=?

目的是得到7×6+3.

但课堂上,一位女学生说:“我可以用7×7-4的方法做”.

赞可夫非常激动,认为这个孩子了不起,她看到了一个不存在的7(她发现了数学的本质——无中生有!)于是,他推翻了原教案,就从这个生成点——不存在的7讲起.

【思考】

赞可夫说:忽视学生发展的潜力,就等于是犯罪!这个案例中的女生依据自己的“数学现实”生成了一种新的理解7+7+7+7+7+7+3的思维.在教学中,教师要十分关注小学生在课堂学习中的“生成点”,通过剖析“生成点”,变学生的“个体”思维认识为学生的“群体”思维认识;剖析“生成点”,变数学知识的学习为数学思想方法与学习方法的指导等.

(6)教材生成

【案例】教材空白的生成②

教学“求一个数的近似数”中,“为什么保留到哪一位,只需看后一位上的数”是教材的空白点和学生的疑惑点.一位教师在教学例题“4.962保留一位小数是多少”时,引导学生观察十分位后面的尾数表示“62个千分之一”,超过“50个千分之一”,也就是超过“5个百分之一”,向十分位进一,学生明白了只需看小数保留位数后一位的道理.

【思考】教材不可能“把所有问题都自己扛”,细致入微地娓娓道来,它存在着许多学生“看不见”的空洞和留白.教师应及时地把这些深藏不露的空白之处挖掘出来,让学生洞察其中奥妙,可以使学生更加信服,理解更深.这样,教材就在“无中生有”中变厚了,相应的也使教学材料“增值”.

3.教学实施角度

教学实施是为促进学习者“学”,而在“教”方面的表现.从情境中资源的生成到学生知识的生成,需要经历教学实施中不同环节的转换过程.因而教学生成也主要包括目标的生成、课题的生成、方法策略生成、小结生成以及作业生成等内容.

(1)目标生成

---

① 该案例2009年5月25日由贵州师范大学吕传汉教授提供.

② 严育洪.新课程教学问题讨论与案例分析[M].北京:首都师范大学出版社,2006:131.

在研究的现状调查中，49.12%的被试认为教学预设目标的达成是教学的首要任务.实际的课堂中生成与预期会有很大的偏离，这时的教学需要兼顾预设与生成，预设的探究主题可以在生成中适时“替换”，预设的目标可以在生成中适当“升降”.但要实现生成性目标与预设性目标完美的融合，则需要教师具有较高的教学素养.

【课例片段】统计与可能性

(2008年12月12日，昆明市XS区五年级数学研究课，执教:MHH老师)

(1)由于M老师是借班上课，在课前活动中，她请同学们先描述老师的外表，再描述自己所在的班级.接着，让同学们推选一位女同学，并猜猜如果这个女同学和李嘉欣掰手腕，谁会赢?

(课前活动的目的一是活跃气氛，增进教师与学生的相互了解;二是通过游戏唤起学生的原认知，这个课前活动可看做教学的先行组织者.)

(2)创设情境:M老师将课前制作好的两个教具，分别命名为“男生盒子”与“女生盒子”.“男生盒子”里放有3白1黄共4个乒乓球;“女生盒子”里放有1白1黄共2个乒乓球.老师制定的游戏规则是:男生代表到“男生盒子”里摸球，女生代表到“女生盒子”里各摸1个球.经统计求和之后，如果两人摸到白球多则男生赢，摸到黄球多则女生赢.(学生事先不知道盒子里放有多少个球和球的颜色)

做游戏后，经统计两个代表都摸到白球，男生获胜.M老师请同学判断，这个游戏公不公平?

在同学的要求下，M老师揭开了盒子盖，女生们纷纷嚷道:“男生盒子白球多，黄球少，这个游戏不公平.”

(3)探究活动:M老师让同学讨论这个游戏.

①女生在“女生盒子”里摸到白球的可能性是$\frac{1}{2}$;男生在“男生盒子”里摸到黄球的可能性是$\frac{1}{4}$.摸到白球和黄球的可能性不相等，因此这个游戏不公平.

②师生讨论怎么才能使这个游戏公平?

女生甲的建议是:将“男生盒子”里的4个球换成两黄两白.

男生甲的建议是:向“女生盒子”里再放入1黄3白4个球;向“男生盒子”里再放1白1黄两个球，再做游戏.

M老师让同学们判断这两个建议是否合理?然后提出自己的建议:在不添加球的情况下，让男、女同学都在“女生盒子”里摸球.(这个建议得到同学们的认可)

③M老师挑选了学号为7的同学做助手，请这位同学托着“女生盒子”让男女

生代表摸球,M 老师则统计摸球的结果.

同学们共摸了 4 次,结果 4 次都摸到黄球,女生获胜. M 老师问大家:“刚刚大家都讨论过这个游戏是公平的,但为什么 4 次都摸到黄球?”

同学们的看法是女生的运气好!

教师及时总结:可能性本身具有不确定性,即“可能”不等于“一定”.

【思考】

张奠宙教授认为概率统计的数学活动应当把数学活动的焦点放在可能性的大小①. 五年级学生已学习分数,案例中的学生已经能够用分数表示可能性的大小. M 老师的活动设计就不是再停留在生活层面上了,而富有了“数学味”,实现了“游戏活动”到“数学活动”的成功“转型”. 同时,这个游戏本身充满不确定性,教师很好地利用了课堂生成性资源,引出了教学目标的生成,实现了预设目标与生成目标的协调融合.

(2)课题生成

【课例片段】找规律(一)

(2010 年 4 月 30 日,昆明市 GD 区 NZ 小学一年级(1)班,执教:CJ 老师)

C 老师在上课之前播放了一段《喜羊羊与灰太狼》的动画片,教室里歌声洋溢,小朋友都非常地高兴,不知不觉跟着歌曲旋律唱了起来.

师:“孩子们,今天喜羊羊和灰太狼也来到了我们的课堂上,大家看屏幕,谁来了?”(大屏幕出示:喜羊羊)“小朋友鼓掌欢迎它!”“第二个会是谁呢?”(大屏幕出示:灰太狼,并按“羊、狼、羊、狼、羊、狼”的顺序呈现),“老师请小朋友猜一猜第 7 个该是谁出场了?”

一位小女孩慢慢地答道:“我认为是喜羊羊!”

(大屏幕出示:喜羊羊)师:“大家看是谁呀? 又是喜羊羊来了! 孩子,你为什么认为一定是喜羊羊出现了呢?”

小女孩:“因为按规律该是喜羊羊出现了.”(学生生成了课题)

师:“孩子们,像这样一只羊、一只狼; 又一只羊、又一只狼; 再一只羊、再一只狼,它们排列时的顺序是重复出现的,在数学上我们把像这样的排列叫作——规律,今天这节课咱们就和喜羊羊一块儿来——找规律.”

(3)解决问题的方法生成

【案例】方法生成出乎意料

---

① 张奠宙,孔凡哲. 小学数学研究[M]. 北京:高等教育出版社,2009:19.

(2010 年 5 月 8 日,昆明市 YNSD 附小 JN 校区六年级(2)班,执教:ZYL 老师)

在一次访谈中,Z 老师给大家叙述了一个发生在应用题教学中的生成事件. 有这样一道题"明明和哥哥的年龄相差 6 岁,他俩年龄之和正好是 20 岁,他们年龄刚好是质数,你知道明明和他哥哥今年分别是几岁吗?"

Z 老师预设了两种方法:"对 20 分解成两个质数之和,得到 13 和 7.""设明明为 x 岁,则哥哥是 $x+6$ 岁,列方程 $x+x+6=20$ 求解."

在学生的作业单上,Z 老师发现学生生成的解法,除了自己所预设到的两种方法之外,还主要有另外两种方法. 方法 1 是"(7)+(13)=20;(13)-(7)=6"方法 2 是"20-6=14,14÷2=7,20-7=13"(该解法说明学生在解决这个问题时,生成了线段图,并借助线段图,利用代数法解决了问题).

即使是老师所预设的方法一,学生仍然有不同种的表示形式:

学生 1 的解法,把 20 分解成 3,17 和 7,13,蕴涵着分解的方法,而学生 2 的解法中却用到了枚举、分解、排列和组合等数学思维.

Z 老师为同学们拥有这样的创造能力而感到高兴,即时地调整了教学预设,而让同学们上台讲解自己的解法.

(4)小结生成

【课例片段】小数的初步认识

(2009 年 11 月 10 日,云南师大附小三年级(7)班,执教:昆明市 WH 区 CC 小学 ZH 老师)

师:"同学们先给自己这节课的学习打分,再给老师这节课的教学打打分,好吗?"同学们很快打完了分,并向大家汇报打分情况,"我还没有学懂小数,我给自己打 0 分,给张老师这节课打了 10 分.""我给我打 8 分,给老师的评价打了 10 分."

在几位同学的打分汇报后,老师说:"感谢同学们的夸奖啊! 再见!"

【思考】

这个小结的生成,蕴涵着无穷的情感教育资源,是体现三维目标在小结的落实. Z 老师用得不够好. 例如在小结中老师可以这样说:"感谢同学们的鼓励,但人是没有十全十美的,也不存在一点儿优点也没有的人! 同学们今天的表现很优秀,学习效果也很好."

(5)练习生成

【案例】练习思考可以生成教学吗?①

有位学生写了一篇日记:“我们的学校,有一个漂亮的花园.学校里请的花农隔三差五来学校修枝剪叶、浇水施肥.可他不是每次都做相同的活,有时剪枝,有时浇水,有时搬些花草来…….使我匪夷所思的是,有时他会在一天里干上述所有的事情,难道有什么规律吗?为了解开谜团,我开始注意起这个勤劳的花农了.我发现他2天来学校浇一次水,15天来剪枝一次,1个月换一次花.今天是5月10日,花农又同时完成这三样工作,不知道他再间隔多长时间又能在同一天同时浇水、剪枝、换花呢?”后来,在教学最小公倍数时,我就用这篇日记来导入新课.

【思考】

案例中,数学日记使学生敞开了心扉,说出了与数学有关的困惑.阅读学生的数学日记,不仅能使教师更广泛地、更深刻地了解学生,而且可以根据学生日记反映出来的“数学现实”和他们的“生活经验”,及时调整自己的教学内容,改进教学方法,使课堂教学更贴近学生的生活.

5.1.2　小学数学课堂教学生成的应对

教学中的“应对”指在课堂教学中,教师根据学生的生成情况制定对策,进行及时、有效地处理,让学生在获取知识的同时,产生学习经验,获得丰富的情感体验.应对的结果是一种“过程生成”,也即指在对新生教学资源分析重组后产生的不同于教学设计原定内容或程序的新过程②.面对资源的生成,教师的处理可以分为两类:一种是积极的应对;一种是消极的应对.积极的应对生成包括即时处理、有序处理、延后处理,而消极的应对包括忽视处理、搪塞处理、错误处理、“越位”处理.

1.积极的应对——对生成的回应

传统的小学数学课堂教学,过分强调“学生能够按照教师推荐的思路去进行思考”③,教学是执行教案的过程,教师期望的是学生按教案设想做出回答.一旦“节外生枝”,则或是纠正“偏离”,或是“置之不理”,从而使“课堂教学变得机械、

① 严育洪.新课程教学问题讨论与案例分析[M].北京:首都师范大学出版社,2006:110.

② 叶澜.“新基础教育”数学教学改革指导纲要[M].桂林:广西师范大学出版社,2009:23.

③ 郑毓信.数学教育:动态与省思[M].上海:上海教育出版社,2005:97.

沉闷和程式化，缺乏生气和乐趣”①. 新理念下的数学教学“提倡生成”、“期待生成”，教师应能“关注生成”、“驾驭生成”，积极的应对生成，寻找适当策略处理生成，回应生成的呈现.

(1)即时处理——灵活地捕捉生成

即时灵活地处理生成，既有以学生为主体，也可以是以教师为主导的处理.

【课例片段1】轴对称图形②

(2002年10月，班级：贵阳市南明小学六(4)班，执教：明方翎)

情境引入：课件展示一组美丽的风筝.

教师引导学生探讨风筝的几何图形特征，并用语言表述出来，在此感性认识的基础上，再引导阅读教科书的轴对称定义.

合作动手操作：每个小组有一张方格纸，上面有长方形、正方形、三角形(含等腰三角形)、平行四边形、梯形(含等腰梯形)、圆等图形. 要求学生动手折一折找出轴对称图形，画出对称轴，并按照一定的方式进行分类.

教师提出问题：平行四边形是轴对称图形吗？

在讨论中有甲组同学提出：平行四边形也是轴对称图形，其理由如图5.1.

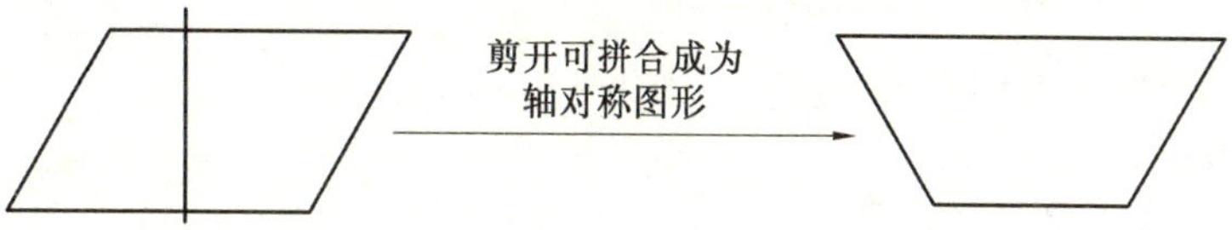

图5.1

学生A立即反驳(课中的“闪光点”)：平行四边形不是轴对称图形，因为不符合书上的定义. 不要把它剪开拼合，就用原来的平行四边形沿虚线对折不能重合，而且沿其他直线对折也不能重合. (A从对轴对称概念的本质理解上来反驳)

甲组同学一时说不上来，其他学生在小声议论，各有支持者.

生A又说：如果是这样，那很多图形都可以通过剪、拼的办法，凑成一个轴对称图形. (A又从举反例的角度反驳)

(甲组的成员开始动摇，有的开始赞成生A的说法)教师见时机已到，便问其他学生：你们认为谁说得有道理. 众学生：应该像生A所说的不改变原图形形状的基础上来判定. 教师首先表扬学生A的有力反驳，并说：其实平行四边形也是对称图形，只不过它不是我们今天学的轴对称图形，而是以后要学的中心对称图形.

---

① 翁飞萍，俞红. 小学数学课堂动态生成性教学的研究[EB/OL](2010-8-11)[2007-11-19]普陀教育网.

② 该案例2009年5月25日由贵州师范大学吕传汉教授提供.

【思考】

后现代主义认为人类所处的自然是复杂的和有机的,知识作为对世界的反应的信息形式,必然是整合的、有机的.教育系统也是一个具有生命力的有机系统.这节课学生的精彩就在于能联系到“轴对称”的概念从本质上来给出反驳的理由,教师执教的最大亮点就是:紧紧抓住平行四边形是否是轴对称图形(“闪光点”)的争论,将争论交由学生处理,在“辩论”中,让学生更为深刻的把握住轴对称概念.教师同时有机地引申到“中心对称”,整个教学过程充满着生命的活力.教师对这个课堂生成性资源的利用是到位的.

【课例片段2】教师的主导①

例如(四则简便运算)的一节课,书本上有这么一道题目:42×15,要求学生用简便方法进行计算.经过学生充分的自主思考后,在反馈中往往出现了以下几种情况:

(1) $42\times15=6\times15\times7=90\times7=630$

(2) $42\times15=42\times(10+5)=420+210=630$

(3) $42\times15=42\times5\times3=210\times3=630$

(4) $42\times15=2\times15\times21=30\times21=630$

(5) $42\times15=(40+2)\times15=600+30=630$

……

这时,教师A是这样处理:

师:同学们的方法真多,那么你觉得这些算法哪一种是最简便的?

生1:我觉得第一种方法比较简便.

生2:我觉得第五种方法比较简便.

……

最后,教师总结学生的意见基本集中在第一种和第五种方法.

教师总结道:好的,接下来练习几道题……

教师B的处理方式:

师:看来同学们的方法还真多,那么你能将这些方法有序地整理一下吗?

生1:我觉得应该将(1),(3),(4)归为一类,因为这些方法都是运用乘法的交换律和结合律进行简便计算.

生2:我同意刚才这位同学的意见,照这样的分类,那么(2),(5)应该归为一类,都是运用了乘法的分配律进行简便计算.

---

① 该案例2009年5月24日由海南省教育研究培训院周积昀老师提供.

生3:我是这样分类的,将(2),(3)分为一类,这两种方法都是将后面的15拆开来,只不过拆的方法不相同,一个拆成加法,一个拆成乘法;同样道理,另外几种方法都是将42拆开来的.

【思考】

教师A只用一个问题作了简单的引导,而教师B的做法有效地利用了教学资源,教师A的做法完全是着眼于知识技能,而教师B的则着眼于学生的思维,学生的发展,尤其重要的是通过教师的引导,学生感悟了数学的思想和方法.其实,学生产生困惑时,也正是学习兴趣最浓的时候,所谓“不愤不启、不悱不发”.关键是教师不能轻描淡写地做简单判断,而应当关注学生学习过程中不同价值取向,作理性的引导,让学生去作进一步的自我评价、探究和提升.

(2)有序处理——机智地应用生成

面对相同的生成资源,反馈的顺序不同,教学效果也会有差异.因此,数学教师面对资源的生成,在处理时还要考虑应对的顺序. 一般秉持处理“先重后轻、先易后难”的处理原则.

【课例片段】四则运算(人教版数学四年级下册)

(2009年11月12日,云南师大附小四年级(3)班,执教:昆明市PL区MT小学LYX特级教师)

教师用课件出示:72-44+85,36+54-70,100+45-65,120-84+16.观察这些题目,它们的算式有什么共同点? 运算顺序又有什么共同点?

生22抢答道:“它们都是加减法混合运算.”L老师在评价该同学后,追问道:“它们的运算顺序有没有什么特点?”

生23:“它们都是谁在前面先算谁!”

(这是一个生成性资源,学生用生活语言初步给出了加减混合运算的算法,教师采取的是延后处理.)

师停顿了片刻,说:“这种表达方式很简单,但是意思还没有清楚,还有吗?”

生24:“我发现这些算式中间的数,都含有一个‘4’.”“哦! 你真会观察!”

(学生24的回答对发现算法没有知识价值,但是教师的评价,却能带给学生鼓励,增进师生的交流和情谊.)

又一名学生抢着回答:“这些式子都有3步.”但在老师质疑之后,又很快改正过来是2步.L老师见同学们难以归纳出特点,便提示到:“这里还没有什么?”见学生一下子难以观察出来,教师用手指比划“( )”.孩子们在老师的启发下很快答出没有小括号,并一起朗读:“在没有括号的算式里,如果只有加法、减法运算,要从左往右按顺序计算.”

师:“在这个结论里有一句话与刚才我们的同学开始说的一句话很相似.我们同学说的是‘谁在前面先算谁!’,这里的结论是怎么说的?”

同学们很自信地答道:“如果只有加法、减法运算,要从左往右按顺序计算!”

【思考】

显然,应对这样的生成性资源时,教师就要先考虑本节课教学的重点,即引导学生掌握“四则运算”的法则.所以,应重点反馈“学生22,23提出的观点”.对学生24回答的反馈,只要适当就可以了.当学生的认知处于愤悱状态时,教师给予适当暗示性启发有助于学生加快认知进度,从而回到教师的预设轨迹中来.从另一个角度看,学生之所以较难想到没有“小括号”这一点是与题目的特点有关.人对信息的区分总是要有一个比较和参照,这里的4个题目都没有括号,要让学生毫无帮助的情况下从已学的知识中去提取相关信息来比较是有一定难度的.

(3)延后处理——更有效发挥生成

小学数学课堂教学中生成的有些问题,可能不是本节课的教学重点,也可能是超出学生认知范围之外的新信息,与当前学生群体的认知水平差距较大,也可能是某一名学生个人的问题,那么可以采取放在课后或者练习期间单独指导等延后处理的方式.

【课例片段】分数与小数的互化

(2008年11月18日,昆明市WH区WC小学五年级(1)班,执教:DNL老师)

在学生学习了小数化分数,分数化小数的方法后,D老师用课件出示两组迁移练习.

第一组练习:

$$\frac{1}{2}=0.5,\frac{3}{5}=0.6,0.3=\frac{3}{10},\frac{1}{4}=0.25,\frac{4}{5}=0.8,0.75=\frac{75}{100}=\frac{3}{4}$$

$$\frac{3}{4}=0.75,\frac{1}{3}=0.\dot{3},0.125=\frac{125}{1\,000}=\frac{1}{8},\frac{1}{5}=0.2,\frac{2}{3}=0.\dot{6}$$

在该组练习完成后,有一位男同学主动举手提问:“老师,如果说$\frac{1}{3}=0.\dot{3}$,$\frac{2}{3}=0.\dot{6}$.那么$\frac{3}{3}$是等于$0.\dot{9}$还是等于1?”(这是一个非常好的课堂生成资源)

教师回答:按照分数的定义,$\frac{3}{3}=1$.

(教师教学时注意力很集中,反应很快.但是这样回答学生的提问,总感到意犹未尽)

【思考】

教育是一个非连续性过程,在教学的过程中,课堂不可避免会出现各种困难和干扰，使预定的效果深受影响.教育过程因为不断受到“遭遇”，从而有了师生创造的前提.“遭遇不是事先计划好的，它是不可预料的”.这种遭遇实际就是课堂教学系统中的突发事件.认为教学的非连续性，遵循并积极应对意外的“遭遇”，正视并呼应课堂正在发生的现实，才是实践着一种生成性的教学观.学生提出的$\frac{3}{3}=0.\dot{9}$还是等于1，这是一个学习资源的生成.在小学中无限小数如何计算没有定义，在数系的扩充历程中，“无限小数是作为有限小数的无穷数列来对待的”①，无穷数列的研究要依靠极限理论，如果把极限相同的数列看做一个等价类的话，就可以得到$0.\dot{9}=1$，但是对小学五年级的学生，如何让他们明白？这是教师值得思考的问题.

学生提出$\frac{3}{3}=0.\dot{9}$，还是等于1这个问题，源于该生面对这组练习题目产生了认知的迁移.迁移，是人们在学习中常见的一种现象，即：人们已经获得的知识、动作技能、情感和态度等，对新的学习将产生一定影响.随着人们对学习迁移现象研究的不断深入，产生了各种各样的迁移理论.不同的迁移观尽管在具体说明迁移现象上的看法各不相同，但它们有一个共同之处，都认为“迁移是人们因为不同情境间的共同性或相似性而发生相互影响”②.但是，近年来由瑞典教育家马登（F. Marton）（又译马顿）从现象图式学所发展起来的学习理论认为“学习就是鉴别（区分），认识事物或现象就是从对象中区分出一些主要的特征，并将注意力同时聚焦于这些特征的差异.鉴别依赖于对事物差异（变异）的认识”③.现在把学习迁移的这种观点称为迁移的变异理论.变异理论发现并证明学习迁移的必要条件是同时具备共同性和差异性.迁移是学生生成新信息的主要方式.男同学从$\frac{1}{3}=0.\dot{3}$，$\frac{2}{3}=0.\dot{6}$，提出$\frac{3}{3}$是等于$0.\dot{9}$还是等于1的问题，正是因为这三道题具有特征的相似性；另外，他能从第一组练习的11道题中，聚焦于这三道题，也是因为它们与其他题目有差别，“人们总是通过对比、区分来认识和理解事物的”④.

2. 消极的应对——对生成的回避

在现状研究阶段，通过课堂观察发现目前部分小学数学教师面临生成时，常常

---

① 张奠宙，孔凡哲.小学数学研究[M].北京：高等教育出版社，2009：289.

② 陈建翔.“变异理论”对传统迁移观的超越及启发[J].中国教育学刊，2009(1)：30.

③ 徐汝成.马登理论及其对数学教学的启示[J].数学教育学报，2002，11(1)：48.

④ 陈建翔.简论“变异理论”及其对我们的启发[J].江苏教育研究，2009(1A)：12.

采取回避的态度,不敢直面生成的挑战,表现为对生成的忽视、搪塞处理、不当处理或者越俎代庖处理. 研究这些消极应对生成的案例,目的是从中吸取经验、获得“警示”.

(1)忽视处理

【课例片段】中位数和众数(北师大版五(下))

(2010年4月27日,昆明市PL区SL中心学校五年级(2)班,执教:CH老师)

1. 快速抢答:

①5,8,2三个数的平均数是多少?

②13,7,8,32四个数的平均数是多少?

2. 猜一猜:花园里有5个人围坐在一起,他们的平均年龄是15岁,请你猜一猜:他们的年龄情况大概是________岁、________岁、________岁、________岁、________岁.

学生先思考,动笔计算,教师作指导(时间不足1分钟).

师:“由于时间关系,下面请同学们开始汇报你所填的年龄.”

生1:“我填的是5岁,10岁,20岁,30岁与10岁.”“我认为是5岁,25岁,25岁,10岁和10岁.”在听完学生2的汇报后,教师思考了一下,问“你是怎么算的?”生2解释:“我是先用15×5=75,得到这五个人年龄之和,再用25×2=50,75-50=45(同学们提示出错该是25),再把25分解为5,10,10.”

C老师温和地笑笑:“还有不同的填法吗?”

生3:“可以填12岁,14岁,15岁,16岁和18岁.”教师协助学生3解释,由于12+18=30,14+16=30,所以30+30+15=75满足要求.

在学生猜出几种答案后,教师出示课件:“5岁,5岁,5岁,5岁,55岁,原来他们都在听一位老爷爷讲故事.”

教师提问:①这组数据与同学们猜测的有什么不同?②你认为用平均年龄15岁代表这群人的大概年龄情况恰不恰当呢?为什么?

学生大多数认为不合适,但是说不出理由. 从而教师引出:由于出现了一个极端数(较大数)55,把他们的平均年龄拉高了,所以平均年龄不能很好地表示这群人的年龄情况. 除了平均数外,还有两种统计量可以表示一组数据的整体水平,那就是中位数和众数.(教师板书课题并接着出示新情境:超市招聘)

【思考】

这是一个非常有创意的情境创设,是一个非常好的教学预设. 学生们解决问题的方法是:用15×5=75,得到这五个人年龄之和,再分解(有相当大的开放性). 学生的生成有:① 5,10,20,30,10;② 5,25,25,10,10;③ 12,14,15,16,18. 只要将学生的生成稍作调整,既可以引入中位数和众数;又可解释平均数、中位数和众数代表一组数据的优点及局限性. 可是教师却忽视着这么好的课堂生成性教学资源不用,后面另起炉灶去使用新的教学情境,致使这节课拖堂达到十分钟.

(2)搪塞处理

【课例片段】小数的简便计算(练习题)①

教师在讲完新知识后,布置学生分组完成"练习十八"中的第3题(如下). 几分钟后教师组织学生订正. 当订正到其中的"77+2.7+2.3+25"这道题目时,学生中产生了两种做法.

3. 计算下面各题,怎样简便就怎样计算.

5.6+2.7+4.4	9.14-1.43-4.57
9.5+4.85-6.13	77+2.7+2.3+25
10.75+0.4-9.86	51.27-8.66-1.34

学生1是

$$77+2.7+2.3+25=(77+25)+(2.7+2.3)=102+5=107$$

学生2是

$$77+2.7+2.3+25=77+(2.7+2.3+25)=77+(5+25)=107$$

面对这个新的解法以及学生的精彩解释,上课教师只给出了这样的评价:"第二种方法也可以,但还是没有第一种方法好."听后,学生们满腹疑惑.

【思考】

学生2的这一种做法也是教学中自然生成的,教师课前没有想到这种方法. 学生还向老师说明了他的想法以及理由. 但老师却只是简单地"关照"了一下,评价也不恰当,学生2的学习积极性可能会遭受打击. 这种现象在小学数学课堂中并不少见.

(3)不当处理

不当处理也即是面对生成,处理的方式是错误的或者不符合新课标理念和教学要求的.

【案例】生成教学可以照单全收吗?②

"数的比较"一课,教师设置了一个动物乐园的情境. 本来教师给的数据只有5只小兔,有一位学生却贴出了6只小兔,并解释:"伙伴们玩得正高兴时,有一只小

① 何智仁. 两节"常态课"引发的思考——对小学数学教学中预设与生成的思考[J]. 小学数学,2009(4):33.

② 严育洪. 新课程教学问题讨论与案例分析[M]. 北京:首都师范大学出版社,2006:179.

兔，没买票就溜进乐园里了，所以有6只小兔.”老师问学生：“同意他的说法吗？”学生表示同意. 于是教学就按6只小兔进行了.

【思考】

首先这是学生擅自更改条件，如果任其发展，以后学生遇到不会做的题，任意增加或更改条件，那该怎么办？到时候学生的理由也很充分，以前就是这样. 其次，小兔没有买票就溜进乐园，这正是一个教育学生的机会：“小兔没有买票就溜进乐园，这种行为对吗？对这只小兔应该怎么办？我们先把这只小兔找出来，好好地进行教育.”教师顺势就可以把这只小兔拿下来. 既不伤害学生自尊心又对学生进行了思想教育，同时也维护了题目的本意.

(4)“越位”处理

“越位”处理指的是面临教学生成，本可以交由学生去处理的生成，却被教师全权代理或者越俎代庖地处理了.

【课例片段】打折与策略①

(2003年4月，贵州省凯里市第八小学六年级(1)班，执教：ZQJ老师)

情境一：模拟售货(卖雪糕等)

情境二：贵州施秉县杉木河是国家级风景区. 漂流，成人票价100元，学生票7折，团体票(10人以上)5折.

凯里八小六(1)班有学生56人，教师2人去漂流，如何买票最节省？

(Z老师提出问题后，学生热闹地讨论起来，并用表格记录讨论结果)

团体票(张)	学生票(张)	成人票(张)	合　计(元)
5	6	2	3 120.00
5	7	1	3 090.00
5	8	0	3 060.00
⋮	⋮	⋮	⋮

讨论几分钟后，老师请学生们汇报结果：

学生甲：我认为买六张团体票最合算！

(学生甲是一位数学成绩中下，并且平时较调皮的学生. 他积极地站起来发言，此刻，全班鸦雀无声；他讲完后，学生热闹地讨论起来)

① 该案例2009年5月25日由贵州师范大学吕传汉教授提供.

团体票(张)	学生票(张)	成人票(张)	合计(元)
5	6	2	3 120.00
5	7	1	3 090.00
5	8	0	3 060.00
6	0	0	3 000.00
⋮	⋮	⋮	⋮

学生乙:多了两张,怎么办? 浪费了!

学生甲:不浪费,我拿去卖!

Z 老师:对! 这位同学讲得很好,我们拿去卖.

(在此,教师代替学生甲讲出了几种对这多出的两张票的处理方法. 例如"把这两张票卖给成人可以收入200元,我们又可以少支出200元,……",Z 老师忽视了这一位学生的"生成点",接着又按照自己预先的教学设计,继续进行教学.)

【思考】

学生甲购票的方法是Z老师在进行教学预设时,没有考虑到的. 面对非预期的有教育价值的生成,这本来是教学中对学生甲进行知识和情感教育的好机会. Z老师应立即走到他面前,热情地让他说出选6张团体票的理由,并让他讲出可以卖出的方法,而不是老师自己立即越俎代庖地处理. 当学生甲讲出一种卖法后,就立即向全班复述学生甲的意见,定会获得全班学生祝贺的掌声,学生甲也会产生一种自豪,并获得一次学习成功的学习体验. 可这里,却代之教师淡淡的一句"这位同学讲得很好",把一次对学生特别是对调皮学生甲的情感教育的良机滑过去了! 如果学生甲只讲了一种卖法就下课了,教师也不必马上接着讲完,就应当把问题抛给学生,"请同学们下课后想一想,讨论讨论还有几种卖法?"这样,让学生带着课堂上生成的问题,走出课堂继续思考,既激发了学生的学习兴趣,又促进了学生问题意识的发展. "让学生带着问题走进课堂,解决一些问题后,又带着产生的新问题走出课堂思考",这样,必然促进学生创新意识与创新能力的成长.

5.2 小学数学课堂教学的有效生成

在教学发展历史上,许多教育家都曾关注到教学的有效性问题. 这一节将从有效性教学的相关理论出发,探索有效教学生成的含义和特征.

5.2.1 数学课堂教学有效生成的含义

“有效”一词是直接从英语 effective 翻译过来的，所谓“有效”是指一件物品或一项活动具有预期所要达到的积极的或肯定的结果的程度.“效”有大有小，获得“效”所付出的代价也有大小. 当付出的代价小而获得的“效”大时，就说其有效. 相反，当付出的代价大而获得的“效”小，或者获得的不是所期望的“效”时，就说“低效”“无效”甚至“负效”①.“有效教学”它不是简单的指教师课堂上的行为或观察到的教师课堂上的行为，而是“应该能够达到预期的和生成性的教学目标的教学”②.“教学有效性”是有效教学的名词性表达形式，两者的含义并无大的区别，都是指课堂教学过程中所获得的积极的预期效果③. 课堂教学的有效性是教学效率、教学效果、教学效益三者的有机整合. 总之，课堂中有效的教学活动是指“教师遵循教学活动的规律，以尽可能少的时间、精力和物力的投入，取得尽可能多的教学效果，从而实现特定的教学目标，满足社会和个人的教育价值需求而组织实施的活动”④.

课堂生成就是指在教师与学生、学生与学生的合作、对话、碰撞的课堂中，即时出现的问题、情况. 但在实践中，“不少教师却机械地解读‘生成’，信口开河，任意生成，非数学的‘节外生枝’，无谓争辩，挤占了学生有效的学习时间，课堂表面的热闹却掩盖不了实质的苍白”⑤. 研究中所关注的“生成”，不能仅停留在捕捉教学实践中即时出现的教学资源，还要研究如何更好地促进有教育价值的资源生成，从而使得小学数学课堂教学实现有效的生成. 基于此认识，研究认为所谓教学的有效生成指的是教育者遵循教学活动规律，以尽可能少的时间、精力和物力的投入，使得有助于取得教学实效、达成教学目标、满足学习者需求的教学事件的持续发生.

5.2.2 数学课堂教学无效生成的表现

有人认为教学活动无所谓“无效”，只要教学事件发生，就有效，只不过有时候教学的“效”不是积极的、肯定的，而是消极的、否定的. 现实中存在的反教学或“误

---

① 孙亚玲. 课堂教学有效性标准研究[D]. 上海：华东师范大学，2006：6.

② 金春平. 走向数学生态课堂[M]. 南京：东南大学出版社，2008：127.

③ 孙亚玲. 课堂教学有效性标准研究[D]. 上海：华东师范大学，2006：7.

④ 孙亚玲. 课堂教学有效性标准研究[D]. 上海：华东师范大学，2006：10.

⑤ 方惠玲. 关于小学数学课堂有效生成的思考[J]. 内蒙古师范大学学报：教育科学版，2008，21(8)：154.

教学”①现象就是一种“负效”，它比无效更有害．有效或是无效都是相对的，“无效”并不意味着真的没有效果，而是其效果不是人们所期待的而已，也可以说是教学效果比较低下②．“南京市新课程课堂教学评价表（讨论稿）”（2002）中对“无效教学”是这样定义的：在评价中被评为D等（60分以下）就视为“无效”，其表现是“教学迂腐乏味，令人无精打采，学生是教师或教材提供信息的被动接受者；教学材料的呈现方式是许多学生接受不了的．学生参与的各种活动（个人或小组活动），似乎只是一种‘为活动而活动’．课堂教学缺乏一个明确的目标，或者缺乏对概念发展的明确联系．知识和能力没有达到教学目标，没有落实在质量上”．

基于上述分析和现状研究阶段进行的课堂观察，可以认为无效生成或者说低效生成指的是那种漫无边际、无原则的生成，追求虚假的生成，为无价值生成而放弃教学预定任务，忽视生成的存在而强行拉回预设等方面的教学表现．

1. 无原则的生成

【案例】倒数的认识③

教师出示了一些两个分数相乘的算式，口算后按一定规律分成两类，其中一类是乘积为1的算式，让学生再次观察它们的特点后，提问：“由于它们的乘积都是1，所以每个等式的两个因数都有一个特定的名称，叫什么呢？请大家给它们取个好听的名字，便于让大家记住．”于是学生瞎编成“镜子数”、“调换数”、“相互数”、“颠倒数”、“上下数”……学生们争得面红耳赤，局面一时难以控制，这当然是由于教师的提问不当而引起的．

【思考】

数学是一门科学，具有严肃性与规范性，数学上的名称、术语都是有严格规定的．该问而不问，不该问而设问，是造成学生混乱的原因之一．因此，从探讨如何提高课堂提问的有效性着手，是寻求促进教学有效生成的途径之一．

2. 虚假的生成

【课例片段】花瓶销售④

教师出示例4：某商店一天上午卖出3个花瓶，下午又卖出4个花瓶．每个花瓶的单价是x元，这一天卖花瓶一共收入多少元？

在指名读题后，教师出示直观图（略）并提问：“每个花瓶的单价是多少元？”

---

① 范安平．“误教学”建构论纲[J]．上饶师专学报，1997(8)：72.

② 孙亚玲．课堂教学有效性标准研究[D]．上海：华东师范大学，2006：6.

③ 该案例2009年5月24日由海南省教育研究培训院周积昀老师提供.

④ 该案例2009年5月24日由海南省教育研究培训院周积昀老师提供.

生1:“是x元.”

师:“上午卖出了几个花瓶?”

生1:“3个.”

师:“那上午卖花瓶的钱数一共是多少?”

生1:“3个x元.”教师没有出声,生2又补充说“是$3x$元.”

师:“下午卖出几个花瓶?”

生3:“卖出了4个.”

师:“那下午卖花瓶的钱数一共是多少?”

生3:“$4x$元.”

师继续问:“这一天卖花瓶的钱数一共是多少?”

生4:“一共是$3x+4x$元.”

师:“你知道$3x$和$4x$各表示几个x吗?一共是几个x?”

生4:“$3x$表示3个x,$4x$表示4个x,一共是7个x.”

师:“那么$3x+4x$就是几个x,可以写成……?”

生4:“$3x+4x$是7个x,7个x可以写成$7x$.”

师(快速地板书):$3x+4x=(3+4)x=7x$

师:“孩子们,思考上面的计算过程,这实际是应用了什么运算规律?”同学们齐声回答:“运用了乘法分配率.”

师微笑地指出:“根据运算意义,这里的$3x+4x$是3个x加4个x,结果是7个x,也就是$7x$.”

【思考】

开放性预设得到生成,而封闭的预设,导致学生不能逃出封闭的预设圈.该课例片段中,师生一问一答,看似充满着生成和互动,但是很容易发现这种生成没有动态的、充满生命气息的特征,仅仅是跟着教师“思路”而起舞的生成.这是一种虚假的生成.

3.失控的生成

【课例片段】圆锥的体积

(2010年3月16日,昆明市XS区XI小学LJ分校六年级,执教:MCY老师)

在通过倒水实验初步得出圆锥的体积等于与它等底等高圆柱体积的三分之一之后,教师安排学生通过小组活动,试图来验证结果的准确性.实验的器材有小玻璃球、钢珠子、沙子和绿豆等.

学生汇报:第1组学生:“我们将圆柱中的钢珠子倒入等底等高的圆锥中,发现倒满3次后还有剩余钢珠,我们认为圆柱的体积是与它等底等高的圆锥体积的三倍还要多."第2组学生:"我们是用圆锥装绿豆将它们倒入等底等高的圆柱中,倒满圆柱后也发现绿豆有剩余."第3组学生:"我们是用等底等高圆锥向圆柱倒沙,3次倒完后,可是发现圆柱还没有装满,差一小点!"

学生后边的汇报有些偏离主题.有些小组用纸质的圆锥去装红墨水,但是水有洒漏,验证得出的结论也有偏差.

教师:同学们真厉害!观察得很仔细.接着教师通过课件演示用圆锥容器刚好三次倒满圆柱容器,总结出圆锥体与等底等高圆柱体体积的关系.

【思考】

按照混沌学的理论,经过一定时间,各条运动轨道会呈现出明显的分化差异,出现不同的轨道①.当学生探讨问题时,其思维往往会很容易跳跃到另一个领域,这是学生思维火花的生动闪现,是可喜的.但如果教师不善于加以引导,虽然教室里充满着活动的身影、发言的激情,可能导致生成偏题,教师的预设落空,学生的行为变成无效的生成.案例中,由于前面所列的实验器材如绿豆、圆珠、沙、钢珠等都是固体,它们之间存在着较大的空隙,做实验中因为手的震动等因素,体积可能会发生变化.这样导致验证试验的不确定性,而教师在本该指导之处却"失位"了,导致生成有些失控.

4.被忽视的生成

【课例片段】笔算除法(人教版数学四年级上册"笔算除法"例题2)

(2009年11月11日,云南师大附小四(6)班,执教:昆明市WH区LX小学YJ老师)

情境二:现在有84人,21人一辆车,一共需要几辆车?

生4举手回答:"要4辆."

师:"算得这样快,你是怎样计算的?"学生4轻松地答道:"84÷21=4."

师:"请大家观察一下!84÷21与前面的例题有区别吗?"学生有说"被除数相同",也有说"除数不同."

接着同学们在草稿纸上尝试计算84÷21,并汇报交流计算方法环节:

生6:"我想1个21是21,2个21是42,……,84里有4个21."

师:"这位同学用的是试商,还有其他方法吗?"

生7:"我的方法是看84里有几个21."

孩子们还继续说着自己的方法,Y老师让大家看看书上是怎么讲的?(教材中

---

① 严育洪.新课程教学问题讨论与案例分析[M].北京:首都师范大学出版社,2006:114.

是“把21看做20试商”)

【思考】

对于情境二给定的问题,学生4很快给出了答案.教师似乎有所准备,但是对于学生4,学生6,学生7生成的回答,没有很好地加以利用.而是将思路又引向自己的预先设计.

5.2.3 数学课堂教学有效生成的特征

有效教学的基本理念是关注人的全面发展、呼唤效益意识,旨在促进学习,教学需要注重反思与创新.有效教学的特征应与有效教学的理念相吻合,其最基本的、最主要的特征是①:正确的目标,充分的准备,科学的组织,清晰的讲解,饱满的热情,促进学生的学习,融洽的师生关系,高效的利用时间.从无效生成的教学案例以及有效教学的特征看,有效生成的基本特征应是:有教育价值、符合教学目标、促进学生的学习、时间利用高效、注重思维含量、保障多数同学受益.

有教育价值指的是生成的内容必须要有育人的作用,可以作为教学资源来推进教学.这是接纳生成还是放弃生成的标准之一.

符合教学目标指的是教学生成要满足教学的三维目标,这可以对教师开展有效教学提供指导.在应对生成的过程中调适目标、完善目标.

促进学生学习是指教学生成关注和满足学生发展的需要,围绕学生组织和实施生成,能引起学生的学习兴趣,激发出他们的学习动机,促进他们主动参与和全身心投入学习.

高效利用时间指教学时间利用的高效率,在单位时间内教学生成能创造出最佳的教学效果.教师高效利用时间是有效生成的一个关键特征,能不能高效利用时间是区分教学有效还是无效的一个重要标志.

有效的数学教学生成课堂应该是充满思维激荡的场所,生成的问题具有较重的思维含金量,教师能把生成的资源作为注重学生进行思维活动、训练学生思维的最好材料.

保障多数同学受益指的是教学生成不可以只是服务于几个尖子生,或为了照顾差生,使得生成的教学内容过于复杂或简单.

一般而言,有效生成要表现出这六大特征,但也并非所有的有效教学生成都必须要有这些特征,还可能反映出其他特征,如生命性、开放性和创新性等.

---

① 王永生.高中数学总复习高效率教学实验研究[D].昆明:云南师范大学,2008:20.

5.3 促进小学数学课堂教学有效生成的策略

在论述了教学有效生成的特征之后,这里结合调查、访谈中所获得的教学经验总结,探讨促进小学数学课堂教学有效生成的策略.所谓教育经验总结,就是在不受控制的自然条件下,依据一定的价值取向,按照科学的研究程序,对教育实践中获得的经验事实加以分析、概括,揭示其内在联系和规律,使之上升到教育理论高度的一种研究方法①.新课程理念强调要重视教学的生成,那么小学数学教师要使教学生成有效并展现其蕴涵的价值,需要把握三个环节:弹性的预设是促发教学有效生成的基础;应对的态度是促发教学有效生成的保证;反思学习是促发教学有效生成的动力.

5.3.1 探析生成视阈下的教学预设

教学是个动态生成的过程,并不意味着不要预设,或者淡化预设.课程专家指出:新课程改革应该把握平衡,并在平衡中使改革进一步深化.新课程改革不是对预设要求降低了,而是提高了.教学是一个有目标、有计划的活动,教师必须在课前对教学任务有一个清晰、理性的思考与安排.而预设就是在课堂教学之前,根据教学目标要求,运用系统方法,对课堂教学活动的诸因素做分析和策划,是如何指导学生学习探究并获得发展的一种操作预案②.新课程呼唤生成,更关注精心的预设.预设有“固化预设”和“弹性预设”之分③.“固化预设”是将预设理解为前置的、最佳的、唯一的、确定的、刚性的计划或安排.“弹性预设”是将预设理解为纲要的、信号的、多元的、开放的、情境的、动态的规划或设计.处于生成视阈下的预设应该是一种弹性的预设.这种弹性预设主要是立足学情,反映在目标设计、环节设计和时空设计等方面.

1.起点预设从“教为主”到“学为主”

从调查来看,目前小学数学教师的教学预设还习惯于根据自己的教学经验和对教材的见解来考虑新课的教学设计,还没有完全从教师中心转向学生主体.弹性预设的起点是学生的学情,需要教师预设学生的已知和未知.

---

① 温忠麟.教育研究方法基础[M].北京:高等教育出版社,2009:65.

② 方惠玲.关于小学数学课堂有效生成的思考[J].内蒙古师范大学学报:教育科学版.2008,21(8):154.

③ 龙安邦.教学目标的预设与生成[J].现代教学科学,2008(6):106.

(1)预设学生的"已知"

美国著名教育心理学家奥苏伯尔(David P. Ausubel. 1918—)在《Educational Psychology: A Cognitive View》一书扉页上写道"假如让我把全部教育心理学仅仅归纳为一条原理的话,那么,我将一言以蔽之:影响学习的唯一最重要的因素就是学生已经知道了什么,要探明这一点,并应据此进行教学"①. 即是说"学生原有的知识和经验是教学的起点". 而"学习的过程是学生在原有的知识和经验的基础上自我建构、自我生成的过程,这是新课程改革的一个重要的基础理论"②,因此,在进行课堂预设的时候,要格外关注学生已有的知识和经验.

(2)预设学生的"未知"

对于即将学习的内容,学生整体的数学现实是什么,可能知道了什么,知道了多少,又有哪些是有可能不知道的,教师应该"心中有数". 因此,在教学设计中要有"弹性区间",为学生的主动参与留出时间与空间,对过程要多作假设:学生会如何说? 教师又该如何引? 不妨多模拟些情境,多估计些情况,使"预设更有宽度、厚度、深度和广度,在横向、纵向相结合的预设中追求课堂教学的精彩"③. 下面看一个案例.

【课例片段】百分数

(2010 年 4 月 27 日,昆明市 PL 区 SL 中心学校五年级(2)班,执教:YMK 老师)

1. 激趣引入 (用时 7 分钟)

2. 教学百分数的读法,写法及含义 (形式:学生自学教材第 64 页,并归纳学会了的知识)(用时 15 分钟)

3. 百分数的应用

师:"在生活中,处处都有比较,所以百分数在我们生活中处处可见,大家一起看看!"

(1)请同学们小声读读第一题中的材料:

(课件出示)第五次全国人口普查结果表明,目前我国男性人口约占总人口的 52%,女性人口约占总人口的 48%.

师提问:"知道 52% 和 48% 表示什么意思吗?"同桌交流自己的看法.

---

① 奥苏伯尔. 教育心理学——认知观点[M]. 佘星南,宋钧,译. 北京:人民教育出版社,1994.

② 张海根. 追寻有效教学预设[J/OL]. (2006-12-06)[2009-12-27]. http://www.pep.com.cn.

③ 方惠玲. 关于小学数学课堂有效生成的思考[J]. 内蒙古师范大学学报:教育科学版,2008,21(8):154.

(2)请同学们再读一读第2题中的材料:

(课件出示)今天全校学生的出勤率为95%.

师:"出勤率95%表示什么?你还知道什么?"(教师又引导出缺勤率)

(3)请同学们自己再读一读剩下三份的材料,读了这些含有百分数的材料,你知道什么?并告诉你的同桌.

课件出示:①一件T恤80%棉,20%涤纶;②一瓶果汁浓度是98%(浓度是百分数应用中学生会遇到的一个概念,需要解释);③2008年,双龙乡的森林覆盖率为89.8%.

同学们按照老师的要求,先自学,然后相互告诉同桌.

【思考】

这三份材料是这节课中的一个很好的教学预设资源,但是用的时机不够好,错失了生成教学情境的机会.从根本来说,小学数学的最初起点是现实世界,小学数学教学内容相当大的一部分都能从儿童已知的生活实际中找到原型.教师在做教学预设时可以利用这些原型创设教学情境,并指导学生对这些原型进行观察、研究和探讨,从中归纳出学生的"未知领域"即数学方法、思想,再反作用于生活实际,从而帮助他们"更好地探求客观世界的规律".教学时,可以将这个预设中的"百分数的应用"作为教学的导入情境,引导学生生成对百分数的进一步认识,再引导学生讨论分数和百分数的区别.

2. 目标设计从"钢件型"到"海绵型"

课堂教学是准备—实施—目标达成的过程.通过调查可知,一线教师在进行课后反思时,常常会去反思这节课是否达成了预定的教学目标或教学任务,但是很少会去思考教学中可能生成的在设计时没有考虑到的新目标,以及也比较少有教师去思考目标的达成过程."钢件型"的目标是预设固定不变的目标,而"海绵型"的目标认为预设的目标并不是不可调整的唯一行为方向、也不是行为检测的唯一标准,由于"课堂教学具有较强的现场性,学习的状态、条件随时会发生变化,当条件发生变化时,目标需要开放地纳入弹性灵活的成分.随着课堂的推进,教学就要合理地删补、升降预设目标,从而即时生成目标"①.这样从而达到预设目标和生成目标的协调兼顾.

3. 环节设计从"射线型"到"鱼刺型"

传统"射线型"的教学环节是循着"复习—新授—巩固—小结—练习"的线路

---

① 方惠玲.关于小学数学课堂有效生成的思考[J].内蒙古师范大学学报:教育科学版,2008,21(8):154.

推动教学,而“鱼刺型”教学环节设计要求教师在写教案时,要突破对课堂框架进行的前定程序设定(这节课什么时候进行什么环节,这环节到下环节应如何过渡等).从学生数学现实出发,进行“假设性备课,着力对课堂可能发生的情况从多方面进行估计,并设计出多角度、多层次的策略库,以备在课堂中能迅速调用”①.在进行环节设计时,考虑什么情境下采用合作探究?什么时候需要教师讲解?同一个问题,如果学生的反馈信息太容易,那该如何调整?如果学生反映太难,应怎样调整?这个问题准备让学生单独回答还是集体回答?答对了应该怎样回应?错了,会是什么原因,又如何纠正?

【课例片段】分数的意义

(2011 年 4 月 12 日,昆明市呈贡县殷联小学五年级,执教唐海军)

在学生学习分数的意义之后,老师请同学们从学习单上的樱桃图中,表示出$\frac{2}{3}$.先说意义,再画图表示.

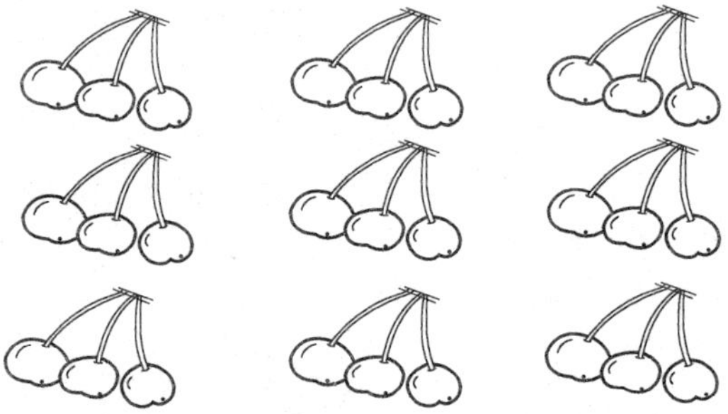

(投影展示,学生 1 汇报表示的方法;学生 2 展示表示的方式,其他同学描述,生 2 再评价;然后四人小组交流表示的方法,汇报;最后课件出示学生没有想到的方法)

根据学情预设,同学们常常会生成出以下四种表示$\frac{2}{3}$的方法:

生 1:把 9 串樱桃看做单位“1”,平均分成 3 份,其中的 2 份(6 串樱桃)是这个整体的$\frac{2}{3}$.

生 2:把 6 串樱桃看做单位“1”,平均分成 3 份,其中的 2 份(4 串樱桃)是这个

① 方惠玲.关于小学数学课堂有效生成的思考[J].内蒙古师范大学学报:教育科学版,2008,21(8):154.

整体的$\frac{2}{3}$.

生 3:把 3 串樱桃看做单位“1”,平均分成 3 份,其中的 2 份(2 串樱桃)是这个整体的$\frac{2}{3}$.

生 4:把 1 串樱桃看做单位“1”,平均分成 3 份,其中的 1 份(1 颗樱桃)是这个整体的$\frac{1}{3}$,2 份是这个整体的$\frac{2}{3}$.

(如果学生不能生成其他的表示方法,则老师用课件出示以 8 串樱桃为单位“1”表示出$\frac{2}{3}$,启发学生单位“1”选择的可变性)

通过上述分数的表示可知,由于单位“1”的不同,即使都是表示$\frac{2}{3}$,但是所表示出的樱桃数目却不一样.

【思考】

生成是千变万化的,但是有效的生成一定是符合某种规律而出现的.实际上这道题中,有效的生成就是以(1～9)串樱桃为单位 1 都可以表示出$\frac{2}{3}$,只要在备课时认识到这个规律,促发学生的生成就能做到有章可循,应对学生的生成就能做到游刃有余.上面撰写出的四种情况只是学生最容易想到的四种,因此可以用课件出示以 8 串樱桃为单位“1”表示出$\frac{2}{3}$,以打开学生的思路.

4. 时空设计从“流水型”到“留白型”

从课堂观察来看,小学数学教学 40 分钟的时间,一般情况下,师生共同学习占到四分之三,留给学生独立思考的时间不足四分之一,其中还包含学生进行练习的时间.充斥课堂的热热闹闹掩饰不了虚华背后的数学味的缺失和学生独立思考问题深度的先天不足.叶澜教授曾说:“一个真正关注人的发展的教学设计,会为师生在教学过程中发挥创造性提供条件;会关注学生的个体差异(不仅是认知的)和为每个学生提供主动积极活动的保证.”①然而目前所看到的教学预设更多像是“流水线”上的产品组装.这样的设计往往把学生的思维与活动束缚在周密详尽的一个又一个教学环节中.在美术艺术的设计上非常讲究留白,“拿美术来表现思想和情感,与其尽量流露,不如稍有含蓄;与其吐肚子的把一切都说出来,不如留一部

① 叶澜.让课堂焕发出生命活力[J].教育研究,1997(9):7.

分让欣赏者自己去领会"①. 这启示着具有控制特点的流水线型教学设计，没有体现出动态生成观的教学设计理念，教学时空的预设时，注意"留白"，"为儿童的参与，为课程的发展，为那些不期而至的教育契机留下弹性的空间"②.

5.3.2 建构促发生成的教学实践策略

教师的教学预设是"超时空的策划，缺少现场性，当教师把事先设想的方案带入现场时，往往会发现情况特殊而必须作出相应的调整"③. 数学教师不能拘泥于预设的教案不放，需要独具慧眼、善于捕捉、能够及时对教学情境、师生提问、师生互动以及其他环节中的生成点，凭借教学机智促进教学走向有效的生成.

1. 情境诱导生成

在数学教学中，教师可以预设问题情境，让问题在学生的思考中生成，由学生自己提出问题、解决问题④.

【课例片段】解决问题（人教版数学实验教科书二年级下册第5页例2）

（2009年11月12日，云南师大附小二年级（8）班，执教：LJH老师）

1. 激趣引入，提出问题

师："孩子们，今天面包房可热闹了，我们一起去看看吧！大家仔细观察大屏幕，你从中获得了哪些数学信息？"

生1："我看到了，原来面包房里有54个面包，先卖了22个，又卖了8个. "L老师表扬了生1，再请其他的同学继续汇报.

生2："我看到了，面包师傅说一共做了54个面包，左边的买走了22个，右边的小朋友买走了8个. "

师："根据这三条信息你们能提出什么数学问题？"

生2："一共买走了多少个面包？"

师紧紧扣住学生2的思维，问："你会解决吗这个问题吗？试一试吧！"

师意犹未尽，问："谁还能提其他的问题？"

生3："现在还剩多少个面包？"

师："我觉得你提的问题太有价值了，今天我们就一起来继续学习解决问题. "（课题生成）（教师板书：解决问题）

---

① 朱光潜. 无言之美[M]. 北京：北京大学出版社，2005：98.

② 李臣之. 论教学内容创生：规定性要素及基本路径[J]. 课程. 教材. 教法，2007，27（2）：8.

③ 李祎. 新课程课堂教学：从弹性预设到动态生成[J]. 当代教育科学，2005（10）：42.

④ 钟爱明. 数学课堂如何有效指导生成[J]. 话题研讨，2009（7）：65.

【思考】

学生的问题意识能否在情境中生成,"关键不在于是否给场景配上了'问句',而是这样的场景本身对学生是否具有一种召唤力. 比如情境结构的不完整性,主客体之间认识的失衡感"①等,这些才是诱发学生采掘情境中的数学信息,生成新认知的根源. 在上例中的问题不是由教师提出的,而是由学生在教师创设的情境中根据对信息的解读提出的. "能从具体的生活情境中提出问题,掌握解决问题的步骤和方法,知道可以用不同的方法解决问题"是这节课中的教学目标之一. 教学中由学生提出问题、自己探索问题,它有助于学生体会到从现实生活情境中生成知识的乐趣,享受知识发现的过程,从而将学习的外部动机转化为内部动机,增强对学习本身的兴趣.

2. 问题激发生成

"问能解疑,问能知新",问能生成. 问题是推动教学生成的持续动力,为达成教学目标"铺路架桥". 问题既有封闭型的固定问题,也有开放型的弹性问题. 所谓"弹性问题"是指问题富有挑战性(挑战性指的不是直接就能知道结果,必须跳一跳才能摘到果子)、包容性、针对性和开放性,能有效地激发和导向师生进行思维活动. 问题包括学生疑问和教师的设问. 教师的弹性设问需要在"课堂上营造一种支持性的平等对话情景"②,从而使师生在平等的对话中完成对疑问和设问的解答. 教师要将课堂教学中这种生成的答语转化为有效的教学资源,帮助学生在解惑中智能生成.

【课例片段】7 的乘法口诀——表内乘法(二)

(2009 年 10 月 11 日,云南师大附小二年级(6)班,执教:云南省曲靖市 QL 区 BG 小学 LQ 老师)

一、复习导入

二、探究新知

1. 教师出示情境:一只七星瓢虫

七星瓢虫个数	1 只	2 只	3 只	4 只	5 只	6 只	7 只
身上点数	7	14	21	28	35	42	49

2. 编口诀

师:"孩子们,一只七星瓢虫有 7 个点,那么一只七星瓢虫是几个七?"

---

① 严育洪. 课堂焦点:新课程教学九辩[M]. 北京:首都师范大学出版社,2010:69.

② 田玉梅. 谈数学生成性课堂教学的建构[J]. 学科教学,2007(4):31.

生8:“是一个七.”

师:“把一个七是七编成口诀来记,这句口诀可以编成什么?”

生8很快抢答到:“一七得七.”

师:“你能说说这句口诀的意思是什么吗?”

生8:“一七表示一个七!”

师:“你们能把剩下的口诀自己编完吗?”

教师让学生自己先参考表格编出7的乘法口诀,同桌再互相讨论.

(1)分别请同学汇报所编的口诀,教师顺手板书,并询问口诀所表示的意思.“三七二十一”;“三个七相加为21……”孩子们争先恐后地举手汇报.

生11:“七八是五十六吗?”(学生11对“七八五十六”产生疑问,超出了这节课的教学内容,教师让学生11再看看屏幕.)

师:“是的!七八是五十六,你能说一说这句口诀中的七八表示什么呢?”

生11想了想说:“表示七个八相加!”

师:“一七表示一个七、二七表示两个七相加……七七表示七个七相加,这些都是‘几个七相加的’,才把它们归为7的乘法口诀.那七八五十六该是几的乘法口诀了?”

生11犹豫了…….他的同桌补充道:“该是八的乘法口诀了.”

“哈哈!”师笑着说:“对啊!八的乘法口诀,我们后面再学它!……”

(2)师:“请同学们看黑板,让我们自豪读一读我们自己编出的口诀.”接着一起口述了这些口诀的用处.

【思考】

“教师课堂提问的核心体现在启发学生积极的思维上”①,数学教学中的提问便于在询问中了解学生需要,在设问中引导认知冲突、在追问中理解概念本质,在反问中培养逆向思维.一方面设问能事先想到学生可能回答的部分内容,另一方面在理答时也要敏锐地捕捉和及时纠正学生答复中的错误或不确切的内容以及思想方法上的缺陷,及时采用归纳、小结的方法帮助学生生成答案、解疑释惑,采用试探的方法帮助学生思考更深一步的答案.课堂教学是开放的、多向的信息交流活动,课堂教学的情况千变万化,生成信息稍纵即逝.疑问是面对问题情境,欲通而不能达时的思维状态.学生11“七八是五十六吗?”不顺从教师的预设,实则为追求真知、获得教师解惑的表现.

---

① 孔企平.小学数学教学的理论与方法[M].上海:华东师范大学出版社,2005:157.

L老师在课后的访谈中谈到对这个环节处理的再思考."有时我们常会错过学生的疑问或意外的'精彩瞬间'.如这次教学中,学生说完口诀'七七四十九'之后,有一个同学说还有'七八五十六'这一句口诀.我如果在当时只说这并不是七的乘法口诀,并不追问学生.我想同学们对这个疑问不一定会真正理解.采用挑战性、针对性和开放性的系列问题链,这样的处理不但纠正了学生不太清楚的数学问题,又能加深对本节课中7的乘法口诀的认识.因此,我深深体会到别把一节课当做是形式上的表演,而应该用提问的形式紧紧关注学生知识的形式和思维的发生状态."

3. 互动开启生成

数学课堂教学中要具有利于教学资源生成的空间.在关注生命、关注发展的教育理念指引下,具有"合作"、"质疑"、"实践操作"特征的活动类教学是优先考虑的教学方式.它的基础就是课堂情境中充满着互动的因素.教学过程是师生相互交往的过程."相互交往"的形式,除师生之间的交往外,还有小组形式中学生与学生的交往,组与组间的交往.这种交往实际上是一种认知上、思想上、情感上、创新上的互动互助的交流,不仅有利于优化过程,而且有利于发展学生的认知与思维,有利于学生口头表达能力、交际能力和创新精神的培养,有利于优良素质的"生成"①.

【课例片段】9,8,7,6加几复习课

(2006年12月26日,昆明市XS区MJ小学一年级(3)班,执教:SXX老师)

活动一:"找朋友"

师:"今天老师请了9位小客人来参加我们的学习,请大家欢迎他们!"

(S老师预先准备了9顶带有数字1,2,3,4,5,6,7,8,9的蜜蜂头饰,挑选了9名小朋友扮演小蜜蜂.在同学们热情的掌声中,"小蜜蜂"们"飞"到了讲台上)

S老师:"请大家观察一下他们头饰上的序号,你想说点什么呢?"

同学A:"我想让小蜜蜂们按头饰上的序号从大到小排列."

S老师:"请这位同学说明是"从左向右"排列,还是'从右向左'排列?"

(小蜜蜂们按照这位同学的要求,重新排列了顺序)

同学B:"我想让头饰上序号是3的小朋友对大家做个鬼脸."

头饰上序号为3的小朋友,对大家做了一个鬼脸.

S老师:"现在,也请这9只小蜜蜂来做个游戏."S老师提出要求:"小蜜蜂们两个两个的找朋友,如果他们头饰上序号的和等于10,他们就能摘到老师手上的

① 彭风华,王红旗.用"动态生成"观指导教学[J].江苏教育,2002(12B):20.

花. 小蜜蜂们找朋友的时候,其他同学拍着手帮他们唱《找朋友》的歌.”

小蜜蜂们在同学们《找朋友》的歌声下,寻找自己的朋友. 这时,头饰上序号为5的小蜜蜂显得很孤单. 除了头饰上序号为5的小蜜蜂外,其余小蜜蜂很快找到了自己的朋友,摘到了老师手中的花.(在互动中,促发对小朋友进行情感教育的机会生成了,但教师没有处理)

S老师编了一首儿歌:

1和9好朋友,

2和8手拉手,

3和7好兄弟,

4和6结友谊,

5和5形影不分离.

师:“让同学们跟老师一起复述这首儿歌.”

师生共玩凑10的游戏.(例如:我出3,我出7,3和7组成10)

【思考】

“互动操作”是学生最喜欢的一种活动形式,课堂中的操作并不是让学生简单的学会模仿拿学具来摆一摆,量一量等,而是让学生通过动手操作、自主探索中,创造性的发现、获取知识,除了培养每个学生的创新能力外更重要的是操作学习中更能生成一些意想不到的创新的学习资源. 在这课后的评课中,有老师建议施老师再做一个序号为5的头饰,在找朋友时,让这只小蜜蜂悄悄飞到台上,去找另一只头饰上序号为5的小蜜蜂,实现情感教育的生成与应对的统一.

4. 网络带出生成

刘加霞认为数学教师“呈现给学生的数学世界并不是一个个相互之间毫无关联的知识点,相反应该把这些知识点连接起来形成一个知识体系. 学生掌握的并非是一个个零散的概念,而应该是有着相互联系的一个整体”①. 为解决小组互动合作时间的紧缺、学生不能自动有序投入活动生成新资源的问题,数学教学中有联系的材料要尽可能整体呈现,从而“在沟通知识之间的联系过程中,加深学生对每一个概念的具体理解”;要“站在数学观的高级层面上帮助指导学生理解所学的内容”,生成知识点;需要适时构建数学知识链、知识网,通过串链和编网将数学知识进行概括与整合重组,从而借助于教学的网链结构化,实现学生生成新知识的自主化.

① 刘加霞. 小学数学课堂的有效教学[M]. 北京:北京师范大学出版社,2008:75.

【课例片段】圆锥的体积(北师大版数学六年级下册)

(2010 年 3 月 15 日,昆明市 XS 区 XH 小学六年级(1)班,执教:PLH 老师)

三、课堂练习

1. 教师呈现教材练一练第一题,要求学生在稿纸上先计算.

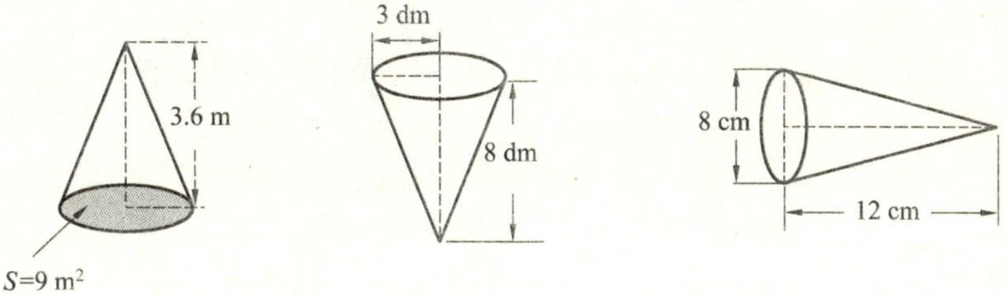

在学生完成三道题的计算后,P 老师让三名学生分别口述了解题过程,自己对题目进行了简短的点评. 又接着安排大家做以下两题:(学生上台板演)

(1)已知小麦堆的半径为 2 m,高是 1.5 m,你能计算出小麦堆的体积吗?

(2)计算圆锥的体积(直径为 4 cm,高为 6 dm).

在完成上述两题后,教师对照同学的板书作了讲评,强调体积计算题要先写出公式,再计算……

【思考】

知识是网链式的,还是呈现"结构态"的,就小学数学教材的编制而言,学生在学习时"所面对的不仅是局部化方式存在的知识,而且还同时面对隐含着的、未加以揭示的、反映人类自身实践关系形态的知识,……,它是反映学科知识整体关系构成的知识结构群"①. 因而,教学前首先要考虑学生的基础以及学生能发展到什么程度. 其次,要"帮助学生形成结构化的知识和思维方法"②,以利于其在陌生复杂的新环境中能够用综合的眼光去发现问题,生成解决问题的方法. 因此,对于课堂的练习要有取有舍. 景海莲特级教师③认为对于这节课中"练一练"的第一题,先不要让学生埋头苦算,而是让学生从整体上先观察比较它们条件的不同之处,归纳出求圆锥体积的常见三种类型(已知 S,h,求 V;已知 r,h,求 V;已知 d,h,求 V)和公式,从而启发学生自己去生成后面两道练习的解法以及对其类属的区分. 巩固概

① 叶澜."新基础教育"成型性研究报告集[C]//吴亚萍."新基础教育"成型性研究数学教学改革报告. 桂林:广西师范大学出版社,2009:115.

② 叶澜."新基础教育"成型性研究报告集[C]//吴亚萍."新基础教育"成型性研究数学教学改革报告. 桂林:广西师范大学出版社,2009:116.

③ 云南省著名小学数学特级教师,原昆明市西山区教师进修学校校长.

念、命题不是靠重复做题,以及做重复题,而要依靠构建的思维链作变式练习来区分差异,从而掌握新知.

5. 节点触发生成

数学教学不是简单的知识学习的过程,它是师生共同成长的生命历程,再现的是师生“原汁原味”的生活情景. 因此,不可能是近乎完美、滴水不漏的,经常会有与课前预设不一致甚至相矛盾的意外情况发生①. 数学教学过程中的这些“不一致”、“矛盾”,都是新知识的生成节点. 它们既是萌芽于学生的“现有发展水平”,又是“学生建构新知识的依靠”②. 要促进教学的有效生成,需要教师关注如何从错误点、方法点、思维点、评价点、教学点和已知点等生成点来促发生成.

(1)关注错误点

关注错误点主要是在利用学生的错误资源过程中促进教学新的生成. 在现状调查的访谈中,了解到有些数学教师害怕课堂中学生出现这样或那样的错误,经常藏着、躲着、捂着. 其实错误是一种正常的学习现象. 成尚荣先生说过:“教室是出错的地方. ”平时教学中,常会发生学生、教师出错的现象. 对此,教师不必惊慌“失色”,视“错”为禁忌. 教师要敢于花时间与学生一起参与找错、议错、辨错的明错过程. 师生之“错”经过教师纠错方式的改变,进行合情合理的“染色”处理,反而能转化成一笔宝贵的生成性教学资源,产生意想不到的效果,使教学更加“出色”③.

【课例片段】比的认识之生活中的比(六年级数学上册)

(2007 年 11 月 19 日,昆明市 PL 小学六年级(1)班,执教:ZY 老师)

1. 复习:算一算、猜一猜

$$600\div300=60\div30=6\div(3)=(0.6)\div0.3$$

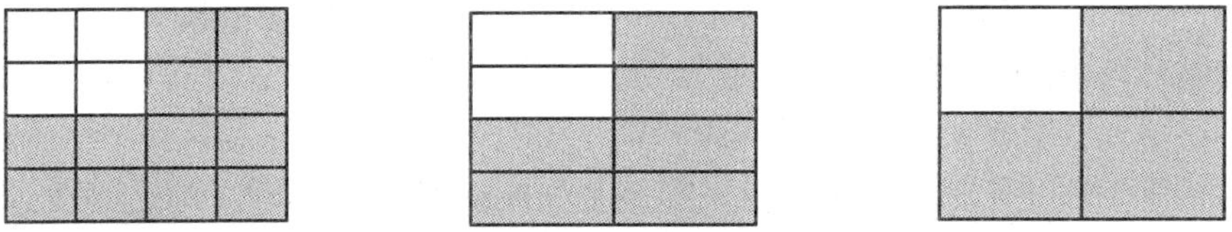

$$\frac{12}{16}=\frac{6}{8}=\frac{3}{4}$$

---

① 方惠玲. 关于小学数学课堂有效生成的思考[J]. 内蒙古师范大学学报:教育科学版,2008,21(8):155.

② 宋小平,杨建华. 基于“数学课堂学习动力系统”的课堂教与学分析框架[J]. 数学教育学报,2010,19(6):31.

③ 严育洪. 新课程教学问题讨论与案例分析[M]. 北京:首都师范大学出版社,2006:187.

（该复习是一个很好的先行组织，既联系“生活的比”，又为本节课的教学作了很好的铺垫）

2. 小练习

计算下列各题：15∶21，0.12∶0.4，$\frac{2}{3}$∶$\frac{1}{2}$，1∶$\frac{2}{3}$.

教师：“以上的比有整数、小数和分数的比，请同学们用‘商的不变性’，或‘分数基本性质’化简.”

Z老师让同学任选两题解答，然后开始讲评学生的练习，其中有两位同学的解答出错，分别是0.12∶0.4=12∶4和$\frac{2}{3}$∶$\frac{1}{2}$=$\frac{1}{3}$∶1，有感于学生练习中出现的错误，教师放缓教学进程，让同学思考：比的化简中，最大的问题是什么？

学生讨论发言后，教师概括：在比的化简中最大的问题是“什么是化简？”

一位学生回答：化简是找“最简比”.

教师给予表扬，并解释最简比、最简分式、质因数等概念，再让同学们重新审视自己的计算.

【思考】

课堂错误是非常常见的学习现象，那么，应当如何对待学生的差错呢？华应龙老师的观点是①“要从正面看待学生在学习中的差错，要从科学的角度理解学生在学习中可能出现的各种错误，要从发展的角度认识这些错误的价值，要允许、认同和接纳学生的错误”. 他还认为“如果说对某些教学资源而言，有效利用与闲置不用的区别是1与0的差别的话；那么对错误这一资源而言，则是+1与-1的差别.”

郑毓信教授认为现代教学思想的一个重要内容，即是认为学生的错误不可能单纯依靠正面的示范和反复的练习得到纠正，而必须是一个“自我否定”的过程. 由于所说的“自我否定”是以“自我反省”，特别是内在的“观念冲突”为前提，因此为了有效帮助学生纠正错误，教师就应十分注意如何提供或创造适当的外部环境来达到这个目的.

该课例片段中，教师抓住学生“最近发展区”中存在的问题，以此生成教学资源，帮助学生理解“比的化简”的本质和计算. 因为处理学生在计算中出现的问题，教师改动了教学方案，导致该节课没能完成预期的教学任务. 但是教师这样的处理，更赢得大家的赞赏，因为教师教学的放慢，给学生提供了一个自我否定错误的机会，体现了教学是为学生服务的理念.

---

① 华应龙. 课堂因差错而精彩[J]. 小学各科教与学，2009(2)：10.

(2)捕捉方法点

课堂就像个网络,学生则是网络的节点,课堂上网络的节点都在活动,每个学生都想表达自己的看法①.这时教师更应该特别关注学生发散性思维所形成的各种各样的解决问题的方法.每一种方法都是一种思绪的"张扬",一次思考问题的产出.

【课例片段】平行四边形面积的计算②

华应龙老师曾上了一节"平行四边形面积的计算"观摩课,在提出"怎样计算平行四边形的面积"这一问题后,他让学生尽情猜想,然后动手验证(课前学生自己剪的平行四边形纸片,上面没有方格,也没有标上高).汇报时出现:

生1:"我认为平行四边形面积的计算方法是用底乘高."然后介绍了自己的验证方法:沿着平行四边形中间的一条高,将平行四边形剪拼成长方形.

生2:"我也认为平行四边形面积的计算方法是用底乘高."接着介绍了他的验证方法:沿着平行四边形上边端点引一条高,将平行四边形剪拼成长方形.

生3:"我没能猜出平行四边形面积的计算方法,我是这样来求的……"他将平行四边形纸片剪成两个直角三角形和一个长方形,然后将两个直角三角形再拼成一个长方形.

生4:"我觉得平行四边形的面积也是用长乘宽.因为平行四边形容易变形,可以转化成长方形."

……

面对学生不同方法的生成,在学生展示完后,华老师引导同学们一一评价,着重解决第一、二、三种方法有什么相同点,为什么都要沿着高剪.在评价第四种方法时,华老师说:"这位同学提出了一个十分有价值的问题!请那位同学再说说您是怎么想的?"

生4:"我用四支铅笔连成一个长方形,稍微移动一下就成了平行四边形.长方形的面积是长乘宽,所以平行四边形的面积也是长乘宽."

师:"非常感谢这位同学!他大胆地猜想平行四边形的面积是相邻两条边的乘积.(发言的同学满脸自豪)现在,同意的请举手,不同意的请举手.(同意的只有五位,绝大多数不同意)请哪位同学说说您为什么不同意他的意见?"

生5:(指着图)"斜拉过来以后,这条边短了."

---

① 方惠玲.关于小学数学课堂有效生成的思考[J].内蒙古师范大学学报:教育科学版,2008,21(8):155.

② 华应龙."导误"导出真探究[EB/OL](2009-12-22)[2010-6-14]http://jky.ynjy.cn.

师:“现在我来解决这个问题,可以吗?(拿出一个可以活动的平行四边形框架)这四条边的长度没法改变.它的面积是相邻两条边的乘积吗?(说“是”的比原先多了)平行四边形容易变形,拉动后面积变了吗?能用相邻的两条边长度相乘吗?”(学生思考)

生 6:“华老师,我能借用一下您的平行四边形吗?”

师:“可以!”

生 6:(快步上前,将平行四边形框架反方向拉成一个长方形)“这样就能用相邻的两条边相乘.”

师:“赞成用相邻两条边的长度相乘的,请举手.(绝大多数学生举手了)非常好!他(生 6)找了个‘行’的例子.那你们再看呢!”(顺着生 6 的方向,华老师继续拉动平行四边形框架,直到几乎重合)

生 6:“我发现问题了!两条边长度没变,乘积也就不变,可是面积变了.”(认为“行”的学生也不说话了)

华老师看时机已到,于是总结说:“前三种方法是通过剪拼,将平行四边形转化成了长方形,面积有没有变?(生齐声回答:没有)第四种方法是将平行四边形拉成长方形,面积有没有变?(生齐声回答:变了)两者都转化成了长方形,但我们要计算它的面积,转化以后的面积能不能变?”(生齐声回答:不能)

忽然,第一位提出两条相邻边边长相乘假设的男同学(生 4)喊了起来:“华老师,您误导!”(全场大笑,华老师更是开怀大笑)

华老师笑着对那位男生说:“你说得太好了!不过,我不是误导,而是导误!你的想法是有道理的.你的想法启发了我,计算平行四边形的面积并不一定要用底乘高,用相邻两条边的长度相乘再乘上一个什么就可以了,那到高中时就会学到的!”

【思考】

生成是在学生原有基础上的生成,如果超过了这个基点就可能生长不了,若低于这个生长点,生成也就无所谓生成了①.学生为什么说华老师“误导”?因为华老师没有像以前那样,发现学生探究所得的方法错了,就直接告诉他“这是不对的”.用相邻两条边的长度相乘,这是学生在探求平行四边形面积计算方法时的“原有认知基础”,是一种合情推理.老师面对学生如此真实的“现有发展水平”,面对错

---

① 董裕华.对数学教学预设与生成的理性思考[J].天津师范大学学报:基础教育版,2009,10(1):55.

误方法的生成，将错就错，带领学生在探究中发现问题，再将其带入柳暗花明的境地，体会豁然开朗的学习顿悟. 在数学教学中，如何改变学生的学习方式，关注学生自主探索和合作学习，关注学生的学习情感和情绪体验，使学生投入到现实的、充满探索的数学学习之中，这是数学课程改革的重点和难点. 华老师在这方面做了有益的尝试，其“误导”就是一种促进学生进行“自我反省”、明辨方法对错、生成正确知识的教学方式.

(3)重视思维点

数学教学既是渗透数学思想方法的启蒙教育过程，也是学生真实数学思维的展现过程. 数学思维常常是蕴涵在知识的发生、拓展、应用过程中动态生成的. 教师在课堂教学中要关注学生在探究、练习等活动中不自觉地体现出的数学思维，抓住蕴含思维含量的“只言片语”，使数学课堂显示出丰富的数学内涵.

【课例片段】商是两位数的笔算除法

(2009 年 11 月 12 日，云南师大附小四年级(1)班，执教：云南省红河州 MZ 县第二小学 LMY 老师)

(课件出示电池图片)师说：电池在我们生活中用途十分广泛. 可是，一粒纽扣大小的废电池污染的水量，比一个人一辈子的饮水量还多. 为了减少污染，学校环保小组的同学开展了一次收集废旧电池的活动，让我们一起去看看他们的收集情况. (课件出示：十月是学校环保月，共收集了 930 节废电池，平均每天收集废电池多少节？)

“谁来列式解答啊？”教师充满期待地询问大家.

生 16：“我列的是 930÷31. ”

(教师预设学生会生成 930÷31，因此，提出了下面“追问式”的问题)

师故作惊奇，问：“哪儿来的 31 呀？”

生 16：“题目中说的. ”(学生 16 没有解释清楚)生 17 补充到：“十月有 31 天. ”接着 L 老师请同学们独立地列竖式计算，让一名学生上台板演，自己则巡视. 在对着学生的板书进行讲评之后，老师又向大家问了这样两个问题：“对于 930÷31 来说商的最高位在什么位上？ 为什么？ 商的个位上的‘0’怎么来的？”

学生 18：“先用‘93’除以 31 余 0，被除数个位上还有 0，搬下来，再用 0 除以 31 得数为 0，余数为 0. ”

【思考】

通过课后访谈和分析教案了解到，L 老师预设的情况是学生不能完整地答出这两个问题，准备自己回答“也可以这样理解，当除到十位，余下的数是 0，被除数的个位上也是 0 的话，为了简便，我们不必把个位上的 0 落下来继续除，而是直接想‘0除以任何不是0的数都得0’，就在个位商0占位.”可见教师的预设更多受教材和教参影响.但是学生的思维要经历一个从已有数学事实生成新的事实的过程，才能达到抽象总结的阶段.数学事实是指一些头脑中已有的正确的数学结论.孔企平教授认为“初学计算的儿童一般是使用建构数学事实的方法，而不是提取数学事实的方法.小学生构造事实的过程是一个实践和探索的过程.”例如上面的学生18将“被除数个位上还有0，搬下来，再用0除以31得数为0，余数为0”的过程就是一个建构数学事实的过程，而教师的“当除到十位，余下的数是0，被除数的个位上也是0的话，就在个位商0占位”却是一个提取数学事实的过程.学生形成乘除法的技能，一方面经历自主构建数学事实、理解算理的过程是很重要的；另一方面在教师的指导下，经历由构造事实向提取事实转化的过程，对发展学生的数学思维也是很有必要的.

(4)使用评价点

心理学家威廉·詹姆斯(William James，1842—1910)说过，人类本质中最殷切的需求是“渴望被肯定”.当学生在学习活动中，无畏惧感、压抑感，勇于质疑，敢于发表自己的见解，即使自己答错了，也敢于及时纠正自己的错误时，这样的课堂洋溢着民主和生命的气息.教师面对学生的意外之举，而尊重、信任、适时赞赏学生，有利于引导他们去分析、探究并尝试解决问题.

【案例片段】平行四边形的面积①

(2004年10月，执教：贵州省兴义市第六小学刘玲老师)

该节课是2004年10月，刘玲老师等应澳门数学会的邀请，在澳门海星天主教中学六年级借班上的一堂研讨课.

数学情境：教师先让学生讨论长方形的面积

(数单位小方块)：

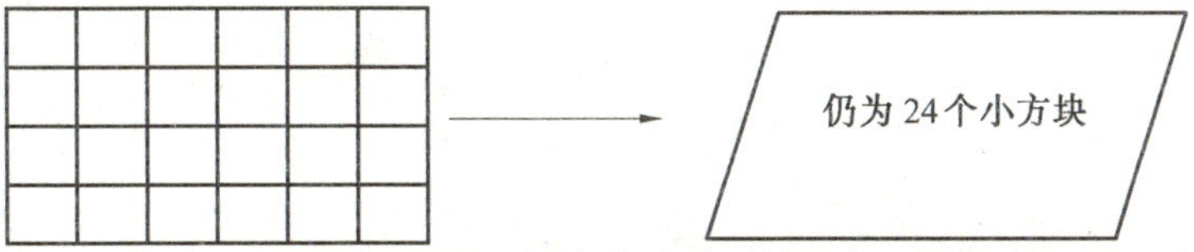

学生数出长方形的面积是由24个单位小方块组成，现在利用CAI课件，在高不变的情况下，把长方形变成平行四边形，它的面积不变，仍然是由24个小方块组成.

① 该案例2009年5月25日由贵州师范大学吕传汉教授提供.

教师由此启发学生:由长方形的面积是用长乘宽计算,推测出平行四边形的面积也可以用长(底)乘宽(高)来计算,即平行四边形面积=底×高.

由于教师充分调动了学生的学习积极性,使得一个男学生M(在班上较为调皮,且数学成绩中下)举手站起来说:“老师,我还发现了三角形的面积计算!”

刘老师立即走到M的面前,虚心地倾听他的意见,并问他怎么发现的?

学生M便当众发表了自己的看法.说:“因为长方形、平行四边形都可用对角线分成两个大小一样(全等)的三角形,因此,三角形的面积应当是长方形或平行四边形的一半”,从而大胆猜想出三角形的面积计算公式是:三角形面积=(底×高)÷2

老师立即向全班学生复述这个学生的意见,随即赢得听课师生热烈的掌声.接着,刘老师当众表扬了生M,说:“小同学,你很不错!你能从长方形、平行四边形面积的学习,大胆地猜测出三角形的面积计算,解决了老师这节课未解决的问题,很有自己的见解.你只要继续这样努力学习,一定会取得数学的好成绩,今后定能成为一个数学的爱好者,甚至会成为一个数学家.”

课后的评课中,当澳门大学教授评课结束后,澳门海星天主教中学的校长站起来激动地说:“非常感谢我们的刘老师,这节课把学生学习积极性调动得这样好.刚才那位小男孩,顶调皮,数学成绩也不算好,而在这节课的学习中,居然能发现三角形面积的计算,看得出他刚才很有成就感!也许这节课后,他会对数学的学习逐渐喜欢起来.”

【思考】

因为生成过程之中的教学系统是转变性的、变化的,预设的教学计划也只能是一般的指导,并不是用来完整贯彻或一味遵从的特定程序,那么教师的教学就需要重视偶然性的出现,需要根据课堂的瞬息万变,适时调整教学进程.“学生在课堂教学中还具有多向的本能需要和精神生活需要,这些都应该成为教学的根本出发点和生长点,使学生通过多种多样的生命活动得到全身心的发展”①.因此,课堂上,适时捕捉学生学习的“生成点”,评价与扩大学生的进步点,因势利导地引导学生去发现、探究、思考,进而在互动过程中,促进情感交流.这种互动式的因势利导的“教学生成”,十分有利于课堂三维教学目标中的情感目标的实现.

一个充盈生命生长的人文韵味的课堂,必定是教师在围绕学生发展精心设计的基础上,充分运用自己的教育智慧,保持课堂的灵活性和开放性,发挥学生的主

① 殷晓静.课堂教学中的动态生成性资源研究[D].上海:华东师范大学,2004:9.

体性，让自己融入课堂，与学生一道共同“生成”课堂①.

(5)吃透教学点

动态生成观的教学认为教材是重要的课程资源，但不是唯一的. 在强调钻研教材、吃透教材中的教学点同时，教师还应重视学生的课外经验、感受、见解、智慧、问题、困惑等课程资源的利用，将学习活动的开发、教材的整合和社会信息的利用三者结合起来，实现教学由教师控制课堂的预成过程变成师生共同建设、共同发展的生成过程.

【课例片段】百分数的认识

(人教版九年义务教育《数学》第十一册，特级教师华应龙)

教材片段

(1)导言：在生产，生活和工作中，进行调查和统计，分析比较时经常要用到百分数.

例如，某小学六年级的 100 名学生中有三好学生 17 人，五年级的 200 名学生中有三好学生 30 人. 六年级三好学生人数占本年级学生人数的$\frac{17}{100}$；五年级三好学生人数占本年级学生人数的$\frac{3}{20}$. 由于这两个分数的分母不同，要比较哪个年级的三好学生人数所占的比率大，就困难一些.

(2)概念引入：为了便于统计和比较，通常是用分母是 100 的分数来表示，$\frac{3}{20}$可以改写成$\frac{15}{100}$. 这样，就明显地看出六年级三好学生人数占的比例$\frac{17}{100}$比五年级的大.

又例如：一个工厂从一批产品中抽出 500 件，经过检验，有 490 件合格，这批产品合格的比例是$\frac{490}{500}$，也可以写成$\frac{(\quad)}{100}$.

表示一个数是另一个数的百分之几的数，叫做百分数. 百分数通常也叫百分率或百分比.

经过华老师对教材设计处理后的教学片段：

师：今年(2001 年)我国体育界有一件什么大事情发生？

生：中国男子足球队冲出了亚洲，走向了世界.

师：对！踢球的 11 个，赢球的 13 亿！全国人民喜气洋洋. 如果在明年的世界

① 傅钦志. 新课程理念下的绿色数学[J]. 数学教学通讯，2009(6)：8.

杯比赛中,我们中国队获得一个宝贵的罚点球的机会,你是米卢的话,将会安排哪位球员来主罚这粒点球?

有三位同学回答分别是"郝海东!""祁宏!""范志毅!"

师:"你为什么安排郝海东来主罚?"

生1:"郝海东在十强赛中进球最多!"

师:"那你为何让祁宏来主罚?"

生2:"祁宏的脚法最好!"

师:(看着生3)"请说说你的理由."

生3:"范志毅是三朝元老,心理最稳定."

师:"三位都言之有理.那究竟安排哪位主罚呢?我想,米卢会比较一下队员中罚点球最好的那几位的成绩,然后再定夺.你认为呢?"同学们点头称是.教师出示以下表格:

球员	罚点球总数	进球数
郝海东	25	22
范志毅	20	18
祁宏	50	43

师:"看了这张表格,你认为谁去主罚最好?为什么?"

学生大多说"范志毅".

生4:"我觉得应让范志毅来主罚,因为他罚球最稳、最准."

生5:"我觉得哪位失球最少,就该让哪位主罚,所以安排范志毅去罚."

师:"有道理.郝海东失球数是$25-22=3$,范志毅失球数是$20-18=2$,祁宏失球数是$50-43=7$,这样看来是应让范志毅去罚.同意这一理由的,请举手."

全班学生都举手了.

师:"考虑好了吗?不改啦?"同学们声音洪亮而自信地回答:"考虑好了!不改啦!"

师:"按这样的说法,如果我罚点球的成绩是罚1个球,可踢飞了.我的失球数是$1-0=1$,最小,那个点球倒该我去罚了不成?"学生们都笑了.笑过之后是思考,少顷……

生6:"我会安排范志毅来主罚.因为郝海东踢25个进了22个,照这样计算,郝海东踢100个会进88个;范志毅踢20个进了18个,那么,范志毅踢100个会进90个;祁宏踢50个进了43个,那么,祁宏踢100个会进86个.这样一比较,我会安排范志毅去踢这个点球."

师:“是个好主意！乍看不明白,照这样计算之后,都踢满100个球就一目了然.”

生7:(抢着说)“应算进球数与罚球总数的百分比.郝海东是88%,范志毅是90%,祁宏是86%,所以应让范志毅去踢.”(同学们眼睛一亮,颔首赞同)

师:“好主意！为什么要算百分比呢？如果不求进球数是罚球总数的百分比,而是求几分之几,行不行呢？这88%,90%,86%又是怎么算出来的？生6和生7的想法有联系吗？请前后桌四人小组讨论讨论.”(学生们热烈地讨论起来)

师:“借助百分数,可以很好地解决由谁主罚点球的问题了.看来百分数是个好助手！大家在课前收集到哪些百分数？在小组内交流交流,说说这些百分数表示的意思,然后小组推荐代表在全班交流……”

【思考】

这是一个精彩的教学设计与实施片段,生动而艺术地体现了新课程的理念——让学生学有价值的数学,学生活中的数学.华老师立足学生的数学现实和教学内容,通过为学生提供大量的观察、猜测、思考、操作、验证、自主探索和合作交流的机会,“再创造”了百分数的意义和实际应用.生活中处处有数学,可实际上,学生在生活中是不易发现数学问题的,只有用数学的眼光才能看到数学问题.这就要求教师先要学会用数学的观点去观察、分析现实生活,挖掘现实生活中蕴涵的数学信息,把教材上的知识点与学生熟视无睹的生活有机结合起来,变教材为文本,夯实教学内容,促进学生渐进地生成数学新知识.

(6)直面已知点

在课堂观察中,常发现教师课前精心准备的问题,学生早已知道答案;满怀欣喜地准备开启新课,学生似乎已经全部掌握.面临这种状况,教师要么硬撑脸面、强作疑问,生硬地从头再来;要么放弃预设,临时根据课堂再起炉灶.该如何直面学生的“已知”,生成精彩的课堂,就是值得思索了.

【课例片段】圆的认识①

想象力小游戏:三角形,梯形,正方形,圆形在某一天早上在路上见面了,想象一下:他们会说什么话呢？

(学生侃侃而谈,有部分学生已把有关图形的特征,编入了想象故事)

师:“非常佩服你们的想象力,老师这里有一本非常富有想象力的书——《数

① 唐林海.“圆的认识”教学片段的对比与反思[J/OL].(2005-8-21)[2010-11-27].http://bbs.pep.com.cn.

学西游记》,这里面描写的是猪八戒,孙悟空在西天取经的过程中的一些很滑稽的数学故事,想看吗?”

(全班同学都高举着手)

师:“那么多人要看,怎么办?这样吧,老师站在这里,同学们在座位上,听到我说开始,大家都上来拿,谁先拿到,我就送给谁,这样可以吗?”

(稍稍等了片刻)很多学生口里直说“不公平”

生1:(没等教师叫他,他自己站了起来)“不行的,我们吃亏的,第一排到老师的距离很近,我们太远.每个同学到老师的距离不相等,这样不公平的.”

(生1这么一说,大家更不同意了)

师:“不公平吗?那你们有好办法呢?”

生2:“我们可以围成一个圈(圆),老师站在圆心,这样就可以了.”

师:“这样为什么就公平了呢?”

生2:“我们每个人都站在圆边上,老师站在圆心,我们每个人到老师的距离其实就是半径,半径都相等的.”

师:“哦,你还知道圆心、半径,了不起!”

生3:“我还知道直径呢!”

师:(心里有些急)“那么有多少人知道直径啊?”

(这时,班里大部分同学都举手了)

师:“你们是怎么知道的?”

生齐答:“我们昨天都预习了课本.”(同学们脸上写满自豪)

(显然,同学们对本节课的学习是有准备的,这让老师觉得有些意外.老师意识到今天这节课遭遇了挑战.如果按照原来的设计进行,学生必将毫无参与热情,因为他们已经了解本节课大部分的知识,已设计的探究活动对他们而言将毫无神秘感,探究的兴趣也将大打折扣,学习效果就可想而知.但是老师也清楚:学生了解的知识仅仅是结论,对于这些知识的发生、发展过程,他们了解不多.老师该如何既保持学生的学习热情,又让学生参与知识的建构过程.在短短的时间里,老师决定把教学过程临时改组,顺应学生的知识起点,变探究—发现为探究—验证,让学生带着自己的发现,利用材料实践操作,证明自己的发现是正确的)

师:“刚才大家说你们预习了课本,那你们都知道了哪些知识呢?”

学生汇报,教师板书: 圆心 半径 直径

……

师:“同学们,你们有良好的预习习惯,那半径、直径会找吗?”

课件演示:请指出图中哪些是圆的半径?哪些是圆的直径?说明理由?

师:“谁来说说到底什么叫半径、什么叫直径呢?”

师:“关于半径、直径,你们已知道那么多规律,你们有没有动手证明过这些发现呀?”(只有几个人举手)

【思考】

学生总是带着自己的“数学现实”来到课堂的,面临学生的“已知”,既不能机械地执行预设的教案,也不应该全盘放弃预先的构想.教师之所以遇到学生的“已知”感到手足无措,原因在于教师预设的出发点在自己,而不在学生.教师仅仅凭借经验的预设,只能想到一节课学生在逻辑上需要学什么,而不能想到实际上需要学什么.因此,预设时要先了解学情,预设变“单线型”为“多线型”、变“流水型”为“板块型”,课堂上即时根据学情转变教情.小学生的数学“已知”很多时候是通过预习获得的一种表面的、限于字面的已知,并不明白概念的深厚内涵,并不清楚公式的推导由来,并不知道为什么要学习这些内容.因而,教师可以暂缓教学步伐、微调教学路程,通过“叙理式”、“开放性”的提问,深挖学生“已知”的真实含量.

总之,数学课堂上学生的问题、困惑、感受、见解等不再是教学的“绊脚石”,而是教学的“生成点”了①.教师必须及时抓住各种“生成点”,利用学生学习的“生成”进行有效教学,与学生进行思维的对话、情感的交流,做到剖析“生成点”,变学生的“个体”认识为学生的“群体”认识,变数学知识的学习为数学思想方法与学习方法的指导.

5.3.3 提升数学教师教学生成的智慧

小学数学教师对课堂中小学生认知错误的处理、课堂灵感的引发、学生质疑的导引、意外干扰的应变、现场需要的调节,等等.无论是应对生成,还是促发生成,都需要数学教师必须“具有对不确定性和不可预测的教学情境作出解释和决策的能力”②,这种能力正源于处理动态的教学情境过程本身,“教师教学智慧和教学水平也正体现于此”③.为了有效地提高教学生成的水平,科学而艺术地把握课堂教学中“预设与生成”的关系,一方面,需要教师在实践的基础上深刻地反思,在反思的基础上积累经验,走教师专业成长的民间道路,增强“对自我生命活力的体验和专

---

① 余文森,吴刚平,刘良华.关注资源、学科与课堂的统整[M].上海:华东师范大学出版社,2005:24.

② 沈兰,郑润洲.变革的见证——顾泠沅与青浦教学实验30年[M].上海:上海教育出版社,2008:185.

③ 李祎.新课程课堂教学:从弹性预设到动态生成[J].当代教育科学,2005(10):42.

业满足感”①,进而形成“个人理论”;另一方面,需要教师坚持职后的专业成长,通过参加校本教研、区际的教研活动、观摩课堂以及继续教育培训等方式,进一步提升教育理论、学习教学经验、反思教学行为.

1. 教学课后反思的探讨

一个教师在教育教学过程中可以自然地成长,但要更快地促进其有效发展的重要途径之一就是教师要在教育教学实践中不断地进行教育教学反思②. 新课程提倡教师成为思考者、研究者、行动者. 教学反思所形成的资源也是非常有用的生成性资源.

【课例】变化的量(北师大版六年级数学下册)

(2010 年 3 月 25 日,昆明市 PL 区 DH 小学六年级,执教:WC 老师)

教学片段 1:(上午第 1 节课,六年级(1)班)

情境二:骆驼被称为“沙漠之舟”,它的体温随着时间的变化而发生着较大的变化.

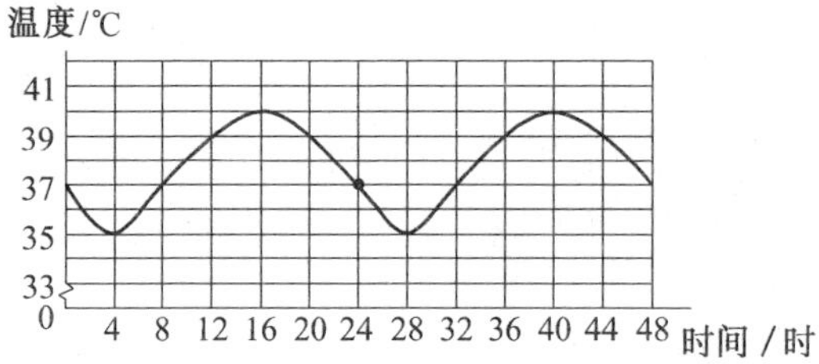

(图中 25时表示次日凌晨 1时)

(1)一天中骆驼体温最高是多少? 最低是多少?

(2)什么时间内体温上升? 什么时间内下降?

(3)第二天 8 时与前一天 8 时体温有什么关系?

(这三组练习题目,实际上是中学里函数的最值问题(有界性)、函数的区间(单调性)、函数的周期性问题)

W 老师与同学们顺利地处理了(1),(2)问后,问到:“同学们,你们观察表格看骆驼的体温变化有规律吗?”

生 8:“有规律.”(这里教师应该追问有什么规律,而教师没有这样做,转而提问下一个学生,哪些时候骆驼的体温一样?)

生 9:“4 时和 28 时体温一样的.”

师:“体温在随着什么变化而变化呢?”

① 杜芳芳. 个人理论:教师专业成长的新视域[J]. 教育发展研究 2009(18):80.

② 李春英. 反思性教学对小学数学教师专业成长作用的研究[D]. 济南:山东师范大学,2007:14.

学生中有答随天气的，也有答随时间变化而变化的. 还有学生解释骆驼体温随时间变化而变化，因为白天热，夜晚冷. 也有学生持不同意见，认为骆驼体温应该是随天气的变化而变化，因为白天天气热，夜晚冷.

师："我们来看这个图的横坐标代表的是什么？"

学生（一起）："时间！"

教师板书"体温随着时间变化而变化".

（几位学生围绕着问题"体温随什么变化？"而争议，有无必要！情境中已明确告诉了骆驼体温随着时间的变化而发生着较大的变化. 另一方面，这里 W 老师认为通过学生的争论认识到横坐标的意义是表示"引起变化的量"及自变量. 在课后的反思中，观课的老师们有不同的意见. 不同的意见有利于从多个视角看待课堂教学）

下课后，W 老师对这节课的教学设计意图进行了简短说明，之后听课教师对 W 老师执教的课进行了简要的评析，其中的建议集中在进行情境三教学时的提问方式和提问指向上，希望 W 老师在第三节课的平行班教学中能够改进.

教学片段 2：（上午第 3 节课，六年级（3）班）

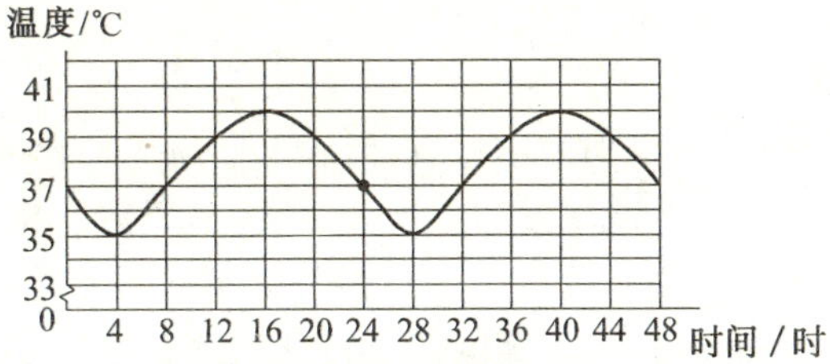

（图中 25 时表示次日凌晨 1 时）

情境二：骆驼被称为"沙漠之舟"，它的体温随着时间的变化而发生着较大的变化.（1）一天中骆驼体温最高是多少？最低是多少？

（2）什么时间内体温上升？什么时间内下降？

（3）第二天 8 时与前一天 8 时体温有什么关系？

同样在处理完（1），（2）问后，为解决（3）问，W 老师对同学们进行了提问：这张图告诉了我们哪两个量的变化？

生 1："骆驼体温与时间之间的变化". 师继续问到"骆驼的体温变化有规律吗？"另一名学生认为有规律，体温一样的.（他没有说出某个时刻）

生 2："一定时间段内是一样的."（生成中蕴涵了今后学习中的区间问题）

师："今天 8 时与昨天 8 时的体温有什么特点？"（同学们认为是一样的）

（这里处理比上节课较好，老师的追问，让学生自己生成了周期函数中的函数值相等问题和区间的知识）

【思考】

教师通过"反思"产生教后"文本".教后文本是教学内容预设、变化、再生后的综合,也是吸收反思经验重新建设的文本,它属于师生"自己的教与学的内容"①.反思可能对教学内容进行系统的加工和新的改写,"改写是教学内容系统创生的过程,改写的教学内容,是教学过程中真实发生的教学内容.这些内容成为平行班教学内容创生的重要资源"②.评课实际上也是一种课后的反思,可为广大教师设计教学内容提供一些可供分享的操作性经验.在评课中,听课教师分析这节课中教学目标的达成、教学环节的衔接、教学意外的处理;对照任课教师,反思如果自己执教,能否在观察中捕捉到动态信息、在提问中抓住即时信息、在练习中捕捉反馈信息、在讨论中挖掘隐性信息等方面的内容.如果评课群体中的老师,能将评论的意见用于指导自己今后的教学预设,将有助于学生更好的学习.

(1)W老师在第一课结束后的短暂反思中得到启示,在第二节课内处理同样问题时,采用叙述式提问追问骆驼的体温变化有什么样的规律.学生就给出了两种答案,并且第二种蕴涵区间思想的答案是教师预设中未曾预料到的.

(2)比较两节课可以发现学生在作课堂讨论或开放性问题时,容易产生生成性教学资源.

2. 教师的职后成长

教师在课堂上能够敢于直面教学生成,做到灵活地促发有效生成、巧妙利用生成,这对教师而言是"一个逐渐积累和发展的过程,从某种程度上说,这是一个长期的、复杂的、默会的过程,是实践智慧的体现"③.这就要求教师不但要对教学时常进行自我反思,还要利用教研课、观摩课、示范课、校本教研、教师培训等载体,向教育专家、学科专家和同事学习,走职后继续教育、追求专业成长之路.

教师的专业成长的"个人理论"认为④"教师的成长更多是'自造'的,而不是'被造'的,是自我实现、自我成长的历程".心理学研究表明作为一名优秀教师成长的心理历程经历"工作适应期、目标定向期、自我探索期与成熟创造期四个阶段",影响教师成长历程的因素既有外部因素也有内部动因,越是职业发展早期外部条件越重要,越到后期个人自我实现理想的作用越大,成为影响教师成长的主要

---

① 李臣之.论教学内容创生:规定性要素及基本路径[J].课程.教材.教法,2007,27(2):9.

② 李臣之.论教学内容创生:规定性要素及基本路径[J].课程.教材.教法,2007,27(2):9.

③ 沈兰,郑润洲.变革的见证——顾冷沅与青浦教学实验30年[M].上海:上海教育出版社,2008:185.

④ 杜芳芳.个人理论:教师专业成长的新视域[J].教育发展研究2009(18):81.

力量[①].从这个意义上讲,教师专业成长固然受外部环境的制约,但更取决于教师自身的努力.可见,无论是职初教师,还是有着丰富教学经验的高级教师,要能在数学新课程实施的教学中,“超越教学对教师生存的本体论意义,寻求教学对教师自身的精神价值”[②].

这一章中先对教学生成进行了分类和应对生成的经验进行了概括;再剖析了有效生成的含义,建构出促进教学有效生成的策略.研究中采取了定向基础理论与案例分析相结合的研究方式,这样既可上靠数学与教育心理学的相关原理,也可下连数学教师的教学经验.这些微观化、片段化的研究既有利于探测教师教学的具体情况,也有助于丰富系统化研究的内容.

① 申燕,吴琳娜,张景焕.优秀教师成长历程的质性研究[J].当代教育科学,2009(6):35.

② 徐继存.教学乃“为己之学”——教学行为的道德评判[J].教育理论与实践,2007(9):51.

第 6 章　教学有效生成的实践与反思

数学教育是作为交叉学科出现的，人们关心该领域的理论能否成功地解释数学教学的实际.在理论工作者和实际工作者之间建立更加强有力的协作和联系是研究理论与实践关系的重要途径.

——王林全

国际数学教育界近年认为“与单纯强调理论的指导作用相比，我们应当更加重视切实立足于实践活动，并通过及时地总结与深入反思以获得新的进展”①，明确反对将理论研究与教学实践的严格区分，更加强调两者的相互渗透，因此，需要重视案例研究.马克·霍哲认为，“案例研究是一种运用历史数据、档案材料、访谈、观察等方法收集数据，并运用可靠的技术对一个事件进行分析，从而得出带有‘普遍性’结论的研究方法”.

这一章中将结合现状研究阶段和效果检验阶段收集的教学案例，选取部分一线教师在我们所建构的策略指导下设计与实施的教学片段，采用案例片段对比研究的形式，着手于考察教学事实，分析教师授课实录，检验所建构的促进教学有效生成策略的实践效果.为进一步完善策略，服务教师教学，促进学生的发展，寻求实践的依据.

6.1　小学数学课堂教学生成案例的选取缘由

因为，检验促进小学数学教学有效生成的策略的效果问题，必然离不开对一线教师的教学案例的研究；离不开概括、总结、提升小学数学教师在教学过程中为促进教学有效生成所积累的宝贵经验；离不开借鉴、采用小学教研员在开展以“教学生成”为主题的教师培训、教学研究中所取得的成果.这些宝贵的经验和成果，对于验证和完善促发教学有效生成与教师有效应对的策略，有着十分重要的实践意义.

教学案例是具有特殊性、个别性色彩的教学载体.王林全教授(2005)认为“为

① 郑毓信.“高潮”之后的必要反思[J].数学教育学报，2010，19(1)：2.

了用特殊事物有效地反映一般的规律，案例的选取应该具有典型性”. 为了便于读者回到情境，引发读者深入的思考，案例又要具有过程性和发展性. 由于“同课异构”、“三段两反思”和“自我反思”是一线教师常见的专业成长途径，也是教师培训、教研活动和教学实践中呈现出来的常用的教学形式. 从这三个角度选取的案例，有助于研究中对比的需要. 为便于分析，研究中已将课堂实录转换为文字内容. 由于转换后的文字内容篇幅太长，该章只摘取其中的部分教学内容，来简要分析教学过程中实现教学有效生成的行动和事实.

6.2 小学数学课堂教学有效生成的案例

这一部分将从“同课异构”、“三段两反思”、“自我反思”三个角度，分析教师授课课例，以期从横向对比中探寻不同教学策略间的差距，从纵向对比中呈现教师团队或个人的专业成长历程，检验所建构的策略的实践效果.

6.2.1 小学数学“同课异构”教学中的有效生成

“同课异构”是指针对同一节课，不同教师根据不同构想、采取不同方式进行教学的一种教研形式①，它是对比法教研方式的一种，目的是通过对照教学过程的差异，总结有效教学的策略，促进教师课堂教学能力的提高.

内容：人教版小学数学三年级下册第六单元

主题：昆明市 PL 区小学数学教学“同课异构”教研暨教师培训活动

【课例片段 1】面积和面积单位

(2010 年 4 月 21 日，昆明市 PL 区 GD 小学三(1)班，执教：PL 区 MT 小学 MXQ 老师)

教师板书：物体表面或封闭图形的大小叫做它们的面积. 在揭示出面积概念后，M 老师用课件出示(一个黑色正方形和一个灰色长方形)，并提问哪个的面积大，谁的面积小？(问题 1)

生 1：“我看是黑色的正方形面积大.”

生 2：“我认为是一样大.”

生 3：“我认为是灰色长方形面积大.”

师：“孩子们的意见不统一啊！我们除了眼睛观察，还可以怎么办？还有什么

① 余文森. 有效教学十讲[M]. 上海：华东师范大学出版社，2009：244.

方法来比较面积大小吗?”(问题2)

生4:“重叠.”

教师演示重叠的方法(见右图).

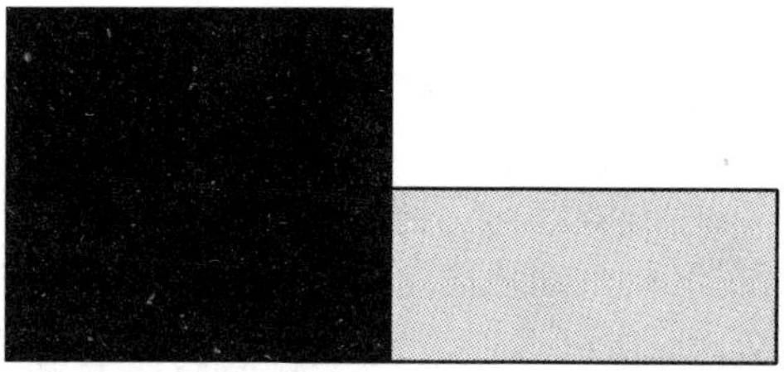

师:“除了重叠,还有其他的办法吗?”(问题3)

生5:“把黑色正方形上面多出的那部分剪掉,再拿过来与这边多出的灰色部分相比.”

师:“有道理!还是让我们借助合适的学具动手操作,用覆盖的方法比比看谁的面积大.”学生按照M老师要求用圆片或者小方格纸通过覆盖的方式操作比较两个图形面积的大小,教师巡视指导.

【思考】

这里是学生方法的生成.教师的教案这部分表述如此:“3.揭示面积概念.4.比较面积大小,教学面积单位.师:刚才我们知道了比较面积大小的两种方法,有观察法和重叠法,出示教科书第71页的两个长方形.比一比谁的面积大谁的面积小?直接观察和重叠都不行,怎么办?让我们动手操作比比看.”,从教师的教学预设看,教师这里只是预设到了问题1,2,没有预设问题3.这是M老师在课堂上根据课堂教学实情添加的一个问题,学生有新方法生成,但是却没有很好的处理学生的生成,教学很快就回到自己的教案中去了.

【课例片段2】面积和面积单位

(2010年4月21日,昆明市PL区GD小学三(3)班,执教:PL区DZ小学LZL老师)

1.L老师出示一个灰色长方形和一个黑色的正方形,请同学比一比谁的面积大?

生1认为是黑色的图形大.生2认为两者的面积相等.生3认为还是灰色的长方形面积较大.

教师重叠演示,询问大家可以直接比较出大小了吗?

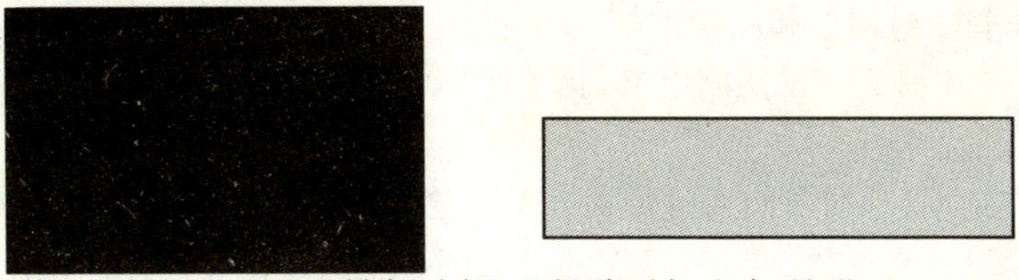

生4回答："还是不可以．"教师追问："那需要怎么办呢？"

生5："剪下黑色图形多出的部分，再铺到灰色图形多出的地方．若刚铺满，则是一样大；若还铺不满，则灰色的长方形面积较大；如果铺了，黑色还有多的，则是左边的黑色正方形面积大．"

师："好办法！同学们，如果我很喜欢我的纸卡片，很心疼它们，我不想剪它们，那么该怎么办呢？"

生6："我们是在黑色和灰色的图形中都画小格格．如果都是10个小格就一样大了；如果灰色的长方形里是10个小方格，黑色的正方形里是9个小方格，则灰色的长方形较大；如果灰色的长方形里是9个小方格，黑色的正方形里是10个小方格，则黑色的正方形面积比较大．"

师："学生6的做法对吗？"（学生都表示赞同）教师接着操作演示见下图：

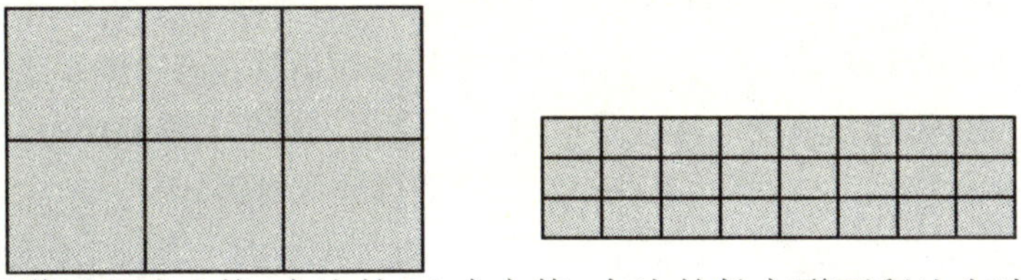

师质疑道："左边6格，右边的24个方格，右边的长方形面积比左边的大吗？"学生没有回答，进入思考状态．教师微笑道："可见我们要先统一用来度量的方格，否则会出现错误．"（教师通过巧妙提问以及示范，让学生产生了一个又一个的认知冲突）

【思考】学生5、学生6都生成了分类和穷举的数学思想．学生6生成的画方格方法实际在后面教学中就会出现，但是前提条件必须是方格要统一大小，否则会出现错误．这里从教师的预设教案看，没有想到学生会生成分类的数学思想．由于L老师有比较强的教学素养，她通过问题或者演示图形的方法，既纠正了学生6所给出方法中的错误，也为下面引入"面积度量必须统一单位"提供了自然而然的理由，从而使得学生体会到统一单位的必要性．

【课例片段3】面积和面积单位

(2010年4月21日,昆明市PL区GD小学三(2)班,执教:PL区PL小学ZY老师)

师:“在前面,小朋友们通过重叠比较了图形的大小,现在处于黑板上的两个图形又不能取下来重叠,思考一下怎么比较它们的大小.”(学生提出用学具去量)

师:“同学们拿出你们的学具,作业单上也印有这两个图形,你们自己先用学具去比一比.”

有3名学生汇报:“我是用9个小方格铺满正方形”;“我是用3个大方格铺满长方形”;“我是用12个更小的方格铺满长方形.”其他学生发表了不同看法,质疑学生3的方法.因为,每一组只发了9个小方格,12个小方格不知从何而来!

师:“同学们注意哦!我看见学生3这组的操作员是在旁边的小组借来了3个小方格.他们这种随机应变的作法是值得大家学习的哦!”(学生行为生成,老师表扬处理.由于操作活动时间短,有些小组1个图形还没有铺好)

生4:“我们小组是用直尺量出了,这个长方形的长是6厘米,宽是2厘米,因而面积就是12厘米.正方形,我们是3乘以3等于9平方厘米.我们认为是长方形大.”

师:“这位同学这一组都会用计算的方法来比较图形的大小了啦!太厉害了……”(教学进入下一个环节,教师提问:用圆片来铺可以吗?)

……

【思考】

对于这个长方形、正方形面积公式的生成超出教师的预设,教师处理这种利用公式来比较面积的大小的方法较勉强和简单,可以说是一种遗憾.学生4可能是在课外书或者是课外学习中已经知道了可以用公式来计算面积.但是,为什么可以采用公式计算比较以及为什么要采用公式计算比较,学生4未必知道.这体现出小学数学教学离不开教师的“导”.为什么可以采用公式计算比较,因为长方形、正方形面积是从单位方格推导而来.方格个数既可以数出,也可以用行列相乘计算出来.由于观察的不精确以及重叠的不方便、不简便,所以后面还需要学习公式法来计算.

通过同课异构三个教学片段的比较可以看出,促发教学走向有效生成,还需要教师做到:①积极推进探究式的学习,预设既开放、指向性又较明确的提问. 教师的提问可以在新旧知识的连接点处、或在思维变化处、方法对比处、总结知识规律处. ②鼓励学生大胆想象、勇于争辩和相互评价,在思维的交锋、碰撞中闪现满含生命力的智慧火花. ③面对学生的"方法、错误"等资源的生成,教师一方面要作课前的精心预设,另一方面要合理把持资源的价值,使其能推动下一轮教学的有效生成,服务学生后继学习.

6.2.2 小学数学"三段两反思"教学中的有效生成

"三段两反思"是"一节课,反复上三次,每一次课后都要进行反思,反思后,同步跟进,仔细琢磨、打造后再上"①. 采用一名教师多次执教或者多名教师连续共同执教的形式. 课后进行教学反思,"由执教教师就自己的预设与生成进行对照反思,参加观课的老师及其他人员认真分析来自真实教学环境中的问题",针对问题提出改进意见和措施. 这里主要采用的是"多人同课循环"模式.

课题:平均分的认识——除法的初步认识第1课时

内容:人教社义务教育课程标准实验教科书二年级下册

主题:XS区新华中心小学"三段两反思"教研活动

【课例1】除法的初步认识 第1课时

(2010年3月15日,昆明市XS区XX小学中心校二年级(2)班,执教:ZJ老师)

1.除法的初步认识

教学过程:

一、创设情境,感受平均分

1. 谈话导入,实际操作

教师在黑板上通过挂图出示教材上(第12页)的情境,由情境引出春游话题.

2. 课堂活动

教师让各小组长先上台领取春游中需要的糖果,随后再汇报分发糖果的情况. 老师在黑板上记录分得同样多的组数和不够分的组数.

① 常锡光. 校本研究行动策略[M]. 昆明:云南教育出版社,2009:186.

分得同样多的组数	不够分的组数
1,2,6,7,8,10,12	3,4,5,9,11

(Z老师认为设计这个活动的目的是让学生在分糖果的情境中自主发现“平均分”)

师:“同学们,你们在观察各小组的糖果分发后,发现了什么?”

生2:“有的组同样多,有的组不够分,分得同样多的组数较多.”

师:“对啊!我们发现有些组分得同样多,对于‘分得同样多‘的组,你们能给这样的分法取个合适的名字吗?”有学生3回答是“平均地分”.

Z老师出示定义:在数学上,把每份分得同样多,叫做平均分.

教师:“大家想一想,对于没有平均分的小组,你们有什么办法重新平均分糖果吗?”

生4:“再分给一点糖果.”

教师按生4的说法给不能平均分的小组补发了糖果,并向各小组提问:“还差几颗?给了糖以后,你们小组每人平均分多少颗?”

3. 学生练习

教材第13页,把10个面包平均分成5份,每份有( )多少个?

二、实际操作,学习如何平均分

1. 教学例2——平均分的方法

师:“15个橘子平均分到5个盘子中如何分?”(教师出示5个蛋糕盘以及15个橘子)学生在简短讨论后开始汇报.

生5:“我们是采用3个3个的分!”

(学生一下子将教师的预设打乱,教师教案上预设的是按照教材上先出现1个1个的分,再2个2个的分,最后是3个3个的分.教师没有回应或者评价这位学生的分法,也没有追问学生5他是怎样想到这样的分法,以及3个3个的分,有什么特点)

师:“还可以怎样分?”(生6认为可以先2个2个的分,再1个1个的分)

(这里实际蕴涵了$(2+1)\times5=15$的思想,教师对这只是进行了简要的肯定,没有进一步挖掘这种二步分法的价值以及与3个3个的分之间的联系.教师实际可以在黑板上将学生6的分法用表格或简图表示出来,对二年级学生更有助理解二步分法)

2	2	2	2	2
1	1	1	1	1

这样表示也容易引发学生生成下面的分法：

1	1	1	1	1
2	2	2	2	2

师："除此之外，还可以怎么分?"

生7："4个4个的分."（错误的分法教师没有立即处理）

生8："1个1个的分"（这种分法是与教材上的设计是相符合的，目的是培养小学生"有序"的思维习惯.教师肯定了学生8的分法，并用橘子演示了将15个橘子1个1个地分，3轮分到5个盘子里）

教师在演示完上面的分法后，回头来处理学生7的错误.她通过4个4个的分，产生分不够的情况，从而说明这种分法是行不通的.

（教师能意识到学生的错误，并预设到如何处理这种错误.课后评课中有教师认为Z老师处理这个问题，艺术性还不够.可以在学生出错后，立即请学生7本人上台操作演示，感受错误的产生，从而带动其他学生的理解.或者Z老师顺势追问学生7，为什么要4个4个的分，是怎么想的）

2.巩固练习

教材第14页"做一做"：把12瓶矿泉水平均分成3份，说一说您是怎么分的?

（这个巩固练习主要是检验学生对平均分的分法掌握情况.同时，开放题的练习，有助于拓展学生的知识）

有学生回答："每份分3瓶，分4份."也有说每份分成5瓶.只有一半的同学举手认为应该是每份分成4瓶.教师见学生回答不准确，便强调要实现准确地平均分，需要一步一步地来，1瓶1瓶的分.接着出示小黑板，进行拓展练习.

三、应用拓展，理解平均分

1.练习1

练习1是将上述分矿泉水问题进行了拓展，小黑板展示，学生口答.

把12瓶矿泉水
平均分成(3)份，每份是(　)瓶；
平均分成(6)份，每份是(　)瓶；
平均分成(4)份，每份是(　)瓶；
平均分成(2)份，每份是(　)瓶.

（Z老师引着学生填完这个题目.该题有一定难度，蕴涵着找12的约数的思

想，放在这里还不合适，后面三空还有不少同学出错）

2. 课本练习

教材第 16 页，练习三第 2 题. 把 8 块糖分给 4 个小朋友，问哪种分法是平均分？

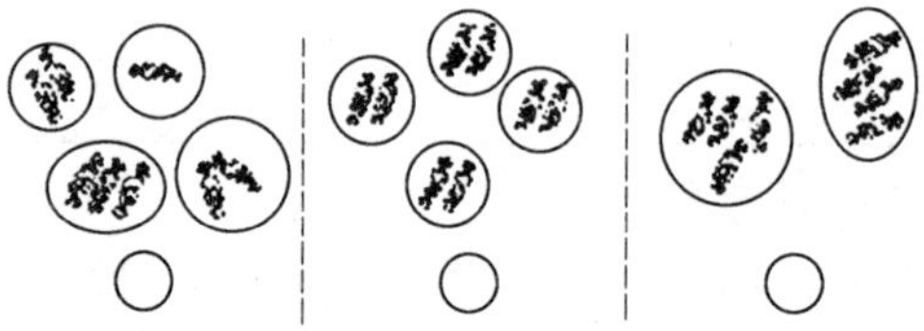

哪种分法对？在对的 ○里画 “✓”.

（通过观察学生课堂的反应看，这道题学生基本都能正确做出来）（下课时间到）

四、课堂小结

1. 学生谈收获

生 13：“同样多就是平均分.”

生 14：“不够分就向别人要，不够 1 个再要 1 个.”（显然这是教师前面所设计的补发糖果活动带来的负迁移.）Z 老师再次强调写在黑板上的“平均分”的概念.

2. 联系生活

教师让学生举家里面平均分物体的例子. 学生 15 提出了她“家中 3 个人，要平均分 10 块蛋糕，该怎么平均分？”Z 老师认为“剩下 1 块，不够平均分”.

（这里教师实际上创设了一道两个整数能否整除的问题. 这里是不能平均分得整数块，从数学上讲每人可以得到 $3\frac{1}{3}$块，已经隐藏着分数的知识了. 这实际是一个为什么要学习分数的实际生活情境. 课后评课中，有教师认为这是一个可以服务于后面教学带余除法时的教学资源. 教师可以这样处理，向学生们解释到 10 块蛋糕是没有办法按整数平均分，但是学习了后面的分数，我们对 3 个人如何平均分一块蛋糕就会有新的认识）

【思考】

课后观摩教学的教师对这节课的评价主要集中在以下几点：

1. 教学中的亮点：

①学生参与很积极，小组合作改变着课堂原有的生态，学生以饱满的热情参与到教师安排的活动中.

②教师对知识难度的把握较到位，学生需要对平均分的概念理解到什么程度，对怎样平均分需要掌握到什么程度，都有较清晰的认识.

③课堂上学生通过小组合作、实践操作、口头汇报等多种形式、多个途径来加深对“平均分”的认识.

2. 通过学生在巩固练习和拓展练习中的表现可知,同学们能判断一种方法是否是平均分,但是对如何做到有序而准确的平均分,掌握得不很好. 建议从以下三个方面改进教学设计和实施:

(1)对教学中练习预设的思考. 教学的弹性预设需要对课后练习有一个较准确的认识,本节课在第 16 页习题 3 中的练习主要是第 1 ~ 3 题. 这三个题是有层次、有针对性的.

第 1 题“每个花瓶里插同样多的花,应该插几枝?”是针对学生对情境 1 和学生的分糖活动,一方面加深对“同样多”的认识,另一方面为学习“平均分”这个概念起到支架作用.

每个花瓶里插同样多的花,应该插几枝?

第 2 题中左图虽然分成了 4 份,但每一份没有均分;右图虽然是均分,但只分成了 2 份;只有中图满足题目要求. 即这三幅图中,左右两图是用于辨析平均分概念的非概念表征图,中图才是平均分概念的标准表征图. 因此练习第 2 题在设计上目的“通过对照非概念图形以强调概念的本质属性”①. 根据变异学习理论要使学

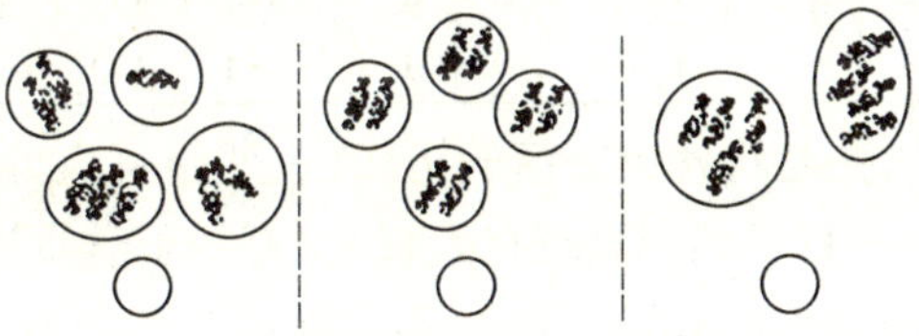

哪种分法对? 在对的 ○里画 “✓”.

生更有可能学习到“可能被学习的东西”就需要他们能够在不同的情境中分辨事物的“关键特征”,在对比中区分事物的变与不变,因为“人们总是通过对比、区分

① 沈兰,郑润洲. 变革的见证—顾泠沅与青浦教学实验 30 年[M]. 上海:上海教育出版社,2008:153.

来认识和理解事物的”①. 在这道练习题的设计中,教师要抓住“平均分”这个概念的两个关键特征“每份都要分”、“分得同样多”. 设计的变式题目能考查学生对平均分是否真正准确理解. 如果教师在教学中能引导学生从辨析概念入手学习,那么学生就有可能自己生成出很多的练习题目,甚至生成出在孩子这个年龄段里所认为的“新知识”. 因此,建议教师将这个练习放到“平均分”概念学习后.

第 3 题是巩固学生对平均分的分法以及整个这节课的知识. “平均分”这个概念有 3 个要素,“总数”、“份数”和“平均分得的数量”. 老师能抓住这三个数目,让学生充分地说,为进一步学习除法打好基础.

3. 分一分,说一说.

一共有(　　)个梨,平均放进 3 个盘里,每盘放(　　)个.

(2)对预设与生成处理的建议. 课后在阅读 Z 老师的教案时,发现她的教学预设意图中有“学生在开放性的活动中认识平均分,为以后学习有余数的除法打下基础”这样一句. 可见授课教师也预设到了学生可能会生成一些不能直接平均分(整除)的例子,但是老师没有作进一步的预设准备或者应对动态生成性问题的能力还不够强,致使课中出现了一些遗憾.

(3)对小组合作过程中记录表的板书设计的建议

分得同样多的组数							不够分的组数				
1	2	6	7	8	10	12	3	4	5	9	11
4,4 4,4	4,4 4,4	4,4 4,4	4,4 4,4	4,4 4,4	4,4 4,4	4,4 4,4	3,4 3,4	3,3 3,2	3,4 4,4	1,2 2,2	3,2 3,3

这样设计的好处,一是将各组分糖的结果(有些组每人分得一样多,而另外一些则不是)对比性地、一目了然地呈现在黑板上,有利于学生聚焦于数目之间的差别,二是这样的板书呈现不但有助于后面学习理解“平均分”概念,还可能自然而然地诱导学生自己生成出“平均分”这个数学名称.

【课例 2】除法的初步认识(第 1 课时)

(2010 年 3 月 15 日,昆明市 XS 区 XX 小学 LJ 分校二年级,执教:LJ 老师)

一、教师以春游话题作为情境导入

二、新课

① 陈建翔.“变异理论”对传统迁移观的超越及启发[J]. 教育理论研究,中国教育学刊:2009(1):30.

1. 观察

L老师要求同学们看图片(课件出示教材第12页),并提问:"二(1)班学生在准备什么?你发现了什么?"

由于情境问题太开放,指向性不明.有的学生回答:"每人准备了2瓶水,2个面包,3个水果."有的说:"准确了2个盒子."也有同学认为"准备了苹果和香蕉."还有一位小朋友说准备了灭火器(同学们都笑了起来).

师:"这位小朋友防火意识很强,值得大家学习.这个图片上的小朋友们外出春游,带的是水果和冷食品,我们来看他们所带的食物数量上有什么特征呢?"

(思考:由于图片中的矿泉水瓶像灭火器,以及学校最近一直在讲森林防火.教师对无价值生成的成功处理化解了学生的尴尬,也让小孩子认识到防火意识的重要性)

同学们齐答:"每份一样多."(教师板书,并强调每份同样多)

2. 小组活动

(1)教师先给每组发一袋糖果,再提活动要求:每人都要分,且分完;先弄清楚每份是多少,要分给几个人.

(2)教师组织活动,学生参与

其中第3组和第5组糖果不够,组长向L老师要糖求助.(这是一个矛盾性资源,糖果不够,说明这两组都试图从平均分的角度,才会出现不够分.建议让学生或组长详细描述发生了什么,他们是怎么分的,分的结果如何.这可省略后面为帮助学生理解平均分而预设的部分教学活动)

(3)学生汇报

第1组:我们小组有8人,有32颗糖,有人分得3颗、有人4颗或5颗;

第2组:我们小组有6人,有30颗糖,每人分得5颗;

第3组:我们小组有8人,有28颗糖,有人分得3颗、有人4颗;

第4组:我们小组有6人,有24颗糖,每人分得4颗;

第5组:我们小组有8人,有35颗糖,有人分得4颗、有人5颗;

第6组:我们小组有4人,有16颗糖,每人分得4颗.

(在分糖活动开始时,老师并没有一开始就要求每个学生分得一样多,而是给了大家一个探究的过程,导致有的组是均分,有的组则不是.还原了一个丰富的课堂活动情境.汇报前,L老师让学生在汇报时,先说人数(份数),再说有多少糖(总数),再说每人分得的结果.这样处理实际把握住了平均分这个概念最关键的三个要素.如果,L老师能将各组分的情况以表格的形式呈现在黑板或多媒体上,更有助于学生对于"平均分"的理解.例如,第1组的不均分现象可能是由于分法不公平造成的；而第3组和第5组，则是由于糖果数量总数不能够保证平均分. 如果不在板书上呈现出来，学生容易引起误会. 对于第一组的分法上出现了问题，实际是一个生成性资源. 为后面要学习“分法”及“如何保证能平均分”提供了“必然性”）

另外，在观察中发现某小组组长开始将糖果1个1个的分给同学，分完后又将糖果收集起来. 当L老师来到该组指导如何分糖果时，小组长又很熟练地给每位同学分4颗，迅速地分完糖果.

（景海莲校长认为该组长的两次操作行为含义是不同的. 第一次是在摸索分的方法，而第二次“4个4个的分”的行为，已经是她认知结构中新信息经“顺应”后地表现了. 这是一个很好的可用的活动或者说方法资源的生成）

3. 教师归纳

师：“哪些小组每人分得一样多？请举手！大家取个名字？”

生7：“春游！”（老师提问缺乏数学性和指向性，导致学生回答偏离课堂预设）生8认为：“叫平均分……”

4. 巩固练习：教师出示课件，让学生判断哪组是平均分.

5. 如何平均分

师提出问题：“看看生活中有哪些地方需要我们用到平均分？（用课件呈现9条鱼，3只猫，3个盘子）怎么将这些鱼分给小猫？你们分一分，看有几种分法？”（教师要求学生将糖果当做鱼来分）

学生汇报：

生9：“我们是给每只小猫分了3条.”（老师追问学生9这一组是怎么分的？但他们很难说清楚. 教师一次性提的问太多，学生的答问中出现了很多问题. 教师又不得不帮助第1组学生准确地说出“是3个3个的分”）

生10：“我们第4小组是先2条2条的分，再将剩下的分别给3只小猫.”

随后教师排除其他的分法，回到课件的预设中，用课件演示1条1条的分.

（这里建议教师让学生跟着课件，当1轮分完就说出“1个3”，2轮分完说“2个3”，3轮分完说“3个3”. 这样为后面的试商学习奠定了生成的基础. 1个1个的分，能保证有序性、公平性和准确性，但是这种方法并不是最快速的. 因此，教师处理这里时，不要过多强调非得一个一个地分）

三、师生共同小结

【思考】

1. 教学的亮点：

（1）低段学生学习之后概念意识较模糊教师用课件图文并茂直观地呈现练习，即时强化了学生对“平均分”的理解，很有时效性.

(2)这节课充分体现了教师教书应是“用教材”,而不是“教教材”的理念. L 老师围绕“平均分”概念,创造性添加了较多的例子,引导学生多次经历了“平均分”的过程.

2. 进一步思考的问题:

(1)课题是“除法的初步认识”里面的“平均分”,那么对于教学目标就应该考虑到“平均分”初步认识到什么程度? 教学中只需要二年级学生去了解“什么是平均分”.

(2)活动中的提问要有指向性、有序性和层次性. 比如,在情境开始时 L 老师说到“大家看图片(教材第 12 页),二(1)班学生在准备什么? 你发现了什么?”太开放,可以改成先让学生观察桌上有什么? 再引导学生从桌上物品数量的角度,观察物品数量的特征?

(3)对于低段的学生来说,练习情境信息,一次不能出现太多. 比如对于小猫分鱼这个情境. 可以这样处理:先出示 9 条鱼,再询问同学们“9 条鱼可以怎样分”. 学生可能说 1 条 1 条的分,也可能说“分成 1,2,3,3”或者“分成 4 与 5”等多种情况. 细心的学生就会发现,这里只告诉了总数 9 条,没有告诉份数. 这时课件再呈现 3 只猫. 学生能立即明白是将 9 条鱼分给 3 只猫. 老师这时再提问“怎么分?”,让学生讨论一下之后,才提出“如果要使得每只猫分得的鱼一样多(平均分),该怎样分?”

【课例 3】①除法的初步认识 第 1 课时

(2010 年 3 月 16 日,昆明市 XS 区 XX 小学 LR 分校二年级,执教:YWJ 老师)

教学目标:

(1)在具体情境与实践活动中,建立“平均分”的概念,知道平均分与物体的“总数”、分的“份数”有关.

(2)充分经历从任意分到平均分的过程,在探索不同分法的过程中,初步形成如何“平均分”的表象.

(3)感受“平均分”与生活的联系,增强探究意识和解决问题的能力.

教学重点:平均分的概念.

教学难点:平均分的方法.

教学准备:学具盒、挂图、食物.

---

① YWJ 老师全程参加了前两位老师的授课、研课活动过程,她采用“有效生成视阈下的教学预设”理念,多次设计修改教案,并实施教学.

课前准备:学生在小组长的带领下背诵99乘法口诀表.

教学过程:

一、创设情境,感受“平均分”

1. 分配

师:“黑板上贴有8根小棒,我们现在要把它们分成两堆,可以怎么分?”

生1认为:“我把它们一堆分成3根,一堆5根.”另一名小朋友认为:“将两堆都分成4根.”也有同学认为可以分成2,6两堆.

教师板书:

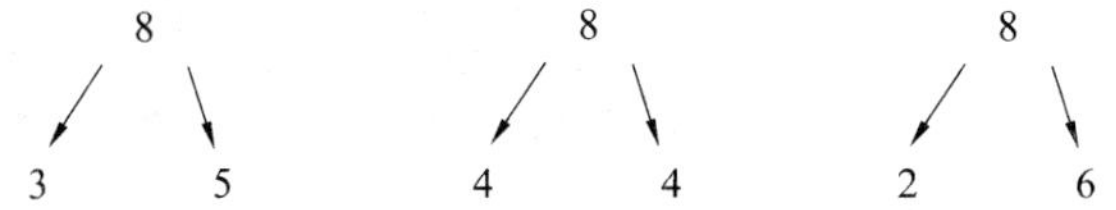

师:“同学们观察第2位小朋友的分法有什么特点?”

学生齐答:“一样多!”

2. 春游情境

二(1)班的同学明天要去春游,同学们积极地准备春游的食品.教师出示教材第12页挂图.组织学生观察画面中准备的水果的数量,在小组中互相说一说,这些数量有什么特征.进而从中感知每种食品都分得同样多.

(课后老师在说课时谈到这个情境预设的目的是通过教师引导和学生观察图片初步感知“平均分”,为生成平均分概念作情境酝酿)

二、探究新知

1. 例1(什么是平均分)

每个学习小组拿出学具:一包糖.师:如果要将这些糖分给5个同学,你们会怎样分呢?注意是“任意分给5个同学”.

先组织学生小组讨论可能的分配方案,再动手分一分.再让小组长组织学生汇报分配结果,展示自己的分配方案.

师:“刚才同学们在分糖时,有些小组所分得的糖果,每人都分得同样多,我们把这种分法叫平均分.”(板书:每份分得同样多,叫平均分)在板书后,教师组织同学们解决教材上练习三第2题“把8块糖平均分给4个小朋友”.在读题后,教师让学生先明白题目要求,再独立判断哪种分法是正确的?哪种分法是错误的?为什么?

生11:“我是选第3图.”(Y老师正要提示,生12抢答表示不同意生11的观点)

生12:“第3图不对!这儿是把8块糖平均分给2个小朋友,另外2个小朋友

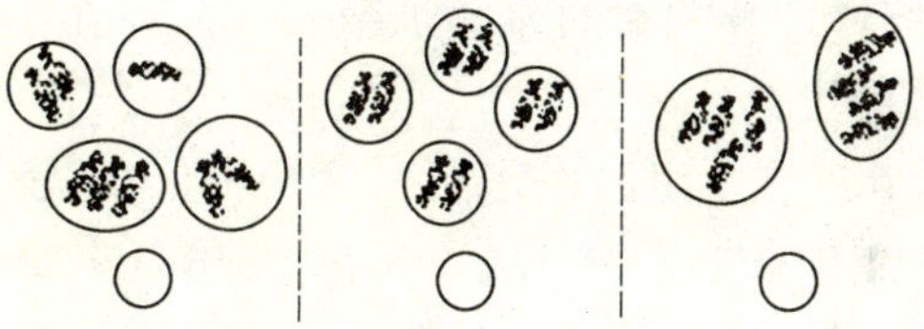

哪种分法对？在对的 ○ 里画 "✓".

没有分到糖，他们不会答应."（听课的老师和同学们笑了起来）

师："那是该选哪幅图呢？第一幅图吗？"（课堂中很多小手举了起来）

生 13："这种分法也不对，虽然是分给 4 个小朋友的，但每个小朋友分得的不一样. 因此不是平均分."

生 14："我认为只有第二种方法是对的. 总共有 8 块糖，是要分给 4 个小朋友（也就是分 4 份），每个小朋友分得的都是 2 块糖. 这才是平均分！"

2. "做一做"（尝试如何平均分）

教师提问："如果要把 15 个橘子平均分成 5 份，该怎样分呢？"

接着组织学生（把小棒当橘子）按学习小组合作动手分一分，边分边想一想：我是怎样分的？然后组织学生演示并汇报.

生 5："把 15 个橘子先在每个盘子里放 1 个，又在每个盘子中放 1 个，再向每个盘子放 1 个，也就是一个一个地分，每份分得 3 个橘子."

生 6："先向每个盘子放 2 个，又在每个盘子中放 1 个，最后每份分得 3 个橘子，这样分快些."

学生 6 刚讲完，生 7 急忙抢过话筒汇报："我们小组是直接向每个盘子里放 3 个橘子，放 5 次，刚好分得每份有 3 个. 这样分更快些！"

（学生 7 生成的方法正是这节课内容中需要师生提炼的方法，是除法知识学习的"前认识". 如何能够快速而准确的分完，这就需要除法知识）

师："刚才同学们通过不同的方法，把 15 个橘子分成 5 份，每份都是分得 3 个橘子. 这就是说把 15 个橘子平均分成 5 份，每份有 3 个. 学生 5 是很有顺序地分，保证了分的准确性，而学生 7 所在的小组是在熟练的情况下，很快将这些橘子平均地分完. 其他的同学一定也很想知道他们是怎样做到的！"

3. "做一做"（升华对如何平均分的认识）

让学生先观察课件画面上总共有多少瓶矿泉水？再看要求分成多少份？

生 8："一共有 12 瓶矿泉水."

生 9："要求是分成 3 份."

师："你能较快又准确地把 12 瓶矿泉水平均分成 3 份吗？"

组织学生运用学具(小棒当矿泉水)动手分一分,并在小组中分别说一说,你是怎样分的?哪样分最快?

Y 老师指名学生 5 所在小组回答完后,一边板书,一边总结到:“刚才同学们通过不同的方法,把 12 瓶矿泉水平均分成了 3 份,每份是 4 瓶. 也就是说总数是 12 瓶,份数是 3,平均每一份就是 4 瓶.”

	总数	份数	每一份
橘　子	15	5	3
矿泉水	12	3	4

三、巩固练习

教师出示:练习三第 1 题. 组织学生读题,观察画面.

师:“把这些花插在花瓶中,每个花瓶里插同样多的花,每个花瓶插几枝?用线将花与瓶子联结起来.”

生 10:“老师可不可以直接写出得数.”(该生已经懂得用除法直接计算了.)

Y 老师同意生 10 的请求,在指名同学回答后,老师又让全班学生念一念题目和答案.

四、拓展练习

情境:小华家的三个果盘中,每个盘中已有 1 个大小基本一样的苹果,盘外还有 6 个苹果. 现在家中来了三个同学,小华要将所有这些苹果端出给客人,她该怎么分配苹果呢?教师提示:出于礼貌的考虑,端给同学的水果个数应该一样多. Y 老师启发大家先观察苹果的总数是多少?再看要分成几份?每份是多少?

在解决这些问题后,Y 老师说“如果盘外还有 7 个苹果,而不是 6 个,那么又该如何平均分呢?建议同桌小伙伴讨论一下!”

生 15:“老师!老师!我们是一个一个的轮着放,可是剩下一个啊?”

生 16:“我们是一次性将两个苹果放在一个盘中的,剩下的一个就留给小华自己吃吧!”

生 17:“老师,如果要非得平均分的话,只有将剩下的一个苹果再平均切成三份了.”(从数学角度讲,这才可能实现)

五、小结

教师肯定了同学们有很多平均分的点子,更有可贵的合作与分享的品质. 接着共同总结了在分物品时,每份分得同样多,就叫平均分. 平均分物时,可以一个一个地分,也可以几个几个地分. 几个几个地分要分得快一些,但一个一个地分准确些,不能分重复. 要做到平均分,关键是需要清楚物体的总个数、分的份数.

【思考】

这节课在设计和实施上反映出生成观下的变异教学设计特点，分小棒、春游和分糖三个情境目的是通过学生在均分与不均分的差异性对比中认识平均分的概念，而练习三第2题检测出学生建立起了平均分的概念．教学中的分橘子、分矿泉水、巩固练习和拓展练习是一个过程性变式教学的流程，目的是“通过问题解决的层次形成一个有层次的活动经验系统”①．通过在两组活动、两组练习前后之间进行适当形式的变式铺垫，辅助学生较为顺利地攀爬过“知识固着点（什么是平均分）”与“目标问题（如何平均分）”之间的“潜在距离”，从而有助于同学们生成和完善“如何平均分”的认知结构．

通过上面三节课的教学实录，可以看出通过两次的教学反思之后，一方面，教师在促进教学走向有效生成方面做得越来越好，另一方面也敢于应当课堂的生成、应对的水平也较高．同时，生成信息的整理、恰当的信息呈现、变式的教学设计以及“当学生思维启动时，教师进行引导；当学生思维断裂时，教师帮助衔接；当学生思维散乱时，教师帮助梳理”②等这些教学举措也有助于教学的有效生成．

6.2.3　教师“自我反思”教学中的有效生成

教师的教学反思是“参与者将自己的教学活动作为思考对象，来对自己所做出的行为决策以及由此产生的结果进行审视和研究的过程，是一种通过提高参与者的自觉水平来促进能力发展的途径”③．作为数学教师，最主要是时常对自己的教学进行反思．

【案例】“6的乘法口诀”教学引发的思考④

（2010年6月，执教：贵州省龙里县龙山镇城关一小郑惠老师）

新课程实施以来，“以人为本”、“以学定教”是出现频率较高的词语．按我的观点，“以学定教”莫过于“以学生的学决定教师的教”，过去自己一直认为这不会有错．可就是这个一直认为没有错的观点却让我陷入了极其尴尬的境地．

（1）问题的提出

那是一次校内的课堂教学比赛，我执教的内容是“6的乘法口诀”．在此之前，

---

① 沈兰，郑润洲．变革的见证——顾泠沅与青浦教学实验30年［M］．上海：上海教育出版社，2008：153．

② 吴佑华．有效备课：为数学课堂生成智慧奠基［J］．数学教学研究，2008，27（9）：3．

③ 常锡光．校本研究行动策略［M］．昆明：云南教育出版社，2009：194．

④ 该案例由贵州师范大学吕传汉教授2010年提供，郑惠老师撰写．

学生已经学过了 2 ~ 5 的乘法口诀,这是学生已有的知识,那么我的教学就应该建立在这个基础上. 经过精心的设计,我满怀信心地步入了教室. 在利用情境引入之后,我出示了方格图(略).

师:“这里一共有多少个小方格? 可以怎么算呢?”一名学生认为是 5×6 = 30. 师接着问:“用哪句乘法口诀?”生 2 说:“五六三十!”

师:“5 以内的乘法口诀我们学过了. 下面我们看——”

接下来,我用课件演示,在上面方格图的下面增加了一行.

师:“现在有多少个小方格? 可以怎么列式呢?”

生:“6×6”.

师:“6 的乘法口诀我们学过了吗?”

此时,只要学生回答“没学过”,我就可以顺利地引入“今天我们来学习 6 的乘法口诀”. 那可真是顺理成章、水到渠成了. 可是,我万万没有想到的是,大部分学生几乎异口同声地说:“学过了.”声音之响亮、整齐真是前所未有,后面听课的老师都禁不住笑起来……

我的脸顿时涨得通红,头脑一片空白. 这帮家伙,明明没学过,干吗都说学过了? 真是不配合. 惨了、惨了,接下来该怎么办?

“真的学过了吗?”我的声音中带有明显的怒气. “学过了.”学生继续回答,不过声音小了许多. “我教过你们了吗?”我不死心,继续追问. “没有!”学生的声音越来越小,有的学生已经开始不知该如何回答了.

“那你们说学过了吗?”我从自己的声音中几乎听出了“哀求”的语气.

“没有.”终于有学生吐出了这两个字.

我松了一口气,总算把学生“拉”回到我原定的教学方案中了. 可是,接下来的教学,我和学生却再也进入不了状态了.

一节课终于熬过去了. 听课教师走后,我无奈地与学生开始了课后的对话:

师:“我明明没有教过,为什么你们却都说学过了?”同学们七嘴八舌地说道“我真的学过了,是我爸爸教的.”“我早看书学过了.”“这么简单,不用学就会了.”

(2)教师的困惑

布卢姆说过:“对教学影响最大的是学生已有的知识.” 对此我一直深信不疑. 可是现在我终于明白:学生的已有知识不等于教师教给的知识. 也是在这时,我才知道我对“以学定教”的理解是肤浅的. 在本次教学中,我认为所有的学生对 6 的乘法口诀都一无所知. 而实际上,部分学生在学习 6 的乘法口诀之前就已经能背诵了,还有一些能力较强的学生是联系前面学过的口诀自己进行了知识的迁移. 学生的认知渠道是多种多样的,他们的知识水平与已有经验不同,能力也不一样,不同的学生处于不同的起点.面对这种情况,如何找准教学的起点呢?

(新课程理念指导下的课堂教学,应该让"预设"与"生成"和谐共生.教学预设是弹性的、留有空白的,随着教学的展开而不断地生成①.在上述片段中,教师原来的预设是学生对所提的问题是未知的,想激起学生的悬念,引入新课教学,但学生的一句"学过了",打破了教师的预设,生成了教师所意外的教学情境.郑老师的"脸顿时涨得通红,头脑一片空白".这种现象在观察到的课堂教学中时有发生,特别是在一些公开课上.如果这时教师没有对学生提前的获知加以质疑口吻的连续追问"真的学过了吗?我教过你们了吗?那你们说学过了吗?",而是引导学生进行了自我评价"你们知道哪些相关的知识?你是怎么学会的?"让学生对自己所学的知识进行反思,"自我评价一下哪些知识点已经掌握了,哪里还有欠缺,学习方法如何?②"你们还想进一步了解这些知识是怎么形成的吗?等等.虽然这些学生对 6 的乘法口诀已经有了初步的理解,但如何学会、如何形成的却未必真懂,毕竟是自己听来的或看书学得的)

(3)教学改进

在另一个班进行教学前,我改变了原来的教学设计.于是,有了我与该班学生的另一种对话.一开始,我直接出示方格图(略).

师:"请大家估计一下大约有多少个小方格."

学生交流后,我给了学生一个任务:试一试用自己的办法算出来一共有多少个小方格.学生独立思考后交流.

师:"谁能说一说,你是怎么算的?"

同学们开始回答:"我直接用 6 的乘法口诀计算,$6\times9=54$.""我是一排一排数的:1 排 6 个,2 排 12 个,3 排 18 个,……,9 排 54 个."生 3 认为:"我利用加法来算:$6+6+6+6+6+6+6+6+6=54$."生 4 说:"还可以用 $12+12+12+12+6=54$."

生 5:"我是这样算的,将方格图分成上下两部分,用学过的乘法口诀来算,上面是 5 行,$6\times5=30$,下面是 4 行,$6\times4=24$,合起来是 $30+24=54$."

生 6:"我用 $9\times3=27$,$27+27=54$."

生 7:"一行是一个 6 得 6,二行是 2 个 6 相加得 12,三行是 3 个 6 相加得 18,……,9行是 6 个 9 相加得 54."

① 徐淑萍.在生成性数学课堂中展现学生自我评价魅力[J].小学数学教育(沈阳),2008(10):6.

② 徐淑萍.在生成性数学课堂中展现学生自我评价魅力[J].小学数学教育(沈阳),2008(10):6.

师:"你有数学家的头脑,真会动脑筋,会用学过的加法来判断."

学生的表现让我欣喜不已.看到学生思维如此活跃,我由衷地感觉到"百花齐放春满园".接下来,我充分利用学生生成的这些资源,让他们比较:"这么多的方法,你们认为哪种方法比较快?"学生说:"用乘法口诀算要快得多了."然后,我顺势指出:"那么我们就让已经会用口诀算的小朋友教我们怎么编6的乘法口诀,好吗?"这样,就自然而然地引到本节课的教学主题上了.

师:"今天这节课,同学们有什么收获?"

生8认为自己记住了"6的乘法口诀".生9大声说道:"以前我只知道'6的乘法口诀'里的两句:'一六得六''二六十二',今天我知道了一共有六句."

生10:"6的乘法口诀以前我就会了.今天我知道如果哪句忘了,可以用加法把口诀重新编出来!"

我微笑着说:"今天的课,我们应该取个什么题目?"

生11提议就以"我们一起学习了'6的乘法口诀',做课题吧!"生12认为"6的乘法口诀"自己早就会了,这节课只是检验了一下是否正确.她觉得应该用"检验6的乘法口诀"做课题.生13的意见是:"我以前不知道还有'检验6的乘法口诀'我觉得还是用'发明6的乘法口诀'更好."

我转身在黑板上写出了两个课题:"检验6的乘法口诀"和"发明6的乘法口诀".并让同学们选择适合自己的课题,告诉身边的小朋友你为什么选择它.

(4)教学反思

教学反思,是一个自我教学提炼、升华的过程.通过这两节课的教学,我认识到以下三点:

①务必从学生的实际认知水平出发教学

"学生不是空着脑袋进教室的."在学习新知之前,大部分学生已经通过文具盒、玩具卡片等各种媒介初步接触了乘法口诀,有的学生已经能熟记乘法口诀.有的学生了解的是局部的、零散的口诀,但仍然有些学生根本没有接触过"6的乘法口诀".对于这些情况,老师在课堂上不能熟视无睹,不能把学生看成是一群"零经验"或处于同一认知水平的群体,而应从各自的数学现实出发,让熟记了口诀的学生、初步了解口诀的学生和根本没有接触过口诀的学生都能积极参与到教学中来,让不同的学生经历不同的学习过程,得到相应的发展.

②抓住课堂的学生生成实现以学定教

对于那些初步了解和没有记过"6的乘法口诀"的学生,在交流、碰撞的过程中,知道了如何运用已有的知识经验去算出2个6,3个6是多少,并借助在交流中生成的学习策略去算出4个6,5个6,6个6的结果,经历了一个完整的再创造的过程,积累了丰富的数学活动经验.在选择课题的时候,这部分学生选择的课题是“发明6的乘法口诀”. 我最后板书了两个课题,尊重了学生的学习过程和情感体验.

在进行教学设计时,不仅要考虑学生整体的实际情况,也要考虑到学生个体的差异性、学生学习起点的不一致性.我想:“以学定教”的最高境界,就是能以学生的差异来“定教”吧.既然是让学生用“自己的办法”来算,那么,对不同的学生来说,他们就可以有难易程度不同的方法,不同思维水平的学生才有可能在自己的思维水平范围内进行思考,从而获得不同的发展.事实证明,也正是由于给予了学生足够大的空间,学生间的差异才得以暴露出来,教师才有可能获得“以学定教”的教学资源.

③善用课堂教学“预设”引发课堂学习“生成”

从两个教学过程的预设和生成的情况来看,教学目标的达成虽然“殊途同归”,但是,第一次在预设时认为学生“应该”还不知道与“6的乘法口诀”有关的知识,考虑不够充分,低估了学生的能力,没有达到自己预想的效果.课堂教学的实施可以说完全按自己事先预设按部就班地进行,给人的感觉是生硬强迫,不够自然.而第二次执教前,在算法多样性汇报这一环节中,我进行了新的预设,放开了对学生的思维限制.学生通过独立思考和积极汇报,显露出他们对情境图的个性解读.这为我把握真实的学情创造了条件.在对照班的教学中,还学生以主体,利用学生的思考、学生自己的语言来推动教学走向持续的生成,从而达到了我期望的效果.

【思考】

通过郑老师的教学案例,可以看出如果“教师只是按照自己或课本的思维方法、教学路子,引导学生按照设计好的思路走,学生稍有背离老师的思路或方法,教师就想方设法拉过来,很少顾及到每个学生思维的特点和已有的知识和情感经验”①,那么学生的创新能力将受到极大的束缚.这与实施素质教育的思想是背道而驰的,长此以往学生的主动性将逐渐丧失,数学课堂沦为教师的“话语和思想霸权”的“复印”场所.郑老师通过课后的反思,对第一次教学的“回味”、“咀嚼”,在下一个教学班立即调整教学预设,变学生的“被动”为“主动”,变“强行回归”预案为自然关照生成,践行着“凡是学生能动口的尽量让学生动口”的学生观,使得数学课堂从“知识课堂”走向了“智慧课堂”.

后现代主义认为人类所处的自然是复杂的和有机的,而不是简单的、分离的和

---

① 吴佑华.有效备课:为数学课堂生成智慧奠基[J].数学教学研究,2008,27(9):2.

线性的,知识作为对世界的反应的信息形式,必然是整合的、有机的①.教育系统也是一个具有生命力的有机系统.因而,数学教育教学的实践既是“理论研究的丰富源泉”,又是检验理论研究、策略建构实效性的唯一标准.这一章从同课异构、三段两反思、自我反思三个角度选取了教学案例,意在说明第5章中所构建的策略在教学实施、专题教研和教师培训等活动中取得了明显的效果.

① 龚孟伟,陈晓端.后现代主义知识教学观:价值与局限[J].课程.教材.教法,2008,28(10):24-29.

第 7 章　结论与思考

这部分的内容意在从总体上概括、反思这项研究的过程和结论，为进一步深化小学数学课堂教学生成的研究工作理清思路、明确方向. 在这一章中将总结研究所得到的主要结论、研究中存在的不足以及今后可以继续研究的问题.

7.1　研究的结论

通过对文献研究、教师问卷调查、访谈、课堂观察、案例分析和教学经验总结，获得了这样的认识：小学数学课堂教学生成指的是在小学数学课堂教学情境中，与预定的目标、内容、过程、方法相一致或相冲突的"事件"的产生. 教学生成是对教育过程真实性、动态性、可变性的概括，它是对过去强调课堂教学过程的预先设定性、计划性、静态性的一个重要的补充和修正. 教学生成内涵丰富，可以从教学预设、教学资源、教学实施等角度对其进行分类. 研究中还得到以下研究结论：

(1)小学数学课堂教学生成的现状

生成性的数学教学现状的调查，结论主要有教学预设、教学生成与应对、教学反思三个方面：

①对生成与预设的认识有待深入

第一、对预设的认识需要科学化

小学数学教师对于教学预设和教学目标有一定的客观认识，但是认识上仍存在误区.

第二、教学预设的实践需要精心化

职初教师和老教师不太注重教学预设. 在进行教学预设时，67.5%的教师基于自己的经验去考虑学生的学情，50%的教师所选择的教学资源首要是来自于教材，很少考虑可能的生成性资源. 59.12%的教师设计的教学环节趋于程式化和同质化；经验型教师更易受到"目标——步骤——检测——矫正"教学模式的影响.

第三、对生成的认识还需系统化

所调查的教师大部分对"生成"等概念了解不全面，普遍认为自身的个人素质是决定资源生成的关键因素. 在新授课中教学资源更容易生成，问题是生成的最主要类型. 大部分教师认为生成的教学更具有创造性和开放性，96.58%的教师认为生成的价值在于激发学生学习兴趣和活跃课堂气氛.

②对生成的促发与应对能力有待提高

第一、教师促发生成的经验

在预设时,教师普遍是通过熟悉教材和知识结构,明晰学情,设计开放性问题,充分准备教具、学具,细致设计情境和充分预设教学内容,来促发更有效的生成.创造性的"提问—答问"、有效的"师生互动"是小学数学教学中教学生成的主要时机与途径.

第二、教师应对生成的经验

73.5%的老师都认为应对意外的生成性资源,感到比较困难,应对水平偏低,需要找到相关的指导策略来帮助他们适应充满生成的课堂.大多数教师为达成教学目标敢于直面教学的生成,一般是根据"生成"的价值来采取相应的"应对"策略,而处理的方式是"先生后师,师生共析";不同教师面对"创意"、"错误"、"难题",有着不同的应对方式和理由.

③对教学反思的视角有待多样化

从反思视角看,82%的教师主要是基于经验与课后作业反思教学效果、教学环节、教学方法,而对学生的"学"和"资源生成"的反思比例较低.从"生成、反思与预设"关系来看,不少的教师反思的内容与下一次教学联系不紧密.

(2)促进教学有效生成的理论与对策

通过研究对小学数学教学生成获得以下理论与实践上的认识:

①小学数学教学有效生成的理论

第一,一个完整的体现创造性、开放性、差异性和对话性等特征的生成性教学过程,不是以预设为圆心,教材为半径的封闭教学轨迹.教学进程不是始于教、止于教,而是源于学、长于学,是"精心预设、高效生成、积极应对、常态反思"四环节循环往复、持续不断的体现职业成长的发展历程.

第二,师生课堂中教学生成的过程是一个依托于学习情境,教师的预设性情境信息与学生头脑中知识固着点相互作用的过程.这也是融学习资源、师生个人经验、认知基础于一体的信息沟通过程.在这个过程中,产生出的新信息通过学生自身的内化与教师外在的教学协助,最终师生共同获得生成性的知识,达到学会学习的目的.

第三,动态的数学课堂教学系统由学习者、教育者、情境和资源四个要素所构成的一个具有生命活力的有机系统.基于此,教学是一种教育者和学习者以资源为平台的关系性交流,其特征是师生以自觉追求生成、发展和完善自身为目标.数学教学生成源于学习者的数学现实,成于学习者对数学问题不断理解、突破、超越的过程之中，借助于数学学习的再创造，经历“知识产生”、“符号建立”这样一种“数学化”的学习轨迹、进而实现认知、技能、情感生成的目的.

第四，有效的数学教学生成指的是教育者遵循教学活动规律，以尽可能少的时间、精力和物力的投入，使得有助于取得教学实效、达成教学目标、满足学习者需求的教学事件的持续发生. 它的特征是生成的事件是要有教育价值、符合教学目标、促进学生的学习，以及在应对生成时为促发新的生成所实施的行为是时间利用高效、注重思维含量、保障多数同学受益的.

②促进教学有效生成的对策

第一，聚焦教学预设的设计能力. 教学预设要立足学情，从教学目标、教学环节、教学提问、教学时空等视角着手设计弹性的教案，了解学生头脑中知识生成的沃土，认真设计教学活动的方式和过程，保证教学的可变、可生. 同时，只有在备课时，对课堂教学中可能出现的情况做适当的准备，才能促进课堂教学从“预成”走向“生成”.

第二，着力教学生成的实践能力. 教学设施中倡导采用变式教学与探究学习、自主思考与合作学习相结合的模式，以合理的情境为载体、以明确的问题为动力、以知识网络为纽带、以有序的互动为保障、以恰当的节点为契机，为学生思维的全面化、有序化、结构化以及参与活动的有效化、“错误”的价值化，创设一个争辩与分享的空间，使得课堂教学从“教成”到“学成”.

第三，强化教学生成的应对能力. 教学生成的应对能力体现为一种教学机智，需要比较高的教学素养和数学素养. 教师应本着敢于面对、积极应对的态度视生成的价值和教学目标选择应对的时机和策略. 对于思维混乱、争议性生成先交给学生争辩，对典型错误的生成采取“对比”、“导误”，对较难的、超出“学生跳一下也摘不到”的生成留于课后探讨，对疑惑性生成给予适当的暗示启发.

第四，提升教学生成的再生能力. 教学信息在课堂内外瞬息万变，一方面，教师要具有动态生成观的意识和能力面对和处理这些动态生成性的教学资源；课后对教学过程进行全面的反思，平衡取舍，生成新的教学资源，既而进行教案二次加工，教材二次开发，为下次教学做好充分的准备. 教师经常反思教学中的成功之处和教学过程中失误的地方，从而不断调整自己的教学过程，提升教学的灵活性. 另一方面数学教师也要引导学生反思自己的学习状况、质疑学习内容、梳理方法结构、建立知识树图、概括出具有个人理解特色的思想策略，以便学生自觉拓展探索属于他们的未知领域.这样就能促进学生的发展和教师自身的专业成长①,变课堂教学“偶成”为“常成”.

(3)教学有效生成策略的实践效果

通过教学有效生成案例的研究,可以看到所建构的促进教学走向持续、有效生成的策略应用于云南省2010年“国培计划——中西部骨干教师培训项目”(小学教学学科)后,盘龙区、西山区小学数学专题教研以及用于指导青年教师职后成长等方面取得了较为明显的效果.采用促进数学教学有效生成策略重新设计后的小学数学课堂教学还发生了一些变化,主要体现在:小学数学教师能从生成观的角度去进行教学预设,课堂教学中生成性资源更加多样,对生成的应对更加主动积极,对生成的反思更加专业化和自觉化,初步达到了学生学会学习、教师专业提升的目的.研究中采取了让一线教师参与经验的总结、策略的构建完善,以及在执教中实践策略的研究思路,当其有效性是在任课教师执教中显示出来时,这既证实了研究思路和方法的正确性,也有助于策略的进一步充实和推广.

7.2 研究的反思

对课堂题究过程进行反思的一个根本目的,在于找出此项研究的不足及尚需进一步研究的问题,为后续研究做好准备.

反思一:数学教学生成的研究使得课题组更清晰地认识到这是一个现实性很强的课题.“对这样一个可以说是‘人人都能说出个一二’的课题”②,该以何处作为切入点,研究该走向何处等问题始终萦绕在我们的头脑中.但随着近两年在教学一线的观课研究,使得大家对该课题的重要性有了更深的体会.

反思二:数学教学生成的探讨对于改变传统数学教学中过多预设导致教学程序化和机械化的现状有着重要的意义,然而如果仅仅是“强调教学过程的生成行为,甚至盲目地崇拜那些‘可以引领生成’的方法,在根本上是一种工具理性的思维模式,其结果往往陷入‘技术主义’或‘唯方法主义’的泥淖,而脱离对学生个性成长的关注”③.这是需要研究中谨慎对待的问题.

反思三:尽管研究中努力地对小学数学教学生成的相关问题进行了系统的研究,并取得一些结论,但是,由于课堂教学生成具有较强的情境性、相对性和内隐性

① 朱志平.课堂动态生成资源论[M].北京:高等教育出版社,2008:199.

② 宁连华.数学探究性学习[D].南京:南京师范大学:2004:140.

③ 孟凡丽,程良宏.生成性教学:含义与价值[J].课程.教材.教法,2009,29(1):25.

等特征，以及研究者个人能力有限等因素的存在，使得研究过程中还存在一些局限和不足，主要表现在以下几方面：

第一，现状研究对象的范围较小. 在研究过程中由于时间、经济条件以及自身知识基础等研究条件的限制，研究只选择了昆明市的四个区，在学校的选择上也只有城区、郊区、乡镇学校和少数村小学校，没能覆盖边疆少数民族地区的学校，学校的代表性因而有所减弱.

第二，由于"任何教学都是在实体、活动、关系和过程等维度上生成的，教学作为一个开放而不断生成的系统"①而存在，研究中虽然关注到了这些维度上的生成，但仍感觉难免浅尝辄止，有待研究的深化.

第三，教学生成是相对于教学预设而言，与教师的课前预设具有很大的关系. 一方面对"生成"的研究，难免篇幅上侧重于"生成"而怠慢了"预设"，让读者误判了研究者对"预设与生成"所持的平衡立场；另一方面，对于某个时段中某一个教学片段是否是预设性生成，还是非预设性生成，生成的资源是预设性的还是生成性的，这些执教教师自己更加清楚. 教学预案只能作为课堂观察时的参考材料. 这造成对"生成"类别的判定具有一定的间接性.

以上不足之处有些是出于研究条件的限制，有些则是研究者才疏学浅，知识水平有限所致，在后续的研究中，将尽力予以弥补. 这些问题与不足既是压力，更是动力，激励我们深入开展后续研究.

7.3 可以继续研究的问题

生成是一个庞大的教育研究课题，此研究仅从教师教学的视角作了一些工作，尽管在实践上发现了一些问题、总结了一些经验，在理论上提出了一些观点、获得了一些结论，但仍存在着问题与不足，特别是学生学习"过程性生成"的细节有待在后续研究中不断改进与完善.

首先，在综述国内外数学教学生成的有关研究时，虽提出了些想法，但论述得还不够深刻；对现状的研究，虽然获得了一些教师面对生成的态度和应对生成的策略，但对信息背后的原因挖掘尚不够深入，可作为后继研究的切入点.

其次，研究中力求体现数学教学的数学学科特性，并结合有关论述提出了数学教学有效生成的特征及相应的促进教学有效生成的策略，但这些研究还较粗浅，有

① 孟凡丽，程良宏. 生成性教学：含义与价值[J]. 课程. 教材. 教法，2009，29(1)：26.

待在后续研究中深入探讨.

再次,作为教学手段,无论预设还是生成都是教学中必不可少的可能性选择.例如数学新概念的引入有两类:一类是教师通过静态的抽象引导学生认识;另一类是学生经历概念动态生成的过程.哪一类引入方式更好,取决于什么判断标准?两者如何平衡?也是值得思考的问题.

除上述外,需要进一步研究的主题有:影响教学有效生成的主要因素;教师专业素养与生成性教学的关系;教师教学资源使用效果的研究;课后如何反思、如何调整教学策略来促发新生成.

无论教学如何改革,“有效的课堂”是教育者永恒的追求.在新课程改革实施几年后的今天,许多教育专家、一线的教师都不约而同地提出了“教学的有效生成”的观点.通过这次对小学数学课堂教学生成的研究获得了一些有价值的成果,今后将以此作为一个新的研究起点,对数学教师教学生成进行更深入研究.希望这项研究能够起到一个抛砖引玉的作用,让一线教师能关注到课堂的真实状态.同时,也希望这项研究不仅能为广大小学数学教师提供有效的参考,更能为小学数学课程改革的深化发展提供一些可靠的依据.在研究结束前,向所有对这项研究给予指导、协助、支持和关心的单位和个人表示最诚挚的感谢!撰写中的不到之处,还望各位同仁、广大的数学教师和读者给予指正!

主要参考文献

期刊类

[1] 叶澜.课堂焕发出生命活力——论中小学教学改革的深化[J].教育研究,1997(9):5.

[2] 陆珺,喻平.对我国数学认知结构研究的反思[J].数学教育学报,2010,19(2):19.

[3] 邹广文.从现成到生成——论哲学思维方式的现代转换[J].清华大学学报,2003(2):2-6.

[4] 马向真.论威特罗克的生成学习模式[J].华东师范大学学报:教育科学版,1995(2):73.

[5] 李银岚,陈文胜.小学数学生成性课堂资源的开发和利用[J].内蒙古师范大学学报,2009(4):118-121.

[6] 孟凡丽,程良宏.生成性教学:含义与价值[J].课程·教材·教法,2009,29(1):22.

[7] 潘小明."小学数学生成教学"探究——从平行四边形面积计算的教学谈起[J].现代教学,2004(12):48.

[8] 沈金寿.新课程理念下数学生成教学的探讨[J].福建中学数学,2006(8):16.

[9] 单墫,喻平.对我国数学教育学研究的反思[J].数学教育学报,2001,10(4):4-8.

[10] 刘喆.我国比较数学教育学研究方法的质性取向[J].数学教育学报,2010,19(3):10.

[11] 叶澜,吴亚萍:改革课堂教学与课堂教学评价改革[J].教育研究,2003(8):42–49.

[12] 臧利杰.数学课堂中"预设"与"生成"的思考[J].课堂聚焦,2009(10):48.

[13] 李祎.生成性教学资源调查研究[J].中国教育学刊,2007(3):62.

[14] 李祎.教学生成系统的结构分析[J].宁波大学学报:教育科学版,2009,31(2):9.

[15] 衡锋.课堂应发挥生成性资源的教学价值[J].江苏教育,2007(12):48.

[16] 袁昌仁.正确处理预设与生成的辩证关系[J].云南教育,2004(31):28.

[17] 叶立军,胡琴竹,斯海霞.录像分析背景下的代数课堂教学提问研究[J].数

学教育学报,2010,19(3):32.
[18] 叶子,庞丽娟. 师生互动的本质与特征[J]. 教育研究,2001(04):32.
[19] 李玉萍. 从对立到对话的师生关系[J]. 教育理论与实践,2008,28(10):59.
[20] 龚孟伟,陈晓端. 后现代主义知识教学观:价值与局限[J]. 课程 · 教材 · 教法,2008(10):28-29.
[21] 喻平. 教学中几对矛盾的相峙与融通[J]. 教育理论与实践,2008,28(4):49.
[22] 李新成,陈琦. 维特罗克生成学习理论评介[J]. 山西大学学报, 1998(4):86.
[23] 潘忠群,盛志军. 关注数学课堂教学的四个要素[J]. 数学教学,2008(9):12-14.
[24] 黄赠金. 让学生参与数学教学"再创造"过程的两点探索[J]. 小学数学教师,2003,5:27.
[25] 许梦日. 面向新世纪的数学教育——学习弗赖登塔尔的数学化教育思想[J]. 阜阳师范学院学报,1997(4):59.
[26] 叶柱. 课堂重构——让教学走向生成[J]. 江苏教育,2004(8B):22.
[27] 涂荣豹. 论数学教育研究的规范性[J]. 数学教育学报,2003(4):2-5.
[28] 尹筱莉,罗德红. 教学机智:应对学习事件与营造"不曾预约的课堂精彩"[J]. 全球教育展望,2009(5):25.
[29] 陈建翔. "变异理论"对传统迁移观的超越及启发[J]. 中国教育学刊,2009(1):30.
[30] 徐汝成. 马登理论及其对数学教学的启示[J]. 数学教育学报,2002,11(1):48.
[31] 方惠玲. 关于小学数学课堂有效生成的思考[J]. 内蒙古师范大学学报:教育科学版,2008,21(8):154.
[32] 龙安邦. 教学目标的预设与生成[J]. 现代教学科学,2008(6):106.
[33] 李臣之. 论教学内容创生:规定性要素及基本路径[J]. 课程 · 教材 · 教法,2007,27(2):8.
[34] 田玉梅. 谈数学生成性课堂教学的建构[J]. 学科教学,2007(4):31.
[35] 彭风华,王红旗. 用"动态生成"观指导教学[J]. 江苏教育,2002(12B):20.
[36] 宋小平,杨建华. 基于"数学课堂学习动力系统"的课堂教与学分析框架[J]. 数学教育学报,2010,19(6):31.
[37] 华应龙. 课堂因差错而精彩[J]. 小学各科教与学,2009(2):10.
[38] 董裕华. 对数学教学预设与生成的理性思考[J]. 天津师范大学学报:基础教育版,2009,10(1):55.

[39] 杜芳芳. 个人理论:教师专业成长的新视域[J]. 教育发展研究 2009(18):80.
[40] 申燕,吴琳娜,张景焕. 优秀教师成长历程的质性研究[J]. 当代教育科学,2009(6):35.
[41] 郑毓信. “高潮”之后的必要反思[J]. 数学教育学报,2010,19(1):2.
[42] 吴佑华. 有效备课:为数学课堂生成智慧奠基[J]. 数学教学研究,2008,27(9):2.

著作类

[43] 孔企平. 小学数学教学的理论与方法[M]. 上海:华东师范大学出版社,2002.
[44] 郑毓信. 数学教育:动态与审思[M]. 上海:上海教育出版社,2005.
[45] 林良富. 追寻儿童数学教学之真——小学数学教学创新[M]. 北京:科学出版社,2002.
[46] 严育洪. 课堂焦点:新课程教学九辩[M]. 北京:首都师范大学出版社,2010.
[47] 钟启泉,崔允漷. 新课程的理念与创新[M]. 北京:高等教育出版社,2008.
[48] 李祎. 数学教学生成论[M]. 北京:高等教育出版社,2008.
[49] 孙亚玲. 教育科研方法研究[M]. 昆明:云南科学技术出版社,2002.
[50] 王林全. 现代数学教育研究概论[M]. 广州:广东高等教育出版社,2005.
[51] 陈瑶. 课堂观察指导[M]. 北京:教育科学出版社,2002.
[52] 顾泠沅,易凌峰,聂必凯. 寻找中间地带[M]. 上海:上海教育出版社,2003.
[53] 陈向明. 教师如何作质的研究[M]. 北京:教育科学出版社,2003.
[54] 余文森,吴刚平,刘良华. 关注资源、学科与课堂的统整[M]. 上海:华东师范大学出版社,2005.
[55] 聂艳军. 小学数学课堂教学的实践与反思[M]. 长春:东北师范大学出版社,2006.
[56] 施良方. 学习论[M]. 北京:人民教育出版社,2001.
[57] 张春兴. 教育心理学[M]. 杭州:浙江教育出版社,1998.
[58] 靳玉乐,于泽元. 后现代主义课程理论[M]. 北京:人民教育出版社,2005.
[59] 黄荣怀,郑兰琴. 隐性知识论[M]. 长沙:湖南师范大学出版社,2007.
[60] 金春平. 走向数学生态课堂[M]. 南京:东南大学出版社,2008.
[61] 朱志平. 课堂动态生成资源论[M]. 北京:高等教育出版社,2008.
[62] 张奠宙,孔凡哲,黄建弘,等. 小学数学研究[M]. 北京:高等教育出版社,2009.
[63] 刘加霞. 小学数学课堂的有效教学[M]. 北京:北京师范大学出版社,2008.
[64] 余文森. 有效教学十讲[M]. 上海:华东师范大学出版社,2009.

[65] 沈兰,郑润洲.变革的见证——顾泠沅与青浦教学实验30年[M].上海:上海教育出版社,2008.
[66] 范晓玲.教育统计学与SPSS[M].长沙:湖南师范大学出版社,2005.
[67] 叶澜."新基础教育"数学教学改革指导纲要[M].桂林:广西师范大学出版社,2009.

学位论文类

[68] 周美玲.数学学习中的生成性知识研究[D].南京:南京师范大学,2004.
[69] 殷晓静.课堂教学中的动态生成性资源研究[D].上海:华东师范大学,2004.
[70] 曾小平."教与数学对应"原理研究[D].南京:南京师范大学,2009.
[71] 陶慧敏.走向生成——生成性思维视阈下的当代教育的反思[D].郑州:河南大学,2006.
[72] 吴少玲.生成性课堂教学研究[D].金华:浙江师范大学,2005.
[73] 赵文超.对小学课堂教学中生成性问题的研究[D].南京:南京师范大学,2005.
[74] 李庚青.影响数学生成教学的因素研究[D].长沙:湖南师范大学,2007.
[75] 姚静.情境问题教学对学生数学认知的作用研究[D].上海:华东师范大学,2003.
[76] 张香兰.教育从实体到过程:现代教育思维的转变[D].济南:山东师范大学,2007.
[77] 马秀春.生成性教学研究[D].长春:东北师范大学,2006.
[78] 宋晓平.数学课堂学习动力系统研究[D].南京:南京师范大学,2006.
[79] 韩龙淑.数学启发式教学研究[D].南京:南京师范大学,2007.
[80] 王永生.高中数学总复习高效率教学实验研究[D].昆明:云南师范大学,2008.

外文类

[81] WITTROCK M O. Learning as a Generative Prosess[J]. Educational Psychologist, 1974.
[82]富兰.变革的力量:透视教育改革[M].中央教育科学研究所,加拿大多伦多国际学院,译.北京:教育科学出版社,2000.
[83] 凯尔纳,贝斯特.后现代理论——批判性的质疑[M].张志斌,译.北京:中央编译出版社,1999:2.

[84] 格里芬.后现代精神[M]. 王成兵,译.北京:中央编译出版社,1998.
[85] ERNEST P.数学教育哲学[M].齐建华,译.上海:上海教育出版社,1998.
[86] 雅思贝尔斯.什么是教育[M].邹进,译.北京:生活·读书·新知三联书店,1991.

附录 A　抽样调查教师职称、学历、教龄情况统计图

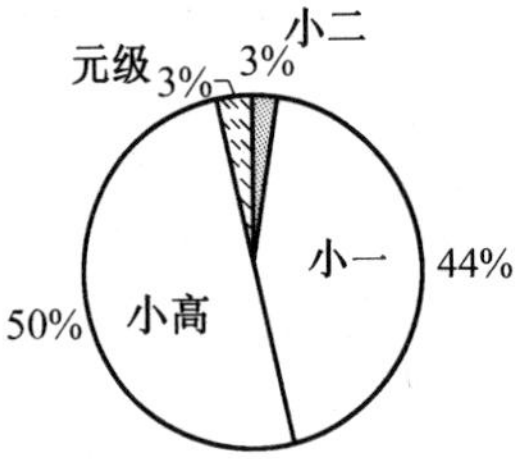

教师职称分布图

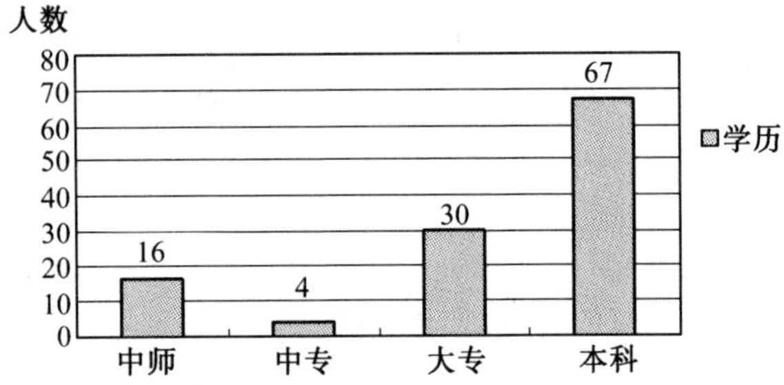

教师学历分布图

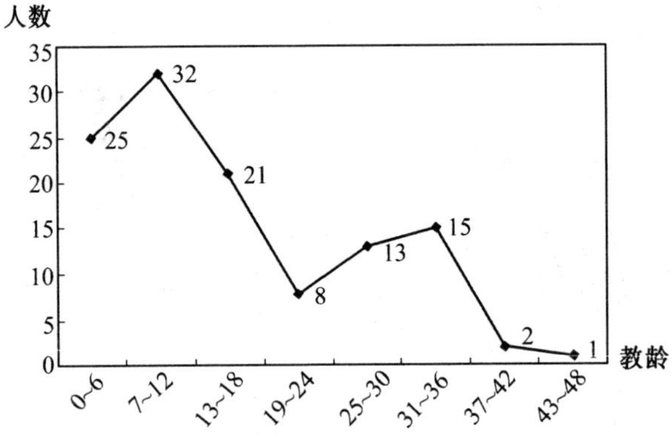

教师教龄分布图

课堂生成性教学资源对应情况问卷调查抽样教师职称、学历、教龄情况分布图

附录 B　小学数学教师对教学预设与生成的认识访谈提纲

编号:________　学校:________　职称:________　学历:________

性别:________　民族:________　教龄:________　时间:________

教学预设是教学的预测与设计，是教师在课前有目的、有计划地为解决问题、驱动教学所进行的设想、构思和策划，形成一种方案，是备课的一个步骤.

教学生成是指学习者(师生)用原有认知结构与从课堂环境中接受的信息，进行相互作用，主动建构新的教学信息意义的教学过程. 简单说就是课堂教学中有超出预期的新信息、新思维、新方法等可以推进教学的资源的产生.

所谓生成性教学资源，是指在积极的师生互动、生生互动，自我反思与交流协商的课堂教学环境中所产生的、超出自我预先设想的新问题、“节外生枝”的新情况等，简称生成性资源.

1. 您是怎样看待教学预设与教学生成两者间的关系?

2. 进行教学预设时，您通常会思考哪些方面?

3. 在您的课堂中，预设的教学环节一般是什么?

4. 您是通常如何处理学生提出的在您预设之外的问题? 采取这样处理的理由是什么?

5. 为了更好地促进教学资源的生成，你认为在课前的预设中应从哪些方面作准备?

6. 若你课后进行反思,通常主要反思哪些方面?

7. 请举出在你的教学生涯中,印象最深的一个关于生成性教学资源的事例.

附录 C　小学数学教师教学预设状况问卷调查表

教龄________　职称________　学历________

民族________　性别________学校(城区、乡镇(含郊区))________

解释:教学预设是对教学的预测与设计,是教师在课前有目的、有计划地为解决问题、驱动教学所进行的设想、构思和策划,形成一种方案,是备课的一个步骤.

说明:本问卷1~7选项为单选,其他可以多选.本调查结果仅供科学研究使用,可匿名作答,故请如实填写.作为对您的答谢和回报,若对研究结果感兴趣,请留下您的电子信箱,将来可友情传送给您,E-mail:____________________

一、单选

1. 您认为教学预设对教学质量最大影响是(　　)

(1)在教学中起基础保障作用　　(2)起着关键或决定性的促进作用

(3)因为课堂生成性复杂,预设没有作用　(4)加重了工作负担,作用说不清

2. 您在撰写教学预案时通常的做法是(　　)

(1)完全照抄现成的教案　　(2)常常参考现成的教案

(3)既参考已有教案,自己也设计　　(4)完全独立设计

3. 对于学生已有的学习习惯、原有能力、知识基础和生活经验,您在编写预案时(　　)

(1)每次都考虑　　(2)经常考虑　　(3)较少考虑　　(4)从不考虑

4. 您通常了解学生学习习惯、原有能力、知识基础和生活经验的最主要方法是(　　)

(1)设计诊断题　　(2)与学生谈话　(3)凭借经验　　(4)通过作业或试卷评阅

5. 课堂可能的生成性资源是否通常在您的预设之中?(　　)

(1)总是在预设内　　(2)有时在,有时不在

(3)很少在　　(4)一般都不在预设内

6. 在进行课堂教学预设时,您所选择的资源通常最主要是来自于(　　)

(1)教材内容　　(2)教师经验

(3)学生经验　　(4)以往教学中的生成性资源

7. 教学结束后,您会通过反思对教学预案再次加工吗?(　　)

(1)每次都是　　(2)经常是　　(3)较少是　　(4)从来不

二、多选

8. 下面是对于教学目标的看法,您比较赞同的是(　　)

(1)达成预设目标是教师首要的任务

(2)达成教学目标应兼顾预设与生成

(3)预设的教学目标就是“教师打算教什么”

(4)预设的教学目标是“学生应达到什么程度”

9. 对于教学目标的预设情况,下面基本符合您的情况的是(　　)

(1)预设的课堂教学目标较为笼统抽象,不具体

(2)总能设计出明确具体、具有可操作性的三维目标

(3)如果教学中偏离了目标,一般会采取措施回到预设的目标

(4)如果教学中偏离了目标,总是按照实际情况修改预设的教学目标

10. 下面符合您对学习活动的预设是(　　)

(1)重组教材,根据需要设计学习活动内容

(2)按教材中知识出现先后设计学习活动内容

(3)对学习活动过程预设多种可能

(4)对学习活动过程不作过多预设,将视情况而处理

11. 下面符合您对教学环节预设情况的是(　　)

(1)比较稳定、大多数环节一致

(2)有变化,较少有相同的环节

(3)预设的环节比较具体、细化、可操作

(4)设计的环节较粗糙,将凭经验或学生课堂表现推进教学

年　月　日

附录 D　小学数学课堂生成性教学资源应对情况问卷调查表

教龄________　职称________　学历________

民族________　性别________　学校(城区、乡镇(含郊区))________

解释：所谓生成性教学资源，是指在积极的师生互动、生生互动，自我反思与交流协商的课堂教学环境中所产生的、超出自我预先设想的新问题、“节外生枝”的新情况等，简称生成性资源.

说明：本问卷 1 ~ 12 为单选，13 ~ 16 为多选，17 题为简答题目，若选择“其他”也可以将你的答案补充在横线上. 本调查结果仅供科学研究使用，可匿名作答，故请如实填写. 作为对您的答谢和回报，若对研究结果感兴趣，请留下您的电子信箱，将来可友情传送给您，E-mail：____________________

一、单选

1. 您以前对“生成”、“生成性教学资源”和“教学生成”这些概念了解程度如何？(　　)

(1)全部了解　　(2)部分　　(3)个别　　(4)不了解

2. 您认为影响生成性教学资源产生的最重要的因素是什么？(　　)

(1)教师的个人素质　　(2)学生的基础和水平

(3)课堂教学氛围　　(4)教师的教学组织方式

3. 您认为在何种类型数学课的教学中，通常更容易产生生成性教学资源？(　　)

(1)新授课　　(2)讲评课　　(3)复习课　　(4)练习课

4. 您获取生成性资源最主要的途径是什么？(　　)

(1)学生答问　(2)讨论活动　(3)自然环境　(4)课后作业　(5)教学反思

5. 在小学数学的解题教学课当中，如果学生出现错误的解法，您通常会采取怎样的教学措施？(　　)

(1)让学生讲出自己的看法

(2)忽略错误，按老师解法集中讲解

(3)立即引导学生讨论，再做分析与点评

(4)普遍性问题，集中讲解，个别问题个别处理

6. 在小学数学解题的教学当中，如果出现难度较大的问题或您一时无法判断正误

的解法,您通常会采取怎样的教学措施?(　　)

(1)马上与学生现场一起探究

(2)坦率承认当下难以判断,课后再来解决

(3)先把"绣球"抛给学生,自己再分析、探讨

(4)不理睬,去找参考答案

7. 如果在小学数学教学中对于学生提出的问题,您没有解释清楚,课后你会怎么处理?(　　)

(1)与学生讨论,自己再查找资料　　(2)与学生讨论,让学生查找资料

(3)自己查找资料解决　　(4)不再考虑这个问题

8. 如果有学生问到"分数$\frac{1}{\frac{1}{2}}$的意义是什么?"时,你将采取怎样的教学措施?(　　)

(1)理解并给学生作适当的介绍和讲解

(2)我不理解,但会进行探究

(3)不属于考试范围,让学生不要再追问

(4)若我也不理解,放弃探究

9. 利用生成性资源进行教学,您感觉对正常教学秩序的影响程度如何?(　　)

(1)不会影响　　(2)一些影响　　(3)很难说　　(4)影响极大

10. 在您的课堂教学中,所生成的资源最主要是(　　)

(1)情境　(2)问题　(3)解题方法　(4)小结　(5)新目标　(6)其他____

11. 下面是影响利用生成性资源开展教学的部分因素,您认为最重要的是(　　)

(1)教师能力　　(2)资源类型　　(3)学生水平

(4)教学方法　　(5)教学态度　　(6)其他____

12. 请您把下面取舍生成性教学资源的标准,您认为最重要的是(　　)

(1)是否在考试范围之内　　(2)难易程度是否适中

(3)是否具有教学价值　　(4)学生是否有兴趣　　(5)其他________

二、多选题

13. 您认为生成性资源对于小学数学教学具有怎样的作用?(　　)

(1)有助于知识的掌握和思维的培育

(2)有利于激发学习兴趣和活跃课堂气氛

(3)有助于教师素质的提高

(4)其他________

14. 您认为怎样才能更好地促进教学资源的生成？(　　)

(1)激发学生思维的积极性　　(2)加强师生、生生的互动和交流

(3)营造良好的教学氛围　　(4)给学生自由思考的时间和空间

15. 在利用生成性教学资源组织教学的过程中，您通常会遇到怎样的困难或问题？(　　)

(1)影响正常教学任务的完成　　(2)自己经常被难住

(3)教学秩序难以维持　　(4)其他________

16. 与使用预设性资源(主要指教材、教案、练习册、参考书等)进行教学相比，您认为利用生成性资源所开展的教学具有怎样的特征？(　　)

(1)差异性　(2)开放性　(3)创造性　(4)对话性　(5)其他________

17. 请举出在您的小学数学教学生涯中，印象最深的一个关于生成性教学资源的事例. ________________________

填表日期：

附录E　小学数学课堂生成性资源处理情况观察表

教师________　课题________　教龄________　职称________

学历________　民族________　性别________　学校班级________

序号	内容描述	A资源类型	B产生时机	C应对方式	D处理时效

如果对生成性教学资源应对的方式是使用资源来推动教学，则有：

序号	E使用时机	F使用效果	G服务对象	H使用水平	预设情况

编　码：

A资源类型：

1.知识型　2.技能型　3.情感型　4.言语型　5.行为型

6.情绪型　7.反思型　8.错误型　9.争议型　10.其他

B 产生时机：

1. 课前　2. 活动　3. 讨论　4. 答问　5. 小结

6. 课后交流　7. 其他

C 应对方式：

1. 没有处理

2. 搪塞处理

3. 积极处理(回应明确有推进)

(a. 教师解释引导于教学 b. 与同学商议 c. 抛给学生大家讨论 d. 安排成课后思考题 e. 其他)

D 处理时效：

1. 当场处理(即时回应)

2. 延后处理

3. 课后处理

E 师生对生成性资源的使用时机：

1. 导课　2. 提出问题时

3. 解决问题时 (a. 学生释疑时;b. 寻求方法时;突破重难点)

4. 归纳观点时　5. 布置课后思考题时

F 生成性资源使用效果：

1. 仅仅提供资料、表达观点

2. 促进教学(a. 解决问题　b. 建构知识)

3. 干扰教学

4. 无助教学

G 生成性资源的服务对象：

1. 为学生的学　2. 为教师的教　3. 为表演

H. 使用水平：

0 水平(无使用)：对生成的资源没有意识到，没有任何处理的方式；

机械水平(机械使用)：不熟悉新资源、复述、不解释，无助于教学甚至干扰教学；

整合水平(整合性使用)：认识到资源价值、联系前后、分析比较、综合重组、融入教学、有助于教学；

创造水平(创造性使用)：理解资源的价值、恰当时机取舍并应用资源、促发新问、形成深入学习新方案、推进教学.

附录 F　小学数学课堂教学中各种提问行为类别频次统计表

行　为　类　别	频次	百分比%
A. 提出问题的类型 1. 常规管理性问题 2. 记忆性问题 3. 推理性问题 4. 创造性问题 5. 批判性问题		
B. 挑选回答问题方式 1. 提问前，先点名 2. 提问后，让学生齐答 3. 提问后，叫举手者答 4. 提问后，叫未举手者答 5. 提问后，改问其他同学		
C. 教师理答方式 1. 打断学生回答，或自己代答 2. 对学生回答不理睬，或消极批评 3. 重复自己的问题或学生的答案 4. 对学生回答鼓励、称赞 5. 鼓励学生提出问题		
D. 学生回答的类型 1. 无回答 2. 机械判断是否 3. 认知记忆性回答 4. 推理性回答 5. 创造评价性回答		

续表

行　为　类　别	频次	百分比%
E. 停顿 1. 提问后,没有停顿或不足 3 秒 2. 提问后,停顿过长 3. 提问后,适当停顿 3 ~ 5 秒 4. 学生答不出来,耐心等待几秒 5. 对特殊需要的学生,适当多等几秒		

说明:统计方式采取划正字.

附录 G 小学数学课堂师生互动等级量表

<table>
<tr><td colspan="2">时间</td><td colspan="2">地点</td><td colspan="7">课题</td></tr>
<tr><td colspan="2"></td><td colspan="2"></td><td colspan="7"></td></tr>
<tr><td colspan="2">执教教师资料</td><td>姓名</td><td></td><td>职称</td><td></td><td>教龄</td><td></td><td>学校</td><td colspan="2"></td></tr>
<tr><td rowspan="12">观察记录</td><td colspan="3" rowspan="2">观察内容</td><td colspan="2" rowspan="2">次数</td><td colspan="5">效果评价</td></tr>
<tr><td>A</td><td>B</td><td>C</td><td>D</td><td>E</td></tr>
<tr><td rowspan="3">互动类型</td><td colspan="2">师生互动</td><td colspan="2"></td><td></td><td></td><td></td><td></td><td></td></tr>
<tr><td colspan="2">生生互动</td><td colspan="2"></td><td></td><td></td><td></td><td></td><td></td></tr>
<tr><td colspan="2">师班互动</td><td colspan="2"></td><td></td><td></td><td></td><td></td><td></td></tr>
<tr><td rowspan="3">教师对互动过程的推进</td><td colspan="2">以问题推进互动</td><td colspan="2"></td><td></td><td></td><td></td><td></td><td></td></tr>
<tr><td colspan="2">以评价推进互动</td><td colspan="2"></td><td></td><td></td><td></td><td></td><td></td></tr>
<tr><td colspan="2">以非语言推进互动</td><td colspan="2"></td><td></td><td></td><td></td><td></td><td></td></tr>
<tr><td rowspan="2">言语互动过程计时</td><td colspan="2">30 秒以下</td><td colspan="2"></td><td></td><td></td><td></td><td></td><td></td></tr>
<tr><td colspan="2">30 秒以上</td><td colspan="2"></td><td></td><td></td><td></td><td></td><td></td></tr>
<tr><td rowspan="2">互动管理</td><td colspan="2">有效调控</td><td colspan="2"></td><td></td><td></td><td></td><td></td><td></td></tr>
<tr><td colspan="2">放任</td><td colspan="2"></td><td></td><td></td><td></td><td></td><td></td></tr>
</table>

附录 H　小学数学课堂教学实施过程评价表

课题：　　　　　　教师：　　　　学校：　　　　班级：

项　目	指　　标	评　分		
		A(1)	B(0.7)	C(0.5)
资源生成	①学生有主动活动时间、自主学习有效			
	②资源生成的丰富性(形式、内容、方向)			
	③资源生成的质量(综合、新颖、有创造)			
回应生成	①教师回应及时			
	②回应明确有推进			
	③对新资源有敏感性			
过程生成	①新资源利用程度			
	②分析比较、综合重组水平			
	③形成深入学习新方案			
互动生成	①生生互动程度(倾听质量、不同意见表达)			
	②生生互动质量(讨论深化)			
	③师生互动程度(教师组织与点拨水平)			
延伸生成	①总结提炼水平			
	②内容的延伸性(新问题的提出)			
	③作业的开放性、实践性			

评价人：　　　　　　　　　　时间：

附录Ⅰ　小学数学课堂教学听课记录表

学校:________　年级:________　班级:________

教师:________　学科:________　教材:________

课时:________教学手段:________学生数:________

窗 ———————— 讲台 ———————— 门

	1	2	3	4	5	6	7	8	9	10	
1											1
2											2
3											3
4											4
5											5
6											6
7											7
8											8
9											9
10											10
	1	2	3	4	5	6	7	8	9	10	

其他形式活动记录(在相应项目处划“正”字计):

(1)全班统一活动:

(2)每人自主活动:

(3)分组活动:

(4)个别学生面向全体学生问答或向全班演示:

(5)师生个别对话次数记录:

(6)其他

________年________月________日

附录J 数据选取说明

(1)小学数学教师对“预设与生成”的认识情况调查

①选取教师问卷“小学数学教师教学预设状况问卷调查表”中第1,8题;

②选取教师问卷“小学数学课堂生成性教学资源应对情况问卷调查表”中的第1,2,3,9,10,11,15,16,17题.

③选取“小学数学教师对教学‘预设与生成’的认识访谈提纲”中的第1,5,6,7题.

(2)小学数学课堂教学预设的现状调查

①选取教师问卷“小学数学教师教学预设状况问卷调查表”中第2,3,4,5,6,7,9,10,11题;

②选取“小学数学教师对教学‘预设与生成’的认识访谈提纲”中的第2,3题.

(3)小学数学课堂教学生成应对的现状调查

①选取教师问卷“小学数学课堂生成性教学资源应对情况问卷调查表”中的第4,5,6,7,8,12,13,14题等.

②选取“小学数学教师对教学‘预设与生成’的认识访谈提纲”中的第4,5题.

③选取教学案例2节.

(4)小学数学课堂教学生成时机的研究

选取教学案例1节.

附录K 录入SPSS数据编码表

变量名	类型	长度	小数点	标 签	编 码
SZQX	字符串	8	0	所在区县	1 =“西山” 2 =“官渡” 3 =“盘龙” 4 =“五华”
XB	字符串	8	0	性别	1 =“男” 2 =“女”
MZ	字符串	8	0	民族	H 汉族 L 傈僳族 B 白族 Z 藏族 N 纳西族 D 独龙族 NU 怒族 Y 彝族 DA 傣族 HU 回族 HN 哈尼族 M 苗族 LH 拉祜族 BY 布依族 1 =“汉族”,2 =“其他民族”
JL	数值	8	0	教龄	1 = 教龄“0 ~ 6”年 2 = 教龄“7 ~ 12”年 3 = 教龄“13 ~ 18”年 4 = 教龄“19 ~ 24”年 5 = 教龄“25 ~ 30”年
XL	字符串	8	0	学历	1 中师 2 中专 3 大专 4 本科 5 其他
ZCH	字符串	8	0	职称	1 小二 2 小一 3 小高 4 元级 5 中二
RKNJ	字符串	8	0	任课年级	直接录入受调查者的年级
XXWZ	字符串	8	0	学校位置	1 城区(市级)2 城郊 3 乡镇 4 村小
WT	字符串	8	0	问题内容	录入问卷中所选项的序号

后　记

教学的生成性特点激发着师生的创造性和智慧智能，使小学数学课堂教学焕发出了生命的活力．生成是数学课程教学的一个难点，因为课堂生成了，就会出现许多“无序”的状态，从而对数学教师的专业技能提出了更严峻的挑战．纵观数学课堂，以知识为本位的教学，教师的教和学生的学在课堂上最理想的进程就是完成预定的教案．教师期望的是学生按自己课前预设做出准确的回答，否则就努力引导学生直至达到预定答案为止．以预设为本、漠视生成制约着师生在实际教学中的思维创新，扼杀了师生在教学中的主观能动性和创造力．另一方面，对生成的无能为力，使得部分数学教师对有价值的生成性资源望洋兴叹！

2008 年 11 月初，当我们陪同香港大学梁贯成教授去昆明市某所小学观摩课堂教学时，发现一名学生生成了一个超乎教师预设的有趣的问题，而教师的处理方式让大家感到意犹未尽．这引起了我们对生成的重视，这也是本书写作的原始冲动．经过半年的有针对性的文献收集和案例分析，我们发现小学数学课堂是如此的生机盎然，处处洋溢着预设与生成的碰撞！鉴于此，数学学院课程与教学论（数学）硕士点确立了以“小学数学课堂教学生成的研究”作为研究课题．从 2008 年 12 月起至今开始了对该课题的系统研究，2010 年，“‘数学课程与教学论’示范课程建设”被云南师范大学研究生部列为“研究生教学改革立项项目”，该项目中有一项任务就是要完成这项课题．在研究期间，课题组涉足小学数学课堂，深入小学教师的教研活动之中．每当看见课堂中孩子们友善的质疑、对话、发自内心的笑声，我们就早已忘却了舟车劳顿；当听见教师们惊奇而又原生态地对生成的解读，我们感觉到课堂才是研究的源泉．教师的教学观念、学生的真实表现才是生成思想的根源．

2011 年 3 月接到哈尔滨工业大学出版社刘培杰老师的邮件，同意出版我们的这部著作，很快刘培杰老师又寄来了“图书出版合同”，约定 2011 年 5 月交稿．从接受出版任务以来，我们利用一切空闲时间，修改文稿，以希望能让广大的读者满意．

停下手中的笔，回过神来，不得不感慨时间是如此之匆匆．回眸两年半前，我们也是在这栋楼上讨论着“课堂的生成”余音犹在昨天．这两年多的时间里，我们研究中取得的进步，离不开数学学院领导、一线教师和可爱的小学生们对研究的支持、关心与理解. 在此,对每一位帮助过我们的人,诚挚地表达感激之情.

感谢贵州师范大学吕传汉教授,吕先生对本书的写作过程自始至终都给予了关注,在结构安排、案例选取等方面作了精心指导,不但通读书稿,而且提出不少修改意见. 在本书完成后,吕先生亲自执笔作序,为本书增色不少. 感谢南京师范大学涂荣豹教授、重庆市教育科学研究院康世刚博士,在课题的研究过程中,他们对实证研究的设计给予了许多具体的帮助. 感谢云南师范大学李玉华教授、郭震教授,四川文理学院何聪教授、西华师范大学康纪权教授、邓鹏教授在研究过程中的支持和鼓励.

感谢云南省著名特级教师景海莲老师、特级教师王晓碧老师,官渡区南站小学的赵露萍老师、盘龙区东华小学的王超老师、西山区海口镇新华学校的许军老师、海口镇依兰中心学校的张艳秋老师、云南师大附小赵云丽老师、胡杰老师等,他们不但提供了大量的修改建议,还为我们联系学校进行实证研究提供了便捷. 同时感谢参与调查、访谈和进行授课的全体老师和同学. 每一次想到他们无私的帮助,我们就有无穷的力量、鼓足干劲继续研究下去.

感谢书中全部的所引文献的作者,感谢为我们研究提供便利的学校和授课老师,以及为研究提供案例的海南省教育研究培训院周积昀老师等,他们的工作和支持为我们的研究提供了诸多便利.

云南师范大学课程与教学论(数学)2008 级研究生李凤娟、杨静梅、刘贤建,2009 级研究生朱林、孙金妮、文慧、钮钰、施敏子,2010 级研究生康霞、李丹杨、朱彪、骆雯琦等参与了课题的研究活动,在活动中锻炼了他们的科研意识和科研能力. 康霞同学还帮助我们打印、校订文稿. 在此向她致谢!

再一次感谢所有对本书出版做出过帮助的单位和个人,云南师范大学研究生部资助了这本专著的出版,特别感谢刘培杰老师及哈尔滨工业大学出版社能够出版我们这本书.

本书撰写的分工如下:朱维宗负责第 1 章(1.1,1.3 节)、第 2 章、第 7 章(7.3 节)的写作;唐海军负责第 1 章(1.2 节),第 3 章、第 4 章、第 6 章(6.1 节)的写作;张洪巍负责第 4 章、第 6 章(6.2 节)、第 7 章(7.1,7.2 节)的写作. 最后由朱维宗统稿.

朱维宗　唐海军　张洪巍

2011 年 4 月于云南师大明宇楼